www.ingramcontent.com/pod-product-compliance
Lightning Source LLC
LaVergne TN
LVHW022301060326
832902LV00020B/3203
* 9 7 8 9 4 9 2 6 7 5 1 7 0 *

رادیو وبلاگستان

سرمقاله‌های رادیو زمانه

از ۲۰۰۶ تا ۲۰۰۸

RwD intellect

رادیو وبلاگستان

مهدی جامی و دیگران

سرمقاله‌های رادیو زمانه از ۲۰۰۶ تا ۲۰۰۸

- طرح و صفحه‌آرایی: داود صفری ○ عقـل سـرخ
- عقـل سـرخ ۲۰۱۹ • ۳۴۲ صفحه

RwD intellect

- شابک: ۹۷۸۹۴۹۲۶۷۵۱۷۰

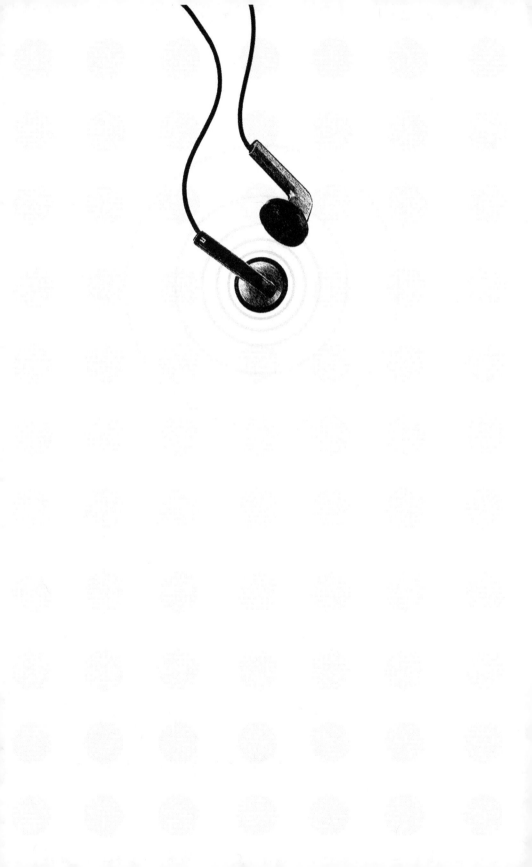

فهـرسـت

مقدّمه

زمانه‌ای که بود

از روزی که رادیو زمانه شروع به کار کرد همواره با خود فکر کرده‌ام که باید تاریخ زمانه را نوشت. در وبلاگ زمانه که بازتاب دهنده ایده‌ها و اصل‌ها و آرزوهای من و همکاران‌ام برای زمانه بود بخشی هم با عنوان «تاریخ الزمانه» داشتیم تا بتدریج و در ضمن کار این تاریخ را ثبت کرده باشیم. امروز بخشی از تاریخ زمانه در دست شما ست. و برای من اسباب سربلندی است که این تاریخ را جمعی روایت می‌کنیم. من نوشته‌ام و همکاران‌ام نوشته‌اند و مخاطبان هم همراه شده‌اند. نقد کرده‌اند سوال کرده‌اند پیشنهاد داده‌اند و گاهی نویسنده وبلاگ زمانه شده‌اند. وبلاگ زمانه آیینه زمانه بود. تاریخ زمانه در آن منتشر است. هر یادداشت گوشه‌ای از این تاریخ را نشان می‌دهد و فرایاد می‌آورد. بخش بزرگی از این یادداشت‌ها اکنون مقابل شما ست.

با یکی از دوستان بی.بی.سی صحبت بود که آیا تاریخ تلویزیون فارسی بی.بی.سی را که همین سال‌ها راه افتاده و تازه دهساله شده ثبت کرده‌اید؟ گفت که آری مجموعه بزرگی از یادداشت‌ها و اسناد جمع آمده ولی تدوین نهایی نشده و طبعا برای انتشارش باید منتظر ماند. باز خوب است که این همت در دوستان بی.بی.سی بوده و هست و این توجه را دارند که لازم است تاریخ رسانه خود را بنویسند. بسیاری از دیگر رسانه‌ها که در این چند دهه اخیر در خارج از ایران شکل گرفته‌اند هرگز کلامی در باره تاریخ خود ننوشته‌اند و انتشار نداده‌اند. من فکر می‌کنم تا دیرنشده دست کم باید کسانی به صورت مصاحبه و در قالب «تاریخ شفاهی» تحولات رسانه‌ای در خارج از ایران را ضبط و ثبت کنند.

تاریخ مدرن ایران با رسانه گره خورده است. بنابرین شناخت رسانه‌ها شناخت اندیشه‌های دوران مدرن و معاصر ما ست. این کاری است که جز بندرت انجام نشده و من مشتاق‌ام خود رسانه‌ها به انجام آن همت کنند. یعنی بخشی از تولیدات خود را به تاریخ رسانه اختصاص دهند و رسانه و تحولات امروز و دیروز آن را به صفحه‌ای و برنامه‌ای در صفحات و برنامه‌های خود تبدیل کنند. تنها با مشارکت بخش بزرگی از رسانه‌ها ست که می‌شود تاریخ رسانه‌ای دوران مدرن را بازشناخت.

زمانه رسانه‌ای حرفه‌ای بود که با غیرحرفه‌ای‌ها کار می‌کرد. مرکزی بود برای بی مرکزها در جامعه ایران. تاریخ‌اش را هم با کمک همین همکاران که در مدارهای مختلف با آن کار می‌کردند ثبت کرده است چنانکه در گفت‌وگوها و بگومگوهای این مجموعه خواهید دید و خواهید خواند. این تاریخی است که یکسویه نیست و با یک روایت معین بیان نمی‌شود. روایتی چندصدایی است که در آن گوینده شنونده می‌شود و شنونده گوینده و صحنه در اختیار یک نفر نیست. همه می‌توانند وارد صحنه شوند. به این ترتیب، نمونه‌ای مجازی از یک عرصه عمومی فعال و پرانرژی است با خطیبان و مخاطبان و منتقدان و مصلحان خاص خود. این تاریخی است که به دست گروهی بزرگ ساخته شده و روایت شده است.

سعی من بر این بوده که در انتشار مطالب وبلاگ زمانه هیچ چیزی تغییر نکند و ویرایش نشود مگر به ضرورت تصحیح خطایی مطبعی. چرا که قرار نبوده مطالب به‌روزرسانی شود. قرار بود آنچه اتفاق افتاده همچون سند تاریخی ثبت

شـود. بنابریـن کمتریـن دسـتکاری در متـن صـورت گرفتـه اسـت. متن‌هـای زمانه عمدتـا پـر از لینـک بـه مطلب‌هـای دیگـر در داخـل زمانـه یـا در وب‌سـایت‌های دیگر اسـت. اگـر ایـن مجموعـه نقصـی از نظـر ارائـه سـند داشـته باشـد همیـن اسـت کـه ایـن لینک‌هـا در متـن وارد نشـده اسـت. دلایـل آن هـم عمدتـا فنـی اسـت. یعنـی یـا بـه خاطـر تبعیـت از قواعـد نسـخه کاغـذی متـن اسـت کـه لینـک در آن فعـال نیسـت و یـا اینکـه لینک‌هـا اصـولا دیگـر فعـال نیسـتند. محتوایـی اسـت کـه دیگـر در دسـترس نیسـت. متاسـفانه. و ایـن موضـوع در مـورد شـماری از لینک‌هـای خـود زمانـه هـم صـادق اسـت. امـا هـر جـا ضـروری بـوده کـه لینک‌هـا ارائـه شـود از جملـه لینـک هـر یـک از مقـالات، آنهـا را در پایـان هـر مقـال آورده‌ایـم. بـرای جسـتن اصـل مقـالات و لینک‌هـا بایـد بـه سـایت قدیـم زمانـه مراجعـه کـرد (یعنـی: zamaaneh.com).

مطالـب وبـلاگ زمانـه عمـده بـه قلـم مـن اسـت. بنابریـن نیـازی نبـود کـه هـر بـار بـه ایـن نکتـه اشـاره شـود کـه نویسـنده کیسـت. امـا هـر مطلبـی کـه بـه قلـم یکـی از همـکاران مـن یـا مخاطبـان زمانـه اسـت در همـان صـدر مطلـب بـه نـام نویسـنده اشـاره رفتـه اسـت. مطالـب بـی امضـا مطالبـی اسـت کـه مـن نوشـته‌ام.

مـرور ایـن کتـاب کـه پـر از صـدا و جنجـال و نقـد و گفـت و شـنید اسـت بـرای مـن بسـیار لذت‌بخـش اسـت. نـه فقـط بـه خاطـر اینکـه خاطره‌هـای خـوب یـک دوران زنـده و پـر جنب‌وجـوش از زندگـی مـن و همـکاران مـرا روایـت می‌کنـد بلکـه بـه خاطـر اینکـه دورانـی از گفت‌وگـوی همگانـی را در دوره معینـی از تاریـخ بعـد از انقـلاب ثبـت و ضبـط کـرده و ارائـه می‌دهـد. مطالعـه ایـن گفت‌وگوهـا بـرای اهـل نظـر و پژوهشـگران تاریـخ و جامعـه و رسـانه و نیـز مباحـث نظـری از جملـه دربـاره

آزادی و سانسور و اصولا آنچه در هر دوره تاریخی «حداکثر سقف خودآگاهی ممکن» خوانده می‌شود، بسیار کارآمد است و غنی از ایده و مساله.

ما زمانه را در شب ۱٤ مرداد ۱۳۸۵ شروع کردیم. با یاد یکصدمین سال انقلاب مشروطه (مرداد ۱۲۸۵ شمسی). این کتاب را هم که حاصل قرن دوم مشروطه است باز در ۱٤ مرداد نشر می‌کنیم. سیزده سال بعد در ۱۳۹۸. این بار در عقل سرخ که نشر کوچکی است با آرزوهای بزرگ. آرزو داشتن چیزی است که ما ایرانیان از آن دست برنداشته‌ایم. از دوری و درازی راه رسیدن خسته نشده‌ایم. آرزو مثل زندگی در روان ما جریان دارد. حالا که به مطبوعات دوره مشروطه نگاه می‌کنم از پیشتازی و روشن‌اندیشی آنان غرق ستایش می‌شوم. امیدوارم این کتاب در همان مسیر روشن‌اندیشی قرار داشته باشد.

مشروطه در یادهای تاریخی ما زنده است. اما برای من شخصا این کتاب یادآور یکی از آرمان‌های انقلاب ۵۷ است که در آن شرکت داشته‌ام: بگذار مردم سخن بگویند. یعنی همان ایده پایه مشروطه. زمانه رسانه‌ای بود که مردم آن را دوست داشتند اما مخالفان قدرتمند و بانفوذ و محلی‌اش از ایرانی و هلندی اجازه ندادند رشد کند یکی به این دلیل که با اندیشه مشارکت عمومی در رسانه آشنا نبودند یا آن را زیاده خطرخیز می‌دانستند یا اصلا تصور معینی از رسانه داشتند و می‌خواستند همان عملی شود و در آن محلی برای خلاقیت درنظر نگرفته بودند. از این بابت آلمان عهد جنگ اول روشن اندیش‌تر از هلند بعد از جنگ سرد است. یکی به ارزش جمع آمدن روشنفکران ملی پی برد و به برآمدن کاوه چونان رسانه دوران کمک کرد و این یکی روشنفکران چپ اقلیت یا مجاهد

خلـق و ایـن اواخر سـلطنت طلبان را می‌پسـندید کـه دیگر حرف تازه‌ای نداشـتند و ناچـار ارزش مسـیر متفاوتـی را کـه ما می‌رفتیم نشـناخت. گرچـه بخش‌هایی از ایـن اختلافـات در ضمـن بحث‌هـای وبـلاگ زمانـه آمده اسـت و خاصـه در جلد دوم رادیـو وبلاگسـتان بازتـاب یافتـه امـا بحثی اسـت کـه جداگانه بایـد دفتری به آن اختصـاص داد. هـر چـه بود امـا زمانه تاریخی بـارور از خود به یادگار گذاشـته اسـت مثـل ریشـه‌ای یـا دانه‌ای کـه روزی جایـی دیگـر در آب قرار گیـرد و جوانه بزنـد، بشـکفد. از این جهـت زمانه کاری ناتمام اسـت که هنوز بایـد در کمال خود روزی ظاهر شـود.

در ایـن مقدمـه از همـه همـکاران‌ام در شـکل‌گیری زمانـه سپاسـگزاری می‌کنم. بـدون شـوق و همت شـبانه روزی آنها تحقـق ایده‌های زمانه ممکـن نمی‌بود. آنها اکنـون در رسـانه‌های مختلف پراکنده شـده‌اند امـا ایده‌های زمانه را بـا خود برده‌اند و گسـترده‌اند. و چـه بهتـر از این؟ همچنین ممنون‌ام از زحمات فرمهر ایراندوسـت کـه متـن را یکبـار از نظـر ویرایش فنی مـرور کرده اسـت گرچه به توصیـه من در کامنت‌هـای خواننـدگان دسـت نبـرده اسـت تـا آنها بـا همـان صورتی که نوشـته شـده‌اند حفـظ شـود. و نهایتـا صـورت نهایی کار به دسـت داود صفـری هنرمند و طـراح خوش ذوق و پرحوصله آماده شـده اسـت که از او بسـیار سپاسـگزارم.

ایـن کتـاب را قـرار داشـتم برای دوازدهمین سـالگرد تاسـیس زمانه منتشـر کنم؛ یعنـی سـال پیش. اما مـرگ غیرمنتظره دختر جـوان‌ام ریحانه نازنین انتشـار آن را به تاخیـر انداخـت. ریحانـه به کار در رسـانه علاقه‌مند بود چنانکه یـک دوره در رادیو بی.بی.سـی کارآمـوزی کـرده بـود و آن تجربه را خیلی دوسـت داشـت، تماشـاگر

حرفه‌ای سینما بود، عکاس بسیار خوبی هم بود، و این اواخر می‌خواست بازیگری بیاموزد و از قضا همزمان با راه افتادن زمانه در سال ۲۰۰٦ جشن عروسی‌اش بود. کتاب را با دریغیاد او -که روانش شاد باد- تقدیم می‌کنم به دخترش، اِما، به این امید که روزی بتواند فارسی بخواند و دورانی سرشار از انرژی را در زندگی پدربزرگ‌اش بازشناسد.

مهدی جامی
هلند، ٤ اوت ۲۰۱۹
١٤ مرداد ۱۳۹۸

آزمایش می‌کنیم: یک، دو، سه

از امشب و در حالی که ساعت به صدسالگی مشروطه نزدیک می‌شود پخش آزمایشی رادیو زمانه را آغاز می‌کنیم. یا بگویید تمرینمان. الا اینکه این نمایشنامه‌ای است که هر روز به سبک بداهه‌نویسی نوشته می‌شود. داستان را می‌دانیم اما حوادث کوچک و بزرگش را نه. امشب تمرین اول است. برای آزاده و برای همه اعضای تیم کوچک ما. این کار پر از «اول» است. داریم برای اول بار یک کار بزرگ را به شکل اکتشافی طراحی و اجرا می‌کنیم. فکر می‌کنم با مخاطبانی که داریم این کار معنی دارد. مخاطبان ما می‌توانند در شکل‌گیری ما نقش داشته باشند. می‌توانند بازی را تصحیح کنند و می‌توانند حتی به روی صحنه بیایند. رادیو زمانه یک فکر است. گروه بسته و از پیش تعیین شده‌ای نیست. هر کس به ایده رسانه دوسویه دلبسته است می‌تواند شنونده/ تولیدکننده زمانه باشد.

ما برای یک ماه در نقش یک رادیوی اینترنتی ظاهر می‌شویم. تا تاکید کنیم که اینترنت برای ما اهمیت بنیادین دارد. ما تمرینمان را اینجا انجام می‌دهیم که به

نظرمان عرصه رسانه‌های خودمونی است. می‌خواهیم با این رسانه‌ها هم-سایه باشیم. بعد البته ماهواره هم هست و موج معمول رادیویی. اما ما همچنان به آنچه از وبستان و وبلاگستان آموخته‌ایم و می‌آموزیم وفادار خواهیم ماند. قول داده بودم اینجا در باره‌اش بنویسم اما حالا فکر می‌کنم درست آن است که در اولین مطلب وبلاگ زمانه در بلاگ-سایت رادیو بنویسم. آن هم بزودی پرده‌برداری خواهد شد - شاید کمتر از یک هفته دیگر.

الان ساعت من در آمستردام ۱۵:۵۱ است. باید بروم تا برای تمرین آماده شوم. ساعت ۱۸:۰۰ صدای زمانه را خواهید شنید. با گزینه‌ای از موسیقی‌هایی که کمتر شنیده می‌شود: موسیقی زیرزمینی. پیش‌درآمدی برای ما که می‌خواهیم صداهای کمتر شنیده شده شنیده شود:
www.radiozamaneh.com
صفحه پخش آزمایشی بخشی هم برای ارسال پیام صوتی دارد. بفرستید تا در برنامه پخش شود. آهسته آهسته شکل خواهد گرفت. حوصله کنید.

http://zamaaneh.com/blog/08/2006/post.html

سلام

بابت شروع به کارتون تبریک می‌گم. دو سه تا نکته هست که می‌خواستم مطرح کنم. می‌دونم جای مطرح کردنش تو کامنت‌ها نیست، ولی جای دیگه‌ای پیدا نکردم.

اول این که من که از طریق یک پروکسی‌سرور به اینترنت وصل هستم، نمی‌تونم به برنامه‌های رادیو گوش کنم.

دومین نکته که یه خرده مهم‌تره، اینه که یک تعداد از فیدهای سایت خالیه. یعنی شامل هیچ آیتمی نیست. هر دو تا فید اتم و RSS رو هم امتحان کردم و هر دو خالی بود. این فیدها شامل فید صفحه اصلی، فید صفحه موسیقی، فید کلاغستون و فید کافه می‌شه. اگه فرصت کردید، یک نگاهی بهشون بندازید.

باز هم (و به شدت) براتون آرزوی موفقیت می‌کنم.

بهرنگ Aug 8, 2006

....

● ممنون از شـما. اگر ایرادهای دیگری هم دوسـتان می‌بینند یادداشـت بگذارند. ممنون می‌شویم – **زمانه**

رادیویی که از وبلاگ می‌آموزد

رادیویـی کـه از وبـلاگ می‌آمـوزد کار عجیب می‌کنـد. مثل آموختن پیر اسـت از جـوان. امـا همیـن اسـت. رادیو اگـر رادیوی زمانه ماسـت هـر چند از السـابقون السـابقون رسـانه‌های مـدرن باشـد بهتـر آن اسـت کـه در درس این نوجـوان تازه رسـیده شـرکت جویـد و علم ارتباط قدیـم خود را نـو گرداند.

وبـلاگ کارهـای شـگفت کـرده اسـت. هـم در جهان و هـم در میـان فارسـی زبانـان و خاصـه جوانـان ایـران. وبـلاگ مظهـر دموکراسـی و کلاس بـزرگ و فراگیـر آن اسـت. صدسـال پیـش وقتـی مشـروطه به پا شـد مـردم ما در آسـتانه ورود بـه تاریـخ جدیـدی قـرار گرفتنـد کـه بعدهـا خـود را در آمـوزش همگانی و سـواد اجبـاری بازنمـود. صدسـال پس از مشـروطه وبلاگ جوهـر آن عمومی شـدن سـواد را علنـی کـرده اسـت: همـه می خواهنـد حـرف بزننـد همـه رای و نظـر دارنـد همه می‌خواهنـد حضـور داشـته باشـند. همین اصل اصیل دموکراسـی اسـت. نیسـت؟

وبلاگ در میان همه هنرهایش دو سه کار چشمگیر دارد. نخست آنکه «فرد» را شاخص کرده و وارد بازار گفتگو کرده است و بسیاری از این «فرد»ها را به شهرت و اعتبار رسانده است به نحوی که جز از راه وبلاگ ممکن نبود. دو دیگر انحصار طبقه نویسنده و روزنامه نگار را شکسته است و نوشتن را به امری روزمره و عادی بدل ساخته است و اسطوره زدایی کرده است. در واقع وبلاگ مظهر تام و تمام اندیشه عمومی کردن سواد است که در آغاز قرن مساله روشنگران اجتماعی بود.

وبلاگ سرانجام یک کار دیگر را نیز به انجام رسانده است و آنهم ساده کردن زبان و مردمی کردن آن است. این دموکراتیزه کردن زبان نیز آرمان بزرگ عهد مشروطیت است. آن زمان شعر غیردرباری نقشی را بازی کرد که این زمان وبلاگ که محل ظهور زبان غیررسمی است می‌کند.

وضعیت جدید وضعیتی است که هیچ رسانه مدرنی نمی‌تواند از آن غافل باشد. برای زمانه که در آغاز راه است این فرصت بیش از دیگر رسانه‌ها فراهم است زیرا اگر رسانه‌های سن-و-سال دار برایشان سخت باشد که از زیر بار تعلقات و عادت‌های ذهنی‌شان به در آیند زمانه چنین مشکلی را ندارد. چابکی جوانی و تازگی به زمانه امکان می‌دهد با همه سنت دراز رادیو با اشتیاق با وبلاگ همزبانی کند و اصلا زبان وبلاگ باشد.

زمانه مدعی است که رسانه‌ای مدرن است . مدرن بودن را در پایان یافتن عصر پدرسالاری و عقلِ کل بازی می‌بیند. زمانه رسانه «فرد»ها ست. و تنها از این راه است که رسانه «جمعی» است. رسانه‌ای است که در تئوری هر فردی می‌تواند در آن بنویسد و تولید کند. در زمانه، مثل وبلاگ، شنونده/خواننده همزمان تولید کننده هم هست: هم راه نظر دادن برایش باز است و هم سوژه دادن و نهایتا برنامه ساختن. زمانه هدفش تقویت روزنامه نگاری فرد/شهروند است. کاری که وبلاگ از پیش آغاز کرده است. کاری که هنوز در عرصه رادیو آزموده نشده است. زمانه آزمودن این اندیشه است. وبلاگی

کـردن رادیـو. همگانـی کردن آن. دموکراتیک کردن رسـانه تا چشـم انداز ممکن. رادیویـی خودمانـی. نزدیـک به مـا. و زمانه ما.

http://zamaaneh.com/blog/08/2006/post_1.html

دوستان عزیـز، تبریـک. من مـی خواسـتم بـه عرض برسـونم که فکر می‌کنـم اولین سـایت بزرگـی کـه بـه ایـن صفحه لینک داد سـایت خبـری و گروهی صبحانـه بود که به شـما خـوش آمـد گفت. نمـی دانم چرا لوگـوی هفتان و دو در دو هسـتند امـا لینک به صبحانـه کـه از ایـن دسـت سـایت هسـت و از نظر سـابقه، حجم بازدید کننـده، کیفیت و حمایـت از رادیـو از آنـدو پیشـتاز تـر اسـت در سـایت دیده نمیشـه. امید داشـتیم و داریـم کـه ایـن رادیـو مـال همـه‌ی اهالی وبلاگسـتان هسـت. هر چند مـا از همکاران آقـای درخشـان هسـتیم امـا کارهای ایشـان و گفتـه هایشـان رو الزاما تایید نمـی کنیم. امیـدوارم کـه عدالـت رو رعایـت کنیـد و علامتی نا پسـند به این شـکل و ناخواسـته با لینـک دادن بـه رقبـای ضعیف ما بـه اعضای صبحانه نفرسـتید چون ما خـود را حامیان ایـن صفحـه می دانسـتیم و مـی دانیم. در ضمن از شـما می خوام موسـیقی های محلی رو بیشـتر پخش کنید.

موفق باشید

Aug 7, 2006, ...saoshyant

....

● در مورد صبحانه حق با شماست. اضافه شد. موسیقی محلی هم در برنامه هست. خواهید شنید. قصد از آوردن این لوگوها جمع کردن خبرگزاری‌های وبلاگی در سایت زمانه بوده است. تازه و کهنه یا پربیننده و کم بیننده. مهم کار جمعی است که این وبلاگهای مرجع انجام می دهند. – زمانه

....

○ سایت شما یه مشکلی که داره اینکه از همه چیز داره جز از خود رادیو برنامه هاش. البته حتما برای اینکه تازه راه افتاده.

موفق باشین.

یه چیز دیگه ام موسیقی سنتی و ملی هم تو زمونه جایی داره یا نه؟

سید رضا, Aug 7, 2006

....

● همه نوع موسیقی در زمانه شنیده خواهد شد. در باره ما تا فردا اضافه می شود. برنامه های رادیو هم بتدریج معرفی می شود. پیشاپیش مطرح نمی شوند مگر مثل کافه زمانه که برای تولید به کمک خواننده/شنونده نیاز دارد. – زمانه

....

○ سلام

دست همه بچه های رادیو زمانه درد نکند. عالی.

ایران امروز – علی, Aug 8, 2006

....

○ امیدوارم که هدف از این رادیو این نباشه که فقط موسیقی پخش کنه چون چند تا رادیوی دیگه دارند این کار را می کنند. بخش موسیقی ملل جالب است خصوصا که شهزاده با لهجه تاجیکی آنرا اجرا می کند. چیز دیگری که لازم است کار ژورنالیستی روی موسیقی پاپ است. موسیق پاپ ما تا به حال هرگز نقد موسیقایی نشده (نظیر مقاله هایی که در مورد موسیقی پاپ در نشریات انگلیس مثلا می بینید) بد نیست برنامه هایی علمی نیز در مورد نقد و بررسی موسیقی

پـاپ و زیـر زمینـی سـاخته و پخش شـود. بـه هر حـال کار فرهنگـی این اسـت که به هنرمنـدان در اصـلاح خودشـان کمـک کـرد (نقـد). نکته دیگر می شـود هفتـه ای یک برنامـه نیـم سـاعته در بـاره اوضـاع نشـر کتـاب در آن هفتـه (تازه هـا و خبرهـای داغ) سـاخت. البتـه نبایـد ایـن کار را داد دسـت یـک آدم خشـک. بایـد بامزه و جوان پسـند سـاخته شـود همـراه بـا دیـد گاههـای انتقـادی کوتاه. بد نیسـت یـک لیسـتی از برنامه هایتـان روی سـایت باشـد و زمان و تناوب پخش آنان. پرسـنل خـود رانیز معرفی کنید و اینکـه هرکـدام برنامـه را مـی سـازند یا پرسـنل هر برنامـه. در ضمن بیـش از حد هم روی موسـیقی زیرزمینـی بهتـر اسـت تاکید نشـود. قدری موسـیقی درسـت و حسـابی هـم قاطیـش کنیـد. خصوصا که بخـش قابل توجهی از موسـیقی زیر زمینـی بی کیفیت اسـت. کارهـای رپ کـه حـاوی زبان رکیک هسـت نیز بهتر اسـت پخش نشـود. هنر و آوانـگارد بـودن بـه معنی بـه لجن کشـیدن هنر نیسـت. ممنون

حمیدرضا, Aug 8, 2006

....

سلام

وبلاگ انجمن سایه با عنوان زیر به روز شد .

منتظر حضور و بیان آرای شما هستیم .

سوسیالیسم مال کجاست ؟

http://saayeh.mihanblog.com/More-138.ASPX

با تشکر فراوان

Aug 9, 2006 -- hosain

ذهـن‌های زیبـا

حسـین نبـود همـه کار خوابیـده بـود. زمانـه مدیـون حسـین اسـت. و مـن هـم. حسـین بچـه جبهـه اسـت. مفهـوم عملیاتـی کـردن یـک پـروژه را می‌فهمـد. زمان دسـتش اسـت. لازم باشـد نمی‌خوابـد. اغلـب یکسـره تا صبح کار مـی کنـد. تودار اسـت. دیـر از کارش سـر در می‌آوری. امـا وقتی فهمیدی‌اش می‌بینی کـه حسـین یـک ذهن زیباسـت.

ایـن همـه رنـگ و طـرح در ذهـن او. این همـه فرمـول و کد. ایـن کار-بلدی. ایـن هنـر یافتـن راه حـل در هـر مسـاله‌ای کـه سـر راه پیـدا شـود از او یـک ذهـن زیبـا سـاخته اسـت. مـن عمیقـا بـه او احتـرام مـی گـذارم و او را نمونـه نسـلی می‌دانـم کـه آمـوخت سـر به زیـر باشـد و کارکن و کارسـاز. حسـین بچه انقلاب اسـت. زمانـه کار اوسـت.

بایـد تاریـخ این هفته‌هـای آغازیـن کار را زمانـی بنویسـم کـه کار از این مرحله وارد چالش‌هـای خبـری و ایده‌پـردازی خـود شـده اسـت. وقتـی رسـما کار را

آغـاز کـرده باشـیم و از دوره نامزدبـازی پـروژه وارد دوره سـخت کار و محـک خـوردن شـده باشـیم. فعـلا همه با چشـم تـازهواردی کـه باید حمایتـش کرد به زمانـه نـگاه مـی‌کنند. امـا بزودی کار سـخت آغـاز مـی‌شـود. با این همـه، آن‌ها که ایـن روزهـا دارنـد زمانـه را مـی‌سازند نمـی‌دانیـد کـه چـه دشـواری‌هایی دارند کـه تنهـا بـا پـای شـوق آن را پشـت سـر مـی‌گذرانند. حسـین پشـتوانه‌ای اسـت بـرای زمانـه. صبـور و آرام و سـختکوش و دانا-به-کار.

حسـین پشـت صحنه همه کارهای ماست. اگر صـدای ما به شـما مـی‌رسـد و اگـر سـایت ما سـاخته و رونمایی مـی‌شـود از هنر اوسـت. امـا روی صحنه رفتن هـم آسـان نیسـت. ایـن هنـر آزاده اسـت و آرام آرام بـر و بچه‌های دیگـر. آن‌ها کـه شـما نام‌هاشـان را اغلب نمـی‌دانیـد ولـی هنرشـان کار را رسـاندن و روزآمـد کـردن و همزمـان تیم‌سـازی کـردن اسـت و ظهر با غذایـی سـاده سـاختن و روز در سـاعات طولانـی کار کـردن. هیـچ کدام هـم آدم رادیـو نبوده‌اند. امـا مـی‌دانند کـه فقـط بایـد بتواننـد ارتبـاط برقـرار کننـد. از ایـن پل صـراط کـه رد شـدند به بهشـتی رسیده‌اند کـه چراغ‌های رابطه‌اش همیشـه روشـن اسـت.

ایـن هنر رسـانه اسـت. من مطمئـن هسـتم کـه زمانـه را هنر ارتبـاط برقـرار کردن خواهـد سـاخت. زمانـه رسـانه کاراکترهاسـت. رسـانه‌ای اسـت بـرای کسـی که «فرد» اسـت. شـخصیت ویژه خـود را دارد. و هنرهای خـود را بـرای ایجـاد رابطه.

یـک کار وقتی شـروع مـی‌شود هزار جور کم و زیـاد و بالا و پسـت دارد. آن‌ها کـه قادرنـد در ایـن دوره زیـر پر و بال رسـانه‌ای را بگیرنـد و راه بیاندازندش آبدیده خواهنـد شـد. و تجربه یگانه‌ای خواهند داشت. این لذت آغـاز کردن اسـت. لذت اول بـودن. لذتی کـه با دلهـره همراه اسـت. دلهـره کاری تـازه کردن. دلهـره ذهن‌های زیبا. ایـن روزها هـی به خـودم گفتم از این بچه‌های رادیـو هیچ تشـکر نکردی یادداشتی

ایمیلی ندادی حال آنکه هم رادیو راه افتاد و هم سایت رونما شد. امشب فکر کردم کار درست قدردانی از آنها در حضور همه خوانندگان/شنوندگان ماست. من به شوق و دل-به-کار بودن شما می‌بالم.

http://zamaaneh.com/blog/08/2006/post_2.html

○ خسته نباشید.

فرزاد ,Aug 9, 2006

....

○ سلام. این پخش زنده عمل نمیکنه.راستی فرکانس ماهوارهای ندارین؟

هادی ,Aug 9, 2006

....

● پخش آزمایشـی بـه مـدت یـک ماه صرفـا اینترنتـی خواهد بود و سـپس وارد پخش ماهـواره ای مـی شـویم. پخـش زنـده هـم از سـاعت ۷ و نیم بـه وقت تهران اسـت. – زمانه

....

○ خسته نباشـید عالـی اسـت گرچه از ایران صدایی نمی شـود شـنید اما تلاش شـما قابل تقدیر اسـت.

پرنیان ,Aug 9, 2006

◯ سلام ...هرچه سعی میکنم یک erorr میاد که بخاطر روادید غیر منتظره، سرور نمیتواند ارتباط برقرار کند. تابحال همچین اشتباهی ندیده و نشنیده بودم!! حالا نمیدانم عیب از فرستنده یا از گیرنده هست. آیا برای شنیدن حداقلهایی برای سخت افزار یا نوع ارتباط موجود هست!؟؟

آرمین گیله مرد, Aug 9, 2006

....

◉ این پیام خطا بعد از ۷ و ۳۰ است یا قبل از آن؟ به هر حال فعلا یک پیام صوتی باید شنیده شود که آرم برنامه است و اعلام زمان شروع پخش. اگر آنهم شنیده نمی شود خبر دهید لطفا. - زمانه

....

◯ کاری بسیار شایسته و به جا کردید آقای جامی. بدون شک این همه تلاش دوستان زمانه بدون حوصله و تجربه شما اینگونه زیبا نتیجه نمی داد.

من به عنوان یک شنونده و خواننده این صفحات می خواستم پیشنهاد کنم هر روز به معرفی چند تا از دوستان همکار زمانه در همین سایت بپردازید. خیلی هاشان مثل شما شناخته شده اند. خیلی ها را هم دوست داریم بهتر بشناسیم و اینکه مسئول کدام ستون یا بخش هستند. این رادیو که اینقدر صمیمانه با مخاطب رابطه برقرار میکند اگر در سایتش هم صمیمانه از دست اندرکارانش بگوید بی ره نخواهد بود.

پرستو, Aug 9, 2006

....

◯ سلام

مهدی جان نوشته ای را درباره رادیو نوشتم. موفق باشید.

ایران امروز – علی, Aug 9, 2006

....

◯ مبارکا باشه!

وارطان, Aug 10, 2006

○ I left this review in Mr. Jami's Sibestan weblog comment box and later I found this weblog here. My apologies to Mr. Jami for wasting the bandwidth.

○ رادیـو زمانـه اتفاق خوبیسـت. بعـد از مدتها یه اتفاق حرفه‌ای در وبلاگسـتان می‌افتد کـه می‌توانـد فـرای خواننـدگان آن رود و مخاطـب عـام ایرانـی پیـدا کنـد. می‌گویـم حرفـه‌ای چـون:

۱) زمانـه نـگاه رسـانه‌ای دارد. یعنـی بـه نظـر می‌رسـد می‌خواهـد ماننـد رسـانه‌های حرفـه‌ای دیگـر محتـوای بـا ارزش تولیـد کنـد و بـرای مخاطـب عـام جـذاب باشـد.

۲) زمانـه هزینـه می‌کنـد. ایـن روزها بـرای انجام هر کار درسـت و حسـابی باید هزینه کـرد. زمانـه می‌دانـد کـه تولیـد محتـوا هزینه‌بـر اسـت. باید خرج کـرد و خـرج کرد و داشـتن منابـع مالی یـک مزیت بزرگ اسـت.

۳) به نظر می‌رسـد زمانه حسـاب شـده پیش می رود. از شـروع آزمایشـی اینترنتی‌اش گرفتـه تـا شـروع وب سـایت آن. ایـن شـروع گام بـه گام خود نشـانه جـدی گرفتن و حرفـه‌ای گرفتن کار اسـت.

٤) مدیـر آن، آقـای جامـی، یکـی از معـدود کسـانی اسـت کـه در وبلاگسـتان سـودای فرهنـگ سـازی دارد. اگـر ایـن نـگاه در زمانـه دنبال شـود - بـدون اینکه زمانـه لزومن آینـه تمـام قد سیبسـتان شـود و محـدود به آن نـگاه باقی نماند و سـلایق متعـدد را در برگیـرد- بسـیار امیدوار کننده اسـت.

٥) زمانـه سـعی می‌کنـد که یک رسـانه عصر جدید باشـد با تعامل دوطرفـه با مخاطب و نـه یـک رادیـو سـنتی دیگـر. اسـتفاده از امکانـات وب و وبلاگسـتان بسـیار امیدوار کننده اسـت.

اما چنـد پیشنهاد:

۱) بـه گمانـم در یـک نـگاه کلـی می‌توان رسـانه‌های موجـود در خارج از کشـور را به دو دسـته عمومی تقسـیم کرد:

- آنان که بنگاه خبری‌اند و از سیاست‌های بنگاه خبری اصلی‌شان پیروی می کنند. مانند

بی‌بی‌سی، صدای امریکا، رادیو فرانسه و حتی رادیو فردا. به گمانم این رسانه‌ها بیشتر حول خبررسانی می‌چرخند و بعضی از آنها سیاست‌های خاص کشور وابسته‌شان را تبلیغ می کنند. مثل رادیو فردا.

- رادیوها و تلویزیون‌های ماهواره‌ای فارسی امریکا: من با رادیوهای اروپایی آشنایی ندارم ولی آنچه که از لوس آنجلس دیده‌ام را می شود یک کاسه کرد. به غیر از ابتذال رایج و غالب(که البته با معیار من مبتذل هستند) از جهت برنامه‌سازی همه از چند ژانر خیلی مشخص خسته کننده و ملال آور پیروی می کنند. آنها برنامه سازی نمی کنند. آنها هزینه تولید محتوا نمی‌کنند. آنها ساده‌ترین، سهل‌ترین و کم‌هزینه‌ترین روش‌های روی آنتن رفتن را استفاده می‌کنند و همین می‌شود که از دید عام مبتذل نگاشته می‌شوند.

بـه گمانـم قـرار گرفتـن زمانـه در یکـی از این دو گـروه و یـا ترکیبی بینابین هـرز دادن پتانسـیل آن خواهـد بـود. بعبـارت دیگر تولیـد محتوای غنـی و تازه یکی از چالشـهای زمانه خواهـد بود.

۲) چالـش دیگـر رادیـو زمانـه ایـن خواهد بـود که یـک پردایم جدید درسـت کنـد و به همـان مسـیری کـه هر کدام از رسـانه هـای بالا رفته اند نـرود. هم محتوا ایجـاد کند و هم ایـن محتـوا را در شـکل جدیـدی ارائـه دهد. این شـکل جدید بسـیار مهم اسـت. وجود وبلاگسـتان و تعامـل دو طرفـه، اسـتفاده از نیروی جـوان و خلاق وبلاگسـتان و تمرکز بر فرهنـگ جوانـان همه خوب اسـت. اما از جهت برنامه سـازی و اجرا به گمانم بهتر اسـت بـه دنبـال فرمـت هـای جدید بـود. بعضـی از این فرمـت ها در غـرب تجربه شـده و می تـوان از آنهـا، با تغییـر لازم بهره برد. یکی از بهترین این نمونه ها NPR اسـت. تنوع برنامه هـای NPR چـه از جهـت شـکل و چه از جهـت ارزش محتوایـی حتا در میان رسـانه‌ای امریکایـی مثـال زدنی‌سـت. از آن طرف حتـی روش بعضبی از برنامه‌های دیگر رسـانه ها مانـند Standup Comdey مـی تواند برای نسـل جوان ایران بسـیار جذاب باشـد.

۳) زمانـه مـی توانـد از اشـتباهات دیگران بسـیار یاد بگیـرد. در گذشـته ظهور مجلات اینترنتـی را از وبـلاگ هـا دیـده ایم. بـه گمان مـن بزرگترین اشـتباه بعضـی از آنها این بـود کـه در همـان عمـق سـطحی وبلاگ هایشـان باقـی ماندنـد و تبدیل شـدند به یک

مجموعـه وبـلاگ زیـر نام مجلـه وبی. از آن طـرف، روزنامه هـای اینترنتـی را هم دیده ایـم کـه خبرنـگار مسـتقل ندارنـد، خبرهایشـان یک خطیسـت و یـا کل یه مقالـه را بر اسـاس یـک شـایعه بنـا می کننـد و مقالـه تکرار دانسـته‌های عام اسـت یا کپی شـده از جایـی دیگـر. زمانـه مـی توانـد حوزه مشـخص تری بـرای خـود تعیین کند کـه در آن حـوزه اوریجینـال باشـد و لازم نیسـت از شـیر مرغ تا جـان آدمیـزاد را کاور کند.

٤) در بیـن ما ایرانیان شـایعه و حرف و حدیث گاه بسـیار رواج دارد. کاش وب سـایت زمانـه هرچـه زودتـر یـک صفحـه بـه چشـم‌انداز (vision)، ماموریـت (mission) و بالاخـره اسپانسـر مالـی خـود تخصیـص دهد و بصورت شـفاف عمل کند کـه از این حـرف و حدیث‌هـا جلوگیـری شـود.

امیدوارم زمانه رسانه ای شود که همه ما به وجودش افتخار کنیم.

http://justinput.blogspot.com/2006/08/blog-post_10.html

Aug 10, 2006 -- Justinput

....

◯ سـلام، ایـن آهنگـی کـه امـروز پخـش کردیـن و اول گفتیـن از صدرالدیـن اما بعد گفتیـن نیسـت، پـس از کیه؟

Aug 10, 2006 -- pooya

....

◯ سلام و تبریک

مـن هنـوز کامـلا متوجـه نشـدم .صـدای شـما را از رادیـو هـای معمولـی هـم خواهیم داشـت .بـا سپـاس

ع.الف.ک Aug 12, 2006,

....

● حتمـا خواهیـد داشـت. مـا بـزودی کانال ماهـواره ای خـود را راه انـدازی می‌کنیم و بعد مـوج کوتـاه – زمانه

زمانه اینگونه ساخته می‌شود

نوزده مرداد هشتاد و پنج

زمانه اینگونه ساخته می‌شود: با نقد شما. دو کامنت خواندنی دیدم فکر کردم بهتر است بگذارم در وبلاگ تا از حاشیه به متن تبدیل شود. دوستان اگر نقد و بحثی دارند می‌توانند برای وبلاگ یادداشت بنویسند. استفاده خواهیم کرد.

کامنت اول

من در ابتدا حس خوبی نسبت به این زمانه نداشتم . به دو دلیل.

اول اینکه شـنیده بـودم زمانه با بودجـه‌ای دولتی در هلند راه افتاده که خوب، تکلیـف ایـن رسـانه‌های بودجه بگیـر از دولت‌های غربی در ذهنم روشـن بود. یعنی فـارغ از محتوایـی کـه ارائه می‌دهنـد می‌دانیم کـه «گربه بـرای رضای خدا مـوش نمی‌گیـرد» و مـوش هـم بـرای رضـای خـدا خـودش را دم دسـت گربه قـرار نمی‌دهد.

بودجه‌بگیرهـا هـم از فرصتی کـه جهانگشـایی مـدل آمریکایی -بوشـی فراهم

کرده استفاده می‌کنند و سبیلی چرب می‌کنند و احیانا جایی برای خودشان در دولت بعد از جمهوری اسلامی رزرو می‌کنند. اما توضیحاتی که سیبستان در این باره نوشت برای من یکی قانع کننده بود.

دوم اینکه فکر می‌کردم این رادیو به رسانه‌ای برای خلاصه‌سازی دیدگاه‌های وبلاگ‌نویس ایرانی و فروش آن به مخاطب بی‌حوصله و هدف‌دار اروپایی تبدیل خواهد شد که خوب می‌دانیم این مشخصا مرام چه کسی است:

این شبهه هم با شروع به کار رادیو و مشاهده نگاه متنوع و رو به داخل آن تا حدودی بر طرف شد. حالا به نظر می‌رسد قرار است زمانه نوعی ویترین برای در معرض قرار دادن محصولات در معرض قرار داده نشده ایرانی از مسیر اینترنت باشد. این از نظر من به موسیقی ختم نمی‌شود. یعنی فقط مدل خاصی از موسیقی نیست که تحت فشار تبلغات حکومتی و غیرحکومتی به زیر زمین رانده شده. بخش زیادی از صداهایی که نه مخالفان و نه موافقان رسمی این رژیم نمی‌خواهند بشنوند به محاق می‌رود تا خدای نکرده کسی گمان نکند ایرانیان دغدغه‌هایی سوای دغدغه‌هایی که از دو سو در دهانشان گذاشته‌اند دارند.

کاش زمانه بتواند راهی برای رو آوردن آنچه به زور زیر زمین چپانده‌اند فراهم کند. راهی برای ارتباط برقرار کردن با صداهای ضعیفی که هیاهوی گفتمان مسلط نمی‌گذارد بشنوی باشد. دست کم می‌توان امیدوار بود ....

* یادداشت مکابیز از کامنت او در سیبستان نقل شد.

کـامنت دوم

رادیـو زمانـه اتفاق خوبیسـت. بعـد از مدت‌ها یه اتفـاق حرفه‌ای در وبلاگسـتان می‌افتـد کـه می‌تواند فـرای خوانندگان آن رود و مخاطـب عام ایرانـی پیدا کند. می‌گویـم حرفـه‌ای چون:

۱) زمانـه نـگاه رسـانه‌ای دارد. یعنـی بـه نظـر می‌رسـد می‌خواهـد ماننـد رسـانه‌های حرفـه‌ای دیگـر محتـوای بـا ارزش تولیـد کنـد و بـرای مخاطب عام جذاب باشـد.

۲) زمانـه هزینـه می‌کنـد. ایـن روزهـا بـرای انجـام هر کار درسـت و حسـابی بایـد هزینـه کـرد. زمانـه می‌داند که تولیـد محتوا هزینه‌بر اسـت. بایـد خرج کرد و خـرج کـرد و داشـتن منابـع مالی یـک مزیت بزرگ اسـت.

۳) بـه نظـر می‌رسـد زمانـه حسـاب شـده پیش مـی‌رود. از شـروع آزمایشـی اینترنتـی‌اش گرفتـه تـا شـروع وبسـایت آن. این شـروع گام بـه گام خود نشـانه جـدی گرفتـن و حرفـه‌ای گرفتن کار اسـت.

٤) مدیـر آن از کسـانی اسـت کـه در وبلاگسـتان سـودای فرهنگ‌سـازی دارد. اگـر ایـن نـگاه در زمانـه دنبـال شـود - بـدون اینکـه زمانـه لزومن آینـه تمام قد سیبسـتان شـود و محـدود بـه آن نگاه باقی نماند و سـلایق متعـدد را در برگیرد- بسـیار امیدوار کننده اسـت.

۵) زمانـه سـعی می‌کنـد کـه یک رسـانه عصـر جدید باشـد با تعامـل دوطرفه بـا مخاطـب و نـه یک رادیو سـنتی دیگر. اسـتفاده از امکانات وب و وبلاگسـتان بسـیار امیدوار کننده اسـت.

اما چند پیشنهاد:

۱) به گمانم در یک نگاه کلی می‌توان رسانه‌های موجود در خارج از کشور را به دو دسته عمومی تقسیم کرد:

– آنان که بنگاه خبری‌اند و از سیاست‌های بنگاه خبری اصلی‌شان پیروی می‌کنند. مانند بی‌بی‌سی، صدای امریکا، رادیو فرانسه و حتی رادیو فردا. به گمانم این رسانه‌ها بیشتر حول خبررسانی می‌چرخند و بعضی از آن‌ها سیاست‌های خاص کشور وابسته‌شان را تبلیغ می‌کنند. مثل رادیو فردا.

– رادیوها و تلویزیون‌های ماهواره‌ای فارسی آمریکا: من با رادیوهای اروپایی آشنایی ندارم ولی آنچه که از لس آنجلس دیده‌ام را می‌شود یک کاسه کرد. به غیر از ابتذال رایج و غالب (که البته با معیار من مبتذل هستند) از جهت برنامه‌سازی همه از چند ژانر خیلی مشخص خسته کننده و ملال‌آور پیروی می‌کنند. آن‌ها برنامه‌سازی نمی‌کنند. آن‌ها هزینه تولید محتوا نمی‌کنند. آن‌ها ساده‌ترین، سهل‌ترین و کم‌هزینه‌ترین روش‌های روی آنتن رفتن را استفاده می‌کنند و همین می‌شود که از دید عام مبتذل نگاشته می‌شوند.

به گمانم قرار گرفتن زمانه در یکی از این دو گروه و یا ترکیبی بینابین هرز دادن پتانسیل آن خواهد بود. به عبارت دیگر تولید محتوای غنی و تازه یکی از چالش‌های زمانه خواهد بود.

۲) چالش دیگر رادیو زمانه این خواهد بود که یک پارادایم جدید درست کند و به همان مسیری که هر کدام از رسانه‌های بالا رفته‌اند نرود. هم محتوا ایجاد کند و هم این محتوا را در شکل جدیدی ارائه دهد. این شکل

جدید بسیار مهم است. وجود وبلاگستان و تعامل دوطرفه، استفاده از نیروی جوان و خلاق وبلاگستان و تمرکز بر فرهنگ جوانان همه خوب است. اما از جهت برنامه‌سازی و اجرا به گمانم بهتر است به دنبال فرمت‌های جدید بود. بعضی از این فرمت‌ها در غرب تجربه شده و می‌توان از آن‌ها، با تغییر لازم بهره برد.

یکی از بهترین این نمونه‌ها NPR است. تنوع برنامه‌های NPR چه از جهت شکل و چه از جهت ارزش محتوایی حتا در میان رسانه‌ای آمریکایی مثال زدنی‌ست. از آن طرف حتی روش بعضی از برنامه‌های دیگر رسانه‌ها مانند Standup Comdey می‌تواند برای نسل جوان ایران بسیار جذاب باشد.

۳) زمانه می‌تواند از اشتباهات دیگران بسیار یاد بگیرد. در گذشته ظهور مجلات اینترنتی را از وبلاگ‌ها دیده‌ایم. به گمان من بزرگترین اشتباه بعضی از آن‌ها این بود که در همان عمق سطحی وبلاگ‌هایشان باقی ماندند و تبدیل شدند به یک مجموعه وبلاگ زیر نام مجله وبی. از آن طرف، روزنامه‌های اینترنتی را هم دیده‌ایم که خبرنگار مستقل ندارند، خبرهایشان یک خطی‌ست و یا کل یک مقاله را بر اساس یک شایعه بنا می‌کنند و مقاله تکرار دانسته‌های عام است یا کپی شده از جایی دیگر. زمانه می‌تواند حوزه مشخص‌تری برای خود تعیین کند که در آن حوزه اریجینال باشد و لازم نیست از شیر مرغ تا جان آدمیزاد را پوشش دهد.

٤) در بین ما ایرانیان شایعه و حرف و حدیث گاه بسیار رواج دارد. کاش وبسایت زمانه هرچه زودتر یک صفحه به چشم‌انداز (vision)، ماموریت (mission) و بالاخره اسپانسر مالی خود تخصیص دهد و به صورت شفاف عمل کند که از این حرف و حدیث‌ها جلوگیری شود.

امیدوارم زمانه رسانه‌ای شود که همه ما به وجودش افتخار کنیم.

*به نقل از کامنت نویسنده وبلاگ *جاست این-پوت* پای مطلب پیش در وبلاگ زمانه

http://zamaaneh.com/blog/08/2006/post_3.html

نظرهای خوانندگان

بجای مدیا پلیر – از ریل استفاده کنید – خیلی بهتره البته ما که تو ایران هستیم و سرعتمون پاینه !

Media Player No :D Real player YES

مهدی ,Aug 11, 2006

....

آقا تورنتو صدا نمیاد!

نوشته اید ۷ به وقت ایران ولی تا کی؟ گرینویچ هم بنویسید

Aug 11, 2006 -- abogel

....

با درود،

گرچه من از آقای جامی دلگیر هستم و وبلاگ‌شان را تحریم - با توجه به مدِ روز بودن - کرده‌ام، راه افتادنِ رادیو زمانه و بخش‌های پیوسته به آن را به گردانندگان و مخاطب‌های آن شادباش می‌گویم.

امیـدوارم هرگـز پیـش نیاید که جنـابِ نیک‌آهنگ، سـنگِ قبـرِ زمانه‌ی ناکم را بکشـند. :-)

همچنیـن می‌خواسـتم بدانـم آیـا این نسـخه‌ی ام تی را که اسـتفاده می‌کنیـد خریده اید یا نسـخه‌ی مجانی آن اسـت؟

پیروز باشید.

آریاسپ ,Aug 11, 2006

....

○ سـلام. مصاحبـه خواندنـی و جالبـی از یکـی از روشـنفکران یهـودی مقیـم کانـادا ترجمـه کـرده ام. لطفـا آن را برای دسـتیابی خوانندگان بیشـتر در سـتون مقـالات خود قـرار دهید.

مـانی ,Aug 11, 2006

....

○ سـلام! تبریـک مـی گـم امـا دو ایراد بـارز در سـایت رادیو وجـود دارد که پیشـنهاد می کنـم اصـلاح کنید:

۱- لینک تماس با ما وجود ندارد و کاربر برای تماس با شما عملا عاجز می ماند

۲- لینـک دربـاره مـا وجـود نـدارد و تـا زمانی کـه کاربر نداند شـما که هسـتید حاضر نیسـت صدای شـما را گـوش کند- البته متاسـفانه!

موفق باشید

دوست همیشگی ,Aug 11, 2006

....

○ سـلام

من دیروز با اینجا آشنا شدم و از پرمحتوایی اینجا دارم لذت میبرم.

لینک دایم اینجا رو میذارم تو وبلاگم

موفق باشید...

هدیه ,Aug 12, 2006

○ سـلام

خوبی؟

به من سر بزن خوشحال میشم لینکمو بذاری تو وبت موفق باشی...

هدیه ,Aug 17, 2006

....

○ Moshkel graphic

Linkha va matn ghabel tashkhis nistand, link bayad rangash az
matn joda bashad.

Sep 1, 2006 -- g

از لبنان تا آوازخوانی زنان

بیست و یک مرداد هشتاد و پنج

یادداشـت **پارسـا صائبـی**[1] را کـه دربـاره انعـکاس جنـگ لبنـان در وبلاگ‌هـا خوانـدم احسـاس کـردم دامنـه کار وسـیع‌تر از این‌هاسـت. مـن خـودم چندیـن یادداشـت خواندنـی دیـده بـودم کـه در مطلب پارسـا نیامده بود (مثـلا آنچه رضا **بهشـتی‌معز**[2] آورده اسـت). فکـر کـردم کاش می‌توانسـتیم جریان‌هـای نوشـتاری در وبلاگسـتان را بهتـر مانیتـور کنیـم و حـوزه مـرور وبلاگی‌مـان را وسـیع‌تر کنیـم کـه حـق مطلب ادا شـود. کسـی هسـت کمـک کند؟

در وبلاگسـتان هـر از چنـدی یـک موضـوع داغ می‌شـود و بسـیاری دربـاره‌اش می‌نویسـند. بـه نظـرم بررسـی مـورد بـه مـورد ایـن مسـائل کـه تنـور بحـث وبلاگـی را داغ می‌کنـد مهـم اسـت و سـیر آن‌هـا در طـول یـک دوره زمانی نشـانگر بسـیاری از حساسـیت‌های فکـری و اجتماعـی ماسـت. نوعـی نشانه‌شناسـی فکـری اسـت.

---

1. http://www.radiozamaneh.com/analysis/2006/08/post_8.html
2. http://beheshtimoez.blogspot.com/2006/08/blog-post.html

من شخصا شاید تحت تاثیر اولین مقاله‌هایی که درباره لبنان در وبلاگ‌ها منتشر شد - مثلا یادداشت **محمد جواد کاشی**[۳]، فکر می‌کردم مساله لبنان مساله ایرانی‌ها نیست و جماعت ایرانی چندان علاقه‌ای به پیگیری ماجرا ندارد. در عمل این فرض بی‌پایه از کار در آمد. گرچه نوع حساسیت‌ها همانی هم نبود که ممکن بود انتظار داشت. به نظرم در مساله لبنان گروه‌هایی از ایرانیان توانسته‌اند بین نظر خود و نظر حکومتی تفاوت بگذارند و با وجود انتقاد به دولت ایران در سمت و سوی تبلیغی‌اش همچنان زاویه دید انسانی به مساله را حفظ کنند و خلاصه واکنشی رفتار نکنند که بگویند حالا که دولت دارد روی این ماجرا تبلیغ می‌کند به ما چه که در آن دخالت کنیم.

وبلاگستان توان‌های فردی بسیار خوبی دارد. به نظرم باید توان تحلیل کارها و گرایش‌های جمعی آن را نیز تقویت کرد. بخواهیم یا نخواهیم امروز وبلاگ‌ها آیینه اندیشه ما شده‌اند - بدون آنکه بخواهم در این آیینگی اغراق کنم یا آن را منحصر به وبلاگ بدانم.

اگر کسی دستی در این زمینه‌ها دارد من علاقه‌مندم کارش را در زمانه منتشر کنیم. لبنان سویه‌های دیگر هم دارد که از نظر خبری و اجتماعی مهم است و مثلا یک بخش آن به موضوع روزنامه‌ها و رسانه‌های اروپایی بر می‌گردد. همین امشب دیدم که مجله هفتگی طنز بریتانیا (Private Eye)[4] روی جلد خود را به لبنان و دست روی دست گذاشتن آمریکا اختصاص داده است.

البته غیر از طنز بحث‌های جدی هم کم نیست. اینجا هم به کسی نیاز هست که به قول رفقا خوره مطبوعات باشد و بتواند جریان‌های مطبوعاتی

3.http://javadkashi.blogspot.com/2006_07_01_javadkashi_archive.html#115347412722719765
4.http://www.private-eye.co.uk/pages.php?page=cover&

اروپا را پوشش دهد. چیزی که معمولا ایرانی‌ها از آن بی‌خبر می‌مانند. اگر مایلید با من تماس بگیرید.

حالا از جنگ به صلح موسیقی بیاییم. این هم نوعی درخواست و بگو آگهی است. زمانه به آوازخوانی زنان ایران توجه ویژه دارد. دختران و زنانی که این سال‌ها به کلاس‌های آوازخوانی رفته اند هدف اصلی یک مجموعه از برنامه هستند که برای بخش موسیقی رادیو در حال برنامه‌ریزی است.

من می خواهم برای افتتاح رسمی کار زمانه از دست کم یک دختر خانم آوازه‌خوان ایرانی دعوت کنم که برای یک هفته به آمستردام بیاید و از کار و تجربه خود برای مهمانان ما بگوید و در برنامه‌سازی ما فعال باشد. اگر کسی از خانم‌ها داوطلب است ممنون می‌شوم که با زمانه تماس بگیرد.

زنان آوازخوان ایرانی نماد مهمی هستند از توان جامعه زنان ما. آن‌ها بدون اینکه آینده‌ای برای کار و هنر خود ببینند با هزار تلاش به آموختن آنچه دوست داشته‌اند پرداخته‌اند. در جامعه‌ای که درباره آینده خود سردرگمی‌های بسیار دارد این زنان نمونه‌هایی برجسته و ادیسه‌وارند. زمانه رسانه‌ای برای شنیدن صدای ناشنیده مانده آن‌هاست.

http://zamaaneh.com/blog/08/2006/post_4.html

نظــرهای خـــواننـدگـــان

◎ موفــق باشید

درصورت امکان نحوه دانلود کردن فایل صدا را شرح دهید

علی ,Aug 13, 2006

....

◎ ســلام

جناب جامی اگر منظور شما همان کاری باشد که داریوش در ضیافت خانه ملکوت انجام می دهد من یکی حاضر هستم کار کنم. اگر نه کمی توضیح واضحات بدهید.

موفق باشید

ایران امروز – علی ,Aug 13, 2006

....

● منظـور مـن فقـط انتخـاب نیسـت. بلکـه گـردش اسـت در وبلاگهایـی کـه بـه یـک موضـوع پرداختـه انـد و گزارشـی تحلیلـی از مواضـع آنهـا. کاری که مثلا خـود من در بـاره انتخابـات در وبلاگسـتان بـرای بـی بـی سـی کـردم. – مهـدی جامی

....

◎ می‌خواستم اینو پستی کنم در وبلاگم اما ترجیح دادم بکامنتم‌اش:

یـک. صـدای پخـش یکنواخت نیسـت. گاهـی وقتـا صـدا شـدیدا بلنـد می‌شـه و گاهی هـم کم.

دو. برخی قطعـات نصفه نیمـه قطع می‌شـه. تـا می‌خوای حـس بگیری کات می‌شـه به یـک قطعه‌ی دیگه.

سـه. سـاعت ده و نیـم تـوی ایـن فصل سـاعت زودی بـرای تمـوم شـد برنامه‌هاست.

حداقـل تـا ۱۲ – یـک جـا داره کـه ادامه‌داشـته باشـه. یـا اینکه دیرتر شـروع بشـه.

چهـار. اگـر کسـی بخـواد پیغـام غیـر صوتـی بـذاره کیو بایـد ببینه؟ یک بخـش تماس با

مای درسـت و حسـابی از ملزومات هرسایتیه.

پنج. درباره‌ی ما کجاست؟ این از قبلی هـم ملزوم‌تره.

شش. سایت‌اتون footer نداره و این هـم زشته و هـم اصولا ضعفی در طراحی!

پسر شجاع, Aug 13, 2006

رسانه عقل کل مرده است

بیست و چهار مرداد هشتاد و پنج

وبلاگ‌نویـس شـدن محمـود احمدی‌نـژاد اتفـاق مهمی اسـت. درسـت اسـت که او ممکن اسـت بـرای آنکه نظر جوانـان را جلب کند بـه وبلاگ‌نویسـی رو آورده باشـد امـا بـه نظـرم در باطن امر نشـانه مهمی به دسـت داده اسـت از فردی شـدن فرهنـگ ایرانـی. فردی شـدن یـا مرکزیت یافتن فرد شـاید نکتـه تازه‌ای نباشـد اما هـر بـار کـه به همین نکتـه بازگردیـم جنبه‌های تازه‌ای از آن بازشـناخته می‌شـود.

احمدی‌نژاد بـا وبـلاگ راه تازه‌ای یافتـه اسـت بـرای ارتبـاط. ارتبـاط قلب مساله مـدرن اسـت. کافی اسـت نـگاه کنیم بـه این واقعیت سـاده کـه هـر چه از رشـد تکنولـوژی گذشـته قـدرت ارتباط فـرد با فـرد یا فـرد با جمـع را تقویت کـرده و گسـترش داده اسـت. مـن در احمدی‌نـژاد بـر خـلاف آینده آبـی نه یک روسـتایی کـه مـردی در جهـت کشـف شـهر و روابط آن می‌بینم.

احمدی‌نژاد در جایی ایسـتاده اسـت کـه زمانی مخملباف ایسـتاده بود. کشـش

به درک شهر و شناسه‌های آن و از-خود-کردن شهر اتفاق مهمی است. مخالفت با آن چندان نشانه هوشیاری نیست.

روح زمانه ما بر تشخص فردیت می‌چرخد. من از این بابت شادمانم که نشانه‌های این فردیت همه جا دیگر دیده می‌شود. آنچه ما می‌توانیم کرد این است که «روایت» فردی را گسترش دهیم. روایت فردی مرکز درک مدرن از جهان است. محتوای آن مهم نیست که مذهبی باشد یا سکولار، اصلاح‌طلبانه باشد یا محافظه‌کارانه و از این شمار. آنچه مهم است روش یکسانی است که در آن فرد اهمیت می‌یابد. خاطراتش مهم می‌شود. روستایی بودن یا شهری بودنش، ایرانی بودن یا غربی بودنش، زبان‌دانی یا ندانی‌اش، تحصیل‌کردگی و نکردگی‌اش همه رنگ می‌بازد. فردی که فرد است به همان که هست باور دارد و خود را می‌پسندد و بر پای خود می‌ایستد. فرد مدرن دارای روانشناسی اعتماد به نفس است. چالش با او دیگر از راه تخریب او ممکن نیست.

روایت و رسانه پیوندی ناگسستنی دارند. نمونه عالی‌اش همین رسانه وبلاگ است. دلیل رشد فراوان آن در ایران هم بی‌گمان جایگاه یکتایی است که در عرضه فردیت پنهان و رنجور-مانده ما پیدا کرده است.

در بحث‌های کارگاهی زمانه بر این نکته تاکیدها رفته است. اگر بتوانیم رادیویی باشیم که در آن نه مردم به عنوان توده بلکه مردم به عنوان فرد حضور داشته باشند توانسته‌ایم «رسانه»ای انقلابی باشیم بدون آنکه «انقلابی» باشیم. همه چیز در بازگشت به مردم است. این بار نه در شکل توده‌وار قرن بیستمی بلکه در صورت فردیت یافته قرن بیست و یکمی.

آیا رادیو می‌تواند چنین رسانه‌ای باشد. وبلاگی باشد؟ به نظرم می‌تواند.

کافی است منظر نظر خود را اندکی تغییر دهیم. زمانه آزمونی برای این منظر-گردانی است. بازگرداندن مردم است به رسانه. شایع کردن روایت آنهاست از فرهنگ و سیاست و جامعه. ما همیشه برای مردم تعیین تکلیف کرده‌ایم. این مرام کهنه شده‌ای است. باید تکلیف را مردم تعیین کنند. فرد فرد آنها. رسانه عقل کل مرده است. زنده باد رسانه‌ای که آیینه عقل فرد است. رسانه‌ای که تکثیر می‌شود. نه آنکه از آحاد کثیر صورت واحد و کنفورم شده‌ای می‌سازد و در ایشان می‌دمد. رسانه پسامدرن. رسانه مدرنی که رافض رسانه‌های قرن بیستمی است. قرن پروپاگاند. قرن دولت قاهر. هیچ رسانه مدرنی دیگر پروپاگاند را نمی‌پسندد. آشکارش یا پنهانش. عصر صف کردن مردم پشت یک سیاست و یک رهبر و یک حزب گذشته است.

http://zamaaneh.com/blog/08/2006/post_5.html

نظـــرهای خـــوانندگان

◉ خوب شروع کردید ... امیدوارم زود از فهرست فیووراتم حذف نشید

بیخود, Aug 15, 2006

....

◉ اگـر ادامـه پیـدا کنـد... ولـی حقیقتـش را بخواهیـد اگر تئـوری انتخاب بـد به جای

بدتر درست باشد کـه بـه نظـر مـن نیسـت مـن بـه احمدی‌نـژاد رای می‌دهـم تـا بـه معیـن و یـا خاتمی.

یک تحریمی, Aug 16, 2006,

....

○ تحلیـل خوبـی دادیـد . یـادم نمـی رود کـه یکـی از دوسـتان از ملاقـات مخملبـاف با یکی از اسـاتید روزنامه نگاری کـه الان حداقل ۷۰ سـال بـه بـالا سـن دارد سـخن گفت . در سـالهای قبـل از ۶۳ کـه مخملبـاف در فضایـی متفاوت بـا امروز زیسـت می کر د . آن بنـده خـدا پـس ازصحبتهای مخملباف بـا این پیش کسـوت روزنامه نـگاری از فرد یاد شـده رسـید کـه وی را چگونـه دیدی گفت کـه اون (مخملبـاف) داره زبـان وکامپیوتر یـاد مـی گیره و همیـن دوتا کار ش را می سـازد

سید ابوالحسن مختاباد, Aug 19, 2006,

رادیـو رسانه زهوار در رفته
معصومه ناصری

بیست و پنج مرداد هشتاد و پنج

رادیوی سنتی رسانه پیرمردهاست. تصویر پیرمردهایی که یک رادیوی ترانزیستوری به گوششان چسبانده‌اند و مثلا روی نیمکت یک پارک نشسته‌اند برای ما تصویر غریبه‌ای نیست. اسم رادیو بسیاری از ما را به یاد یک قوطی سیاه یا قهوه‌ای گوشه خانه می‌اندازد که به کار پخش دعای سحر یا شنیدن خبرهای ساعت دو یا گوش کردن به رادیوهای بیگانه می‌خورد یا فوق فوقش گزارش فوتبال. البته این روزها رسانه رادیو به آن مفهوم قدیمی یک جای دیگر هم حضور دارد توی تاکسی‌های زرد و نارنجی که پشت راهبندان‌های شهرهای بزرگ گیر کرده‌اند.

اما این رسانه زهوار در رفته کجای زندگی جوان امروزی است؟ جوان عصر اینترنت و هارد راک در کدام یک از وقت‌های زندگی‌اش پیچ رادیو را می‌چرخاند. صدای رادیو کجای زندگی پر از استرس جوان امروزی می‌تواند بپیچد؟

آیـا آن‌ها که به تاسیس یک رادیوی تازه دسـت می‌زننـد دیوانگان عصر جدیدند کـه در سـودای نوسـتالژی دیـر و دور خـود تلاش می‌کنند به خویشـتن جوانشـان

برگردند؟ آنجا که عصر تابستان هست و حوض پر از ماهی و هندوانه و کوچه و خیابان‌های شلوغ و صدایی که به همه این شلوغی‌ها پایان می‌داد؟صدای گوینده‌ای که انگار از جایی غریب می‌آمد؟ صدای رادیویی که جایی دور از دسترس مثلا روی طاقچه نشسته بود و کسی از درون آن جعبه عجیب و غریب، از یک منبر تازه همان حرف‌های همیشه را تکرار می‌کرد؟ و گاهی هم البته رنگ و آهنگی برای رنگ زدن به روز و روزگار خسته آدم‌هایی که در برزخ اندرونی و بیرونی به سر می‌بردند؟

در این نوشته قصد ندارم عقل و جنون آن‌ها را ثابت کنم، فقط می‌خواهم بلند بلند در این مورد فکر کنم که این رادیوی زهوار در رفته را جایی در ترافیک این همه تکنولوژی جدید می‌توان به زندگی برگرداند یا نه؟ آن هم در دور و زمانه‌ای که هر روز یک کمپانی بزرگ محصول تازه‌ای را به ویترین فروشگاه‌های محبوب ما می‌فرستد؟ ویترین کالاهای تکنولوژیک یا سایت‌هایی که هر روز یک شعبده تازه رو می‌کنند؟

نوستالژی‌هایتان را دور بریزید

امروز گوگل یک لینک تبلیغاتی برایم فرستاده بود. تبلیغ یک دستگاه کوچک که توی مشت جا می‌گیرد. این دستگاه کوچک هم عکس می‌گیرد هم فیلم پخش می‌کند هم متن به شما نشان می‌دهد هم می‌توانید با آن رادیو گوش کنید و هم برایتان صدا ضبط می‌کند. اگر شما زیاده خواه‌تر از این هستید باید بگویم با این دستگاه کوچک البته نمی‌شود ظرف شست یا لباس اتو کرد. اما گمانم این دستگاه باعث می‌شود افسانه رادیوی زهوار در رفته و پیرمرد در حال چرت زدن را فراموش کنیم.

وقتی با ابزاری به این کوچکی هنگام خرید، پیاده‌روی، ورزش و دوچرخه‌سواری

می‌تـوان بـه رادیـو گـوش کـرد ۵۰ درصد قضیه حل اسـت. مخاطب بـه راحتی به آنچه می‌خواهد دسترسـی دارد. اما آنچه می خواهد چیسـت؟

جـای رسـانه و مخاطـب بـا آنچـه پیـش از این معمـول بوده فـرق کرده اسـت. حـالا دیگـر رادیـو دیگر حق نشسـتن روی هیچ تاقچـه ای را ندارد. بایـد جای دم دسـت‌تری را بـرای حضـورش انتخـاب کند.

حتـی دیگر کمتر کسـی حوصله می‌کنـد پیچ رادیو را دنبال طول موج مشـخصی بچرخانـد. خـب اگـر یک رادیـو مایل اسـت رادیو بماند، رسـانه باشـد و همچنان مخاطـب داشـته باشـد بایـد جایـی میـان کلیک‌هـای آدم امـروزی پیـدا کنـد. یک کلیـک روی وبـلاگ، یک کلیـک روی رادیـوی وبلاگی.

رادیوی وبلاگی

فرهنگ آکسـفورد سـال ۲۰۰۵ واژه پادکست را برترین واژه سال انتخاب کرد. سال ۲۰۰۶ ایـن واژه وارد ایـن فرهنـگ شـد اتفاقـی کـه دو سـال پیش‌تر بـرای وبلاگ افتـاده بـود. حـالا فرهنگ‌نویسـان بـرای پذیرفتـن واژه‌هـای جدید کمتـر مقاومت می‌کننـد آیـا صاحبـان رسـانه‌های سـنتی هـم به همیـن راحتی بـا این واژه‌هـا کنار می آیند ؟

جلوی اسـم پادکسـت در فرهنگ آکسـفورد نوشـته: برنامه‌ای رادیویی یا مشـابه کـه دیجیتالی ضبط شـده و بـرای داونلود کردن و پخش، از دسـتگاه‌های شـخصی پخـش صدا، روی اینترنت گذاشـته می‌شـود.

اگـر تـا همیـن دیـروز بـا داشـتن یـک کامپیوتـر و ارتبـاط اینترنتی می‌شـد یک روزنامـه اینترنتـی شـخصی راه انداخت به اسـم وبلاگ و برایش شـکل و شـمایل

متفاوت و لوگوی مشخص تعریف کرد و آنجا سردبیر یک صفحه خاص اینترنتی شد، حالا کار بالا گرفته، کافی است یک میکروفن و نرم‌افزار داشته باشی آن وقت می‌توانی یک رادیوی شخصی راه بیندازی. محبوبیت پادکست برای همین سادگی تولید آن است. البته قبل از این کار باید ایده‌ای هم برای انتشار داشته باشی. یا به عبارت بهتر چند کلمه حرف حساب یا غیر حساب.

هر چند از روز اول سازندگان پادکست‌ها قصد نداشتند به جنگ رادیوی سنتی بروند. اما آن‌ها با پخش صداهایی که معمولا فرصت انتشار پیدا نمی‌کردند و با فرم متفاوت و غیررسمی کم کم کار را برای صاحبان رادیوهای رسمی سخت کردند.

بی‌بی‌سی خیلی زود، زمانه جدید رادیوها را درک کرد و آن را در برنامه‌های خود پذیرفت. رادیوهای دیگر هم برخی برنامه‌هایشان را بر روی پادکست ارائه کرده‌اند.

یک رسانه زهوار در رفته در عصر اینترنت

آمار و ارقام می‌گویند شنونده‌های رادیو هر روز کمتر می‌شوند، از طرف دیگر کاربران اینترنت هر روز بیشتر. آیا صاحبان رسانه رادیو جایی در تقاطع این دو میله نمودار می‌توانند به ملاقات مخاطبان تازه بروند؟

بدون تردید پادکست یا رادیوی وبلاگی محل این قرار تازه و متفاوت است. هر چند تهیه‌کنندگان رادیو باید حواسشان باشد رادیو نمی‌تواند در مقابل چشم‌اندازی از مخاطبان جدید با فناوری تازه همان حرف‌های قدیمی را با همان فرم کهنه شده پخش کند.

این رسانه زهوار در رفته برای ماندگار شدن در عصر اینترنت باید پایش را از کلیشه‌های دهه‌های گذشته رادیو بیرون بگذارد. خارج شدن از استودیوهای اکوستیک شده، حذف اتاق فرمان و جمع شدن همه عوامل تولید در یک نفر یک راه ضد کلیشه است که اینترنت پیش پای رادیویی‌ها گذاشته است.

پادکست ایرانی و یک مشکل کوچک

وبلاگ‌نویسان ایرانی در دنیای وبلاگ‌نویسی صاحب رده و آوازه‌اند. تا همین چند وقت پیش زبان فارسی چهارمین زبان زنده وبلاگی بود.

برای رشد سریع تعداد وبلاگ‌نویسان در ایران توجیه‌های جامعه‌شناسانه و روانشناسانه زیادی وجود دارد اما به هر دلیل تعداد آن‌ها واقعا چشمگیر است.

در تغییر و تحول رسانه‌های امروزی، با وجود راه‌اندازی سایت‌های ارائه‌دهنده خدمات پادکستینگ به فارسی تعداد کاربران ایرانی صاحب پادکست آنقدرها رشد نکرد.

تعداد جوان‌های ایرانی که دستشان به اینترنت می‌رسد و از امکانات کافی برای راه‌اندازی یک رادیوی وبلاگی برخوردارند کم نیستند اما زیرساخت‌های توسعه نیافته اینترنت در ایران باعث شده است سرعت اینترنت در حدود همان سال‌های ورود اینترنت به ایران بماند.

یکی دو سالی است اینترنت بی‌سیم و پر سرعت در برخی مناطق تهران و بعضی شهرهای بزرگ ایران قابل دریافت است اما تا زمانی که اینترنت پر سرعت به فراوانی کارت‌های اینترنت نشود پادکست‌های ایرانی کم‌تعداد و پراکنده باقی می‌مانند.

http://zamaaneh.com/blog/08/2006/post_6.html

نظــرهای خـواننـدگــان

○ به عنوان یک سردبیر رادیو شدیدا تکذیب می کنم! اتفاقا رادیو به خاطر صمیمیت و همراهی روزانه با ادما هنوز زنده مانده.

جلال سمیعی و غیره...، Aug 17, 2006

....

○ این هم یه پاسخ به این نوشته:

http://www.abogel.com/2006/08/blog-post_17.html

جمال، Aug 17, 2006

....

○ سلام،

اما تا حالا کدامیک از این نوآوری های تکنولوژی جای سلف خودرا تنگ کرده؟

مگر تلویزیون توانست جای سینمارا وویدیو جای تلویزیون را تنگ کند؟

مگرفلاپی وسی دی ودی وی دی وکامپیوتر توانستند جای کتاب را تنگ کنند؟

مگر تلفن توانست جای دیداررا بگیرد؟

نخیر این نوستالژی که شما می فرمائید چه مال ما پیرمردهای جوان باشد وچه مال شما جوان های پیر ازآن بید ها نیست که به این بادهابلرزد!

کافه ناصری تان برقرارو پررونق باد!

نق نقو، Aug 18, 2006

....

○ ba naghd abogel.com bishtar moafegham ta matlab shoma

Aug 18, 2006 -- Majid

رادیو به این دلیل امروز کم کم محو می شود و تنها شنونده های سنتی خود را به زور حفظ کرده که به طور ثابت بیانگر دیدگاه های طبقه ی زور و زر و قانون اساسی به دست است هر چقدر این طبقه نگران تر این رسانه ثابت تر و در نتیجه میرا تر.همان بلایی که اگر بدیلی برای تلویزیون ایجاد شود بر سرش خواهد آمد اگر تکنولوژی به جایی برسد که شما زنده با مردم هر جای جهان با تصویر پرتفکیک high resolution و صدای در حد cd صحبت کنید خیلی خودمانی تر هستید تا از فیلترهای شیک bbc cnn یا irib و .... به اخبار جهان برسید آنگاه بی واسطه و خودتان انتخاب می کنید.

کل فرایند به سمت یکی شدن همه ی نیازهایی مانند دسترسی به دوستان، امکان مبادله دوست داشته ها،سادگی و عدم سانسور و آسانی کار و نزدیکی مردم جهان می رود دیگر باید کامپیوتر با یخچال فرق کند

کامپیوتر ساخته شد تا همه چیز بشود برنامه ای درونش بریزند و رادیو شود و تلفن شود و تلویزیون شود و اداره ی پست شود و فروشگاه شود و ماشین تایپ شود و دستگاه چاپ گوتنبرگ شودو دیکشنری شود و بوم گرافیست ها و آتیله ی عکاسی و........ کامپیوتر قرار نبود یک کاره باشد و خب نشد و با همین قدرت انعطاف تا جایی که بتواند در خود جمع می کند.

فرایند حذف رادیو گوشه ای از کهکشان تغییرات است که شاید به نظر به حذف آن بینجامد ولی ققنوس وار در شکل «دستگاه کوچک که هم عکس می‌گیرد هم فیلم پخش می‌کند هم متن به شما نشان می‌دهد هم می‌توانید با آن رادیو گوش کنید و هم برایتان صدا ضبط می‌کند» متولد می شود و به عکس قول دوستمان

مگر تلویزیون نتوانست جای سینمارا وویدیو جای تلویزیون را تنگ کند؟

مگرفلاپی وسی دی ودی وی دی وکامپیوتر نتوانستند جای کتاب را تنگ کنند؟

مگر تلفن نتوانست جای دیداررا بگیرد؟

یا شاید من از مریخ آمده ام!

از دوستان به دلیل سبک نگارش معذرت می خواهم من همیشه ساده تر صحبت می کنم

هاشم مرادمند, Sep 2, 2006

آسیب‌شناسی رادیوهای داخلی و خارجی

نوشته آزاده

بیست و هفت مرداد هشتاد و پنج

یـا: راه دشوارِ ساختن یک رادیوی پرمخاطب

سال‌ها پیش، شاید کمتر از ۹ سال قبل، وقتی میان ترافیک و دود، زمانت را در تاکسی‌های نارنجی یا ماشین‌های مسافرکش می‌گذراندی، آشناترین صدا در میان امواج درهم رادیوی ماشین، به قول دولت ایران، «صدای گویندگان بیگانه» بود.

آن زمـان، مجریـان این رادیوها و برنامه‌های خبری و تحلیلی‌شـان از ایران و دنیا، آنقـدر مهـم بودنـد که مردم سـاعت‌ها وقـت خـود را در منزل و محـل کار، صرف شـنیدن رادیوهای خارجی می‌کردند.

زوال محبوبیت رادیوهای خارجی

اما مدت زیادی است که بسیاری از این رادیوها در کنار برنامه‌های رادیوی ایرانی، محبوبیت خود را از دست داده‌اند. در آن سال‌ها این برنامه‌ها آنقدر نفوذ و قدرت

داشتند که معمولا یک برنامه رادیویی یا تلویزیونی در ایران به تحلیل و بررسی تفسیرهای سیاسی و اقتصادی آن‌ها می‌پرداخت. شاید همین مساله باعث محبوبیت بیشتر برنامه‌های خبری آن سوی مرزها می‌شد؛ رادیوهای بیگانه، اخبار و اطلاعاتی را ارائه می‌دادند که در ایران دچار خط قرمز می‌شد؛ به همین دلیل اعتماد مردم بیشتر به آن‌ها جلب می‌ شد، تا رادیوهای داخلی.

ایـن رونـد همچنـان وجـود دارد امـا حالا بیشـتر مـردم، اعتمـاد سـابق را بـه این رادیوهـا از دسـت داده‌انـد. در واقع بی‌اعتمـادی بـه رادیوهای داخلـی، به خارجی‌هـا هـم سـرایت کرده اسـت.

مشکل رادیوهای خارجی چیست؟
شاید چند دلیل اصلی از این بی‌اعتمادی را بتوان شمرد:

۱- سال‌ها از شکوفایی رادیو فردا و بی بی سی فارسی می‌گذرد اما هنوز برنامه‌ها، روند کلیشه‌ای و تکراری را طی می‌کنند. بخش ترانه‌های درخواستی بی بی سی فارسی همان شرایطی را دارد که جمعه‌ها، جوانان ایرانی را در روستاها و شهرهای کوچک به خود جلب می‌کرد. بسیاری از برنامه‌ها همچنان به عهد سالیان دراز خود پایبند مانده‌اند، اما شنونده‌هایشان چهارده سال را پشت سرگذاشته‌اند و این صدا، اجرا و نوع برنامه‌ها را قدیمی و کلیشه‌ای‌تر از آن می‌دانند که برای شنیدن دوباره، وقت بگذارند.

۲- اکثر این رادیوها، منابع قابل اعتمادی در ایران ندارند. به این دلیل که در بسیاری از مواقع اعضای فعال و خبرنگارانشان در ایران حضور ندارند و مجبورند به منابع خبری مراجعه کنند که گاهی باعث رودست زدن به آن‌ها می‌شود؛ آقای نوری‌زاده به راحتی عکس مونتاژ شده‌ای را منبع حرف خود قرار می‌دهد که با

فتوشاپ روی آن نوشته شده: صیغه باعث لذت و ثواب زن است. یا آقای بهارلو در صدای آمریکا با تاسف به حرف‌های بیننده‌ای گوش می‌دهد که با تمسخر، شخصیت‌های محبوب سریال های طنز ایرانی را منشا و منبع تحلیل‌های سیاسی خود می‌داند. بسیاری از این رادیوها، به وبلاگ‌ها به عنوان منبع قطعی اکتفا می‌کنند و گاهی متوجه لحن طنز، نیشخند و حتی دروغ نویسنده نمی‌شوند. همین باعث می‌شود که بخشی از خبر در سطح بماند یا چندی بعد تکذیب شود.

۳- دیدگاه جانبدارانه اخبار و برنامه‌های سیاسی و اجتماعی برخی رادیوها، مردم را بی‌اعتماد می‌کند. این دیدگاه می‌تواند بر اساس تفسیر یک ستون‌نویس راست افراطی آمریکایی باشد یا خبرگزاری فارس. در هر صورت، منابع و ارجاع خبری به محلی است که نوعی جانبداری در آن دیده میشود.

این ماجرا درست شبیه ارسال عکس از ایران به خبرگزاری های خارجی است. مدت زیادی است که عکسی از زندگی معمول و روزانه ایرانی‌ها روی خبرگزاری‌های خارجی نیست. عکس‌هایی که از ایران روی این سایت‌ها قرار می‌گیرد، از زاویه یک زن چادری، تظاهرات، آتش زدن پرچم یا روحانیان خشمگین است. این هم یک موضع‌گیری است که دید مردم را نسبت به واقعیت‌ها تغییر می‌دهد و حتی آن‌ها را بی‌اعتماد می‌کند.

٤- رسانه‌ها یک دست شده‌اند؛ بسیاری از رسانه‌ها به خصوص رادیو و تلویزیون به دلیل نداشتن منابع مستقل، اخبار و گزارش‌های خود را از خبرگزاری‌های مختلف نقل می‌کنند. این یعنی کم-کاری رادیویی که در روزنامه‌نگاری به آن «تولید خبر» میگویند. رادیوهای ایرانی خارج از کشور، منابع محدودی دارند و به دلیل اینکه از اصل و منبع اخبار در ایران دور هستند، اخبار واقعی خود را از خبرگزاری‌ها می‌گیرند. به همین دلیل همه اخبار و

گزارش‌هـا در یـک روز یـا سـاعاتی خـاص، مشـابه و کپی‌بـرداری اسـت.

۵- مقامات و مسئولان ایرانی از گفت و گو با رادیوهای خارجی و اظهار عقیده در هر زمینه‌ای منع شده‌اند. در حالی که در تهیه یک گزارش یا خبر، باید اطلاعات دوسویه و دو طرفه ارائه شود. رادیوهای ایرانی آن سوی مرزها، در اکثر مواقع نمی‌توانند نظر دولت را داشته باشند. همین باعث می‌شود که ارائه خبر یا گزارش از این سوی میز، در درک صحت تردید به وجود آورد.

پیام، تنها رادیوی محبوب داخل

مردم همچنین نسبت به رادیوهای داخلی ایرانی دچار تردید و دلزدگی شده‌اند .مدت زیادی است که حتی در تاکسی‌ها فقط صدای گوینده رادیو پیام در مورد اوج ترافیک در برخی نقاط شهر شنیده می‌شود.

شاید بعضی از عوامل این دلزدگی و بی‌تفاوتی مردم نسبت به رادیوهای داخلی را بتوان این‌ها دانست:

۱- لحن گوینده: معمولاً آموزش گویندگان رادیو و تلویزیون در ایران به گونه‌ای است که باید با لحن گوینده، خبر را تفسیر کرد. وقتی گوینده، خبری را در مورد افتتاح یک مکان یا سخنرانی رئیس جمهور می‌خواند، فراز و فرود لحنش به گونه‌ای است که گویا باید شوق و حتی ارادت خود را به مقام مذکور نشان دهد.

۲- رادیو و تلویزیون در ایران الگو دارند؛ معمولاً در مناسبت‌های خاص، به شکل مداوم و کلیشه‌ای برنامه‌های مناسبتی پخش می‌شود؛ هفته وحدت، هفته موسیقی ترکی و کردی است و کریسمس یعنی قصه اسکروچ! این الگو در همه شبکه‌ها یا امواج رادیویی آنقدر تکرار می‌شود که اگر از یک برنامه یا موج آن را بشنوی ،گویا همه را شنیده‌ای.

۳- کلمات مورد استفاده در اخبار و حتی برنامه‌های تخصصی با احتیاط انتخاب می‌شوند و برخی کلمات کلیدی هیچ وقت گفته نمی‌شود. کمتر کسی تا به حال کلمه کاندوم یا سکس را به وضوح از یک برنامه تخصصی و جدی در مورد پیشگیری از ایدز شنیده است. همین مساله باعث می‌شود که برنامه لابه لای تعارف و کلمات پیچیده و غیرملموس، گم شود.

٤- کلمات جانبدارانه به شدت و با تاکید ادا می‌شود؛ مدت‌هاست مردم عادت کرده‌اند بشنوند؛ نیروهای غاصب و اشغالگر اسرائیلی به هلاکت می‌رسند و عملیات شهادت‌طلبانه فلسطینی‌ها را به مقام شهادت نائل می‌کند.

۵- صلوات فرستادن بر محمد و آل محمد، نوعی نژادپرستی و طرد اقلیت‌های مذهبی را دربردارد. بیش از دو سال است که گوینده‌ها باید قبل از شروع برنامه، صلوات بفرستند و مشخص کنند که مخاطب اصلی‌شان فقط مسلمانان معتقد هستند.

٦- صدا و اجرا یکسان شده؛ صدای گوینده‌ها به شکل کسالت‌آوری شبیه هم شده و نوع اجرای طولانی پر از تعارف و تحسین مردم و هموطنان ایرانی، خسته‌کننده. بعضی از گوینده‌ها به وضوح تلاش می‌کنند که تقلید صدای کسی را بکنند و برخی با کلمات آنقدر بازی کنند که مخاطب کل قضیه را نادیده می‌گیرد.

۷- تجربه‌های موفق معمولا به محیطی دوستانه و فامیلی تبدیل می‌شوند؛ رادیو فرهنگ نمونه موفقی از موج رادیویی است که به شکل اختصاصی به هنر و ادبیات از زوایای مختلف می‌پردازد. اما بعد از چند ماه که از افتتاح و موفقیت برنامه‌های این رادیو گذشت، مردم متوجه دایره بسته مهمانان و دوستی بین مهمان و کارشناس و مجری شدند. مدت‌هاست که این برنامه فقط

محفـل و پاتـوق دوسـتان مجری و گوینده‌هاسـت.

۸- برنامه‌ها جانبدارانه است؛ این مورد با برخی رادیوهای خارجی مشترک است. برنامه‌ها و اخبار ایرانی کاملا جانبدارانه تهیه می‌شوند و به مردم اطلاعاتی بیش از چیزی که تعیین شده ارائه نمیشود.

زمانه دلزدگی از رادیو

حـالا بایـد دیـد در فضایی بـا این همه آسـیب و مخاطبان دلزده، چـه می‌خواهیم بگوییم؟

این موضوع شـبیه راه‌اندازی یک روزنامه در شـرایط خمودگی و سیاست‌زدگی مـردم ایـران اسـت. یک روزنامـه چه چیزی می‌تواند داشـته باشـد کـه مخاطبان خسـته از سیاسـت و اقتصاد و حتی اجتماع را جذب کند؟

چه حرف جدیدی داریم؟

http://zamaaneh.com/blog/08/2006/post_7.html

che mikhahand. rastash ekrahi ke radio zamane az vorood be masa›ele hadde ejtemaii-siasi darad gahi az resane haye dakheli ham bishtar ast. hatta yek bar dar barnameye music-e shoma gooyande ekraah dasht masalan dar morede daridegiye Madona be vozooh sohbat konad va migoft va mitarsid lafze lokhti ya sex ra be kar bebarad. rasti chera kasani ke hatta dar Amsterdam dochaar khodasansoori hastand be in radio davat shode and? Radioye dakhel az shoma pishro tar ast va toode haye mardom hoseleye weblog baz hayee mesle aghaye Jami va amsale oo ra nadarand. Omidvaram in ra sansoor nakonid!!!

Aug 19, 2006 -- ardeshir

....

بیشتر مواردی که مطرح کرده اید جای بحث دارد. مثلن نمی شود رادیو بی بی سی را با این همه تجربه و تنوع برنامه ای و کثرت مخاطب یکجانبه گرا خواند درحالی که رادیو زمانه هنوز با موزیک سرپا مانده است و در ورطه ی دشوار اطلاع رسانی هنوز خودی نشان نداده است. اینکه التفات بخش کثیری از مردم به رادیو کمتر شده بیشتر نتیجه ی ظهور رسانه های جدید مثل تلویزیون های ماهواره ای و اینترنت است. براستی در این شرایط چه می خواهید بگویید و چگونه؟ شاید بهتر بود وارد ین بحث می شدید تا علاقه مندان نیز بدانند زمانه به کدام سمت دارد می رود. شاد باشید.

Sep 1, 2006 , کیان

....

بی‌اعتمادی به رسانه های خبری بویژه رادیو و تلویزیون در ایران بیش از همه چیز از دولتی بودن آنها ناشی میشود با یک نگاه بسیار ساده و غیر نقادانه، میتوان چهارچوب کلیشه ای «مدل رادیویی» را در تمام فرستنده های داخلی دید.تکیه کلامهای خشک، تظاهر به زهد و امر بمعروفهای سفارش شده، ایفای نقش نمایندگی برای دولت و ارگانهای دولتی و «بله قربان گویی»های پایان ناپذیر و ضعف مفرط در القا نزدیکی به مخاطبان ، سیستم

گزینش بسیار پیچیده و پادگانی برای اعتماد به افراد شاغل در آنجا و...
در کل رادیو در ایران کارش متفاوت از مسئولیت حرفه ای تعریف شده در اتحادیه‌های ذیربط منطقه ای و بین المللی است.بعضی وقتها که گوینده ی رادیویی حرف میزند این حس القا میشود که در برابر یک واعظ و یا یک کشیش نشسته ای.به هر حال محبوبیت یا عدم محبوبیت این رسانه تابعی از فاصله موجود بین آن (رادیو) با دولت است هرچه نزدیکتر ، زوال محبوبیت هم بیشتر است.
اما در خصوص رادیوی بسیار جوان «زمانه» به ذکر چند توضیح بسنده میکنم .
بدون اینکه قائل به بی نقص بودن برنامه های «زمانه «باشم ذکر این نکته را لازم میدانم که این رادیو با هر بضاعتی که دارد باب نظر خواهی و انتقاد از خود را باز گذاشته است حال آنکه کمتر رسانه ای به این آسانی انتقاد از خود را بر می تابد یکبار برای «بی بی سی»نوشتم: « شما رادیوی خوبی دارید ! اما اشکال کار در اینجاست که مردم در ایران شما را رسانه ی دولت بریتانیا میدانند و شما میدانید که اعتماد به بریتانیا در بین مردم ایران صفر است» با این وجود که من عین واقعیت را در خصوص برداشت مردم نوشته بودم ولی نظرم هیچوقت نه چاپ شد و نه پخش.
اتفاقا یکی از بزرگترین امتیازات « زمانه» هم میتواند این باشد که این رادیو در مرکز ثقل بدبینی ایرانیها یعنی در انگلستان و امریکا قرار ندارد شکی ندارم که این رادیو قدر این امتیاز را خواهد دانست.

عاکف , Sep 4, 2006

....

salam khastam begam age mishe ahanghaye hinde bishtar pakhsh koned az tamame goyandehaye in radio mamnonam bye

May 15, 2007 -- mahbobeh

....

elat inke mardom be radiohaye khareji gosh midahand bishtar be khater etemadi ast ke mardom be anha darand manand radio israeil man khodam be anha gosh mideham ama movazeb code

ha ham hastam albate kheili mavaghe etela at pezeshki ve kesha-
varzi khob ham midehand

Nov 2, 2008 -- Javad

....

○ کلیپ زیبایی از کافران بی‌نام در حمایت از حرکت اعتراضی مردم در ایران....
http://www.youtube.com/watch?v=WucKqIJhIOU

Jun 15, 2009 -- Ben

....

○ salam, man shenidam ke emrooz hame jaye donya saate 17
tazahorate, mikhastam bebinam ke holland ham hast. age mishe
zoodtar khabar bedin chon ba chand ta az dostamon mikhaim
biyain, merC panni

Jun 16, 2009 -- Pantea

ما کراوات نمی‌زنیم

بیست و نه مرداد هشتاد و پنج

حرف اول:

پلورالیسم و ضبط خانگی

زمانی بود که همه کت و شلوار می‌پوشیدند و کراوات می‌زدند. هنوز از خاطره نسل ما دور نیست آن زمانی که همه کلاه شاپو می‌گذاشتند. فیلم‌های سیاه و سفید ثبت کننده آن دنیا هستند. در آن فیلم‌ها حتی تبهکاران هم کت و شلوار و کراوات و کفش براق دارند و یقه سفید. دنیای آن روز که چندان دور از ما هم نیست روزگار کنفورمیسم بود.

در دوران کنفورمیستی تصور بر این بود که وقتی همه یک شکل باشند (یا متحد الشکل) یعنی نظم بهتری وجود دارد. آرزوی نظم بود که همه را مثل هم می‌کرد. از دوره مائو در چین و استالین در شوروی تا یقه سفیدهای اروپایی همه به نوعی کنفورمیسم را تجربه می‌کردند و می‌خواستند.

جهان عوض شد. امروز همه دنبال پلورالیسم‌اند و بر تفاوت‌ها تکیه می‌کنند.

از وحدت مکانیکی می‌گریزند. تنوع تا بی‌نهایت ستوده می‌شود. کثرت اسم رمز جهان جدید است. اسم رمز جهان جدید تا چهل سال پیش وحدت بود.

شاید حقیقت همان کثرت در وحدت یا وحدت در کثرت باشد اما هر چه هست امروزه غلبه با کثرت است. رادیو زمانه نمی‌تواند به این اصل ارتباطی بی‌اعتنا باشد. این رادیویی است که در زیباشناسی صوتی و موسیقایی و وبستانی خود به کثرت پایبند است. قصد زیر پا گذاشتن اصول کار حرفه‌ای روزنامه‌نگاری را ندارد اما آن اصول را به صورت مینیمالیستی حداقلی محدود می‌کند تا حداکثر فضا را برای تنوع و خلاقیت باز بگذارد.

دوستانی از ما می‌خواهند خط مشی خود را هر چه سریع‌تر مشخص کنیم. با آنکه می‌دانم نیت خیر دارند اما بهتر است از این زاویه در توصیه خود بنگرند که شاید انتظار دارند ما هم جایی در ردیف دیگر رسانه‌ها پیدا کنیم و با همگن شدن، وضعیت زمانه را «روشن» کنیم. زمانه البته اصول کار خود را در طی کارگاه ماه جولای روشن ساخته و به تصویب رسانده است اما تعیین خط مشی به معنای «عادی شدن» را نمی‌پذیرد. زمانه می‌کوشد عادت‌های تازه‌ای ایجاد کند نه اینکه بخواهد از عادت‌های شنوندگان که محصول کار دیگر رسانه‌هاست تبعیت کند.

این حتما کار ما و کار شنیدن ما را سخت‌تر خواهد کرد. یک دوره برای شنونده و همکاران ما حتی موجب سر-در-گمی خواهد بود. اما فکر می‌کنیم به دردسرش بیارزد. شکستن عادت‌ها و تشکیل عادت جدید آسان نیست. باز کردن استودیو به روی همگان و راه انداختن نهضت «ضبط خانگی» آسان نیست. می‌دانم. ولی ما نخستین رسانه‌ای هستیم که در کار خود آزمون را اصل می‌دانیم. می‌خواهیم سقف آگاهی و توانایی ممکن را در عرصه رسانه ایرانی

اندازه بگیریم. ببینیم واقعا عرصه‌ای آزموده نشده و استعدادهای تازه و کشف نشده‌ای وجود دارد؟ تخمین ما این است که وجود دارد. آزاده در یادداشت پیشین پرسیده بود حرف تازه‌ای داریم؟ می‌گویم این همان حرف تازه ماست.

حرف دوم:
حمایت مالی طرح

می‌خواستم این روزها به یکی دو نکته پر گفتگو هم اشاره کنم اما آنقدر حرف‌های نظری جدی‌ترند و جلوتر باید مطرح شوند که همیشه رسیدگی به این نوع بحث‌ها در سایه می‌ماند. اما کوتاه بگویم درباره اینکه چرا باید زمانه از حمایت یک سازمان غیردولتی هلندی و یا پارلمان هلند برخوردار باشد. از من انتظار می‌رود شفاف به این بحث بپردازم. حرفی نیست. اما سوال اصلی این است که اگر حرکتی و اقدامی و طرح و برنامه‌ای از حمایت دولت جمهوری اسلامی برخوردار نشود چه کسی باید از آن حمایت کند؟ بخش خصوصی ایران؟ بخش خصوصی ایرانی در خارج از ایران؟ اپوزیسیون ایرانی؟ نهادهای بین‌المللی؟ نهادهای مردمی ایرانی و غیرایرانی؟ دولت‌های خارجی؟

به عبارت دیگر، اگر زمانه طرح خوبی است اما دولت ایران به آن علاقه‌مند نیست و نمی‌خواهد در آن سرمایه‌گذاری کند چه پشتوانه‌های مالی دیگری هست که بتوان از آن استفاده کرد؟ منتقدان نخست باید این نکته را روشن کنند و سپس به این نکته برسند که آیا منبع پشتوانه مالی مهم است یا نحوه هزینه کردن امکانات مالی؟ و اگر منبع هم مهم است چرا شیوه هزینه کردن در سایه قرار می‌گیرد؟ فرض کنیم پول یک ایستگاه رادیویی یا اقدام رسانه‌ای اصلا از مراجع مذهبی و سهم امام بیاید و شبهه‌ای هم در آن نباشد. درست است اگر حساب و کتاب فراموش شود؟ به نظر من منتقدان معمولا چون به حساب‌کشی دقیق این نوع طرح‌ها از سوی پشتوانه‌های مالی توجه ندارند

فکر می‌کنند پـول فراوانـی در دامن ما ریختـه شـده اسـت و حسـاب و کتاب هـم در کار نیست.

خلاصه اینکه کسانی که منتقد حمایت مالی خارجی هسـتند ناخواسـته معتقدند کـه همـه طرح‌هـا بایـد از حمایـت جمهوری اسـلامی برخـوردار شـود واگرنـه اشـکال دارد. اما جالب اسـت که وقتی جمهوری اسلامی هم پشت طرحی باشد دسـت‌اندرکارانش بـه عنوان مامور جمهوری اسـلامی برچسـب می‌خورنـد. آیا به ایـن ترتیـب ایـن دوسـتان راه بی‌عملـی را توصیـه می‌کننـد؟ بهتر نیسـت به جای انـگ زدن و ایجـاد شـبهه، نظـارت را تقویـت کنیم که رسـانه‌ای راه کژ و مـژ نرود. مـن لازم بـاشـد بـاز هم بـه ایـن موضـوع در روزهـای آینـده برمی‌گردم.

حرف سوم:
زمـانه و روز آنـلایـن
نکتـه پایانـی هـم در ارتباط زمانه و روز آنلایـن اسـت. روشـن و صریـح بگویم که ایـن دو رسـانه هیـچ ارتباطی با هم ندارند. من ضمن احترام به شـماری از دوسـتان فعـال در روز آنلایـن، از کسـانی هسـتم که انتقادهـای جدی به مدیریت محتوای آن دارم و ایـن را پنهـان هـم نکرده‌ام. زمانـه دنباله‌رو روز آنلایـن نیسـت و بـه تمام معنا یک رسـانه مسـتقل اسـت و تصمیماتـش در درون سـازمان کوچک خود و با همفکـری گرفتـه می‌شـود. حسـن و عیب روز آنلایـن نباید بـه پای زمانه نوشـته شـود یـا آینـده زمانه نبایـد از وضـع و موضع امـروز روز آنلایـن گمانه‌زنی شـود.

http://zamaaneh.com/blog/08/2006/post_8.html

نظرهای خوانندگان

آقای جامی این چند خط را پس از خواندن نوشته آقای عباس معروفی درباره برنامه هایی که در رادیو زمانه در پیش دارند پای مطلبشان نوشتم. متأسفانه از انتشار آن خودداری کردند. می فرستم که حداقل شما و خوانندگان وبلاگ رادیوزمانه ببینید: می بخشید آقای معروفی که خیلی بی رودربایستی با شما صحبت می کنم. اما شما مطمئن اید که آدمی از خود راضی نیستید؟ این نوشته کوتاه که همه اش «من، من» است! به گمانم در این برنامه ها هم که در رادیو زمانه در پیش دارید، حتماً خودتان با خودتان گفتگو خواهید کرد و از خودتان درباره خودتان خواهید گفت و با «بچه های» خودتان که البته بچه اند و اجازه حرف روی حرف بزرگتر را ندارند از شخص خودتان خواهید گفت و مطمئنم که آخر کار هم خودتان به خودتان جایزه خواهید داد.

ژاله , Aug 22, 2006

....

به نظرمن زدن کراوات دلیل بر تبهکاری یا عدم آن نیست.چه بساکسانیکه پست لباسهای ساده سفید(در مورد آقایان).و پشت چادرهای مشکی و مقنه(در مورددخترها)چه جنایاتی صورتمیگیرد.وتا زمانی که این افکار پوچ درجامعه وجودداشته باشد کشورما رشدنخواهد کرد.(البته این فقط یک نظر شخصی است.

پ.امین جعفری , Aug 23, 2006

....

نکته در تبهکاری نیست. نیکوکاران هم در آن دوره کراوات می زدند. نکته در یکسان سازی با کراوات یا یقه مائو / یقه ولایتی است (و نوع زنانه و مربوط به

دوره انقلاب اش: چادر مشکی) و اینکه فلسفه این نوع یکسان سازی دیگر از رونق افتاده است و دوره ما یکسان سازی های مکانیستی قرن بیستم را برنمی‌تابد. – زمانه

....

○ با سلام

به نظر بنده کراوات به هیچ وجه با هیچ عقیده ای در تضاد نیست و عملا مبارزه فرهنگی با استفاده نکردن از آن وقت تلف کردن است.

اصلا کراوات یک وسیله لوکس و شیک است و اگر قرار است کراوات را فراموش کنیم باید کت و شلوار را نیز فراموش کنیم.

من به شخصه کراوات را تایید میکنم.

مبارزه با کراوات مبارزه با آزادی و مبارزه با تفکر است.مبارزه با خود است.مبارزه برای هدف هیچ است.

سروش , Nov 24, 2006

دموکراسی رادیویی

دوم شهریور هشتاد و پنج

دو سه اتفاق امروز باعث شد حس تازه‌ای در باره ایده رادیوزمانه پیدا کنم. اول حرف‌های مریم نبوی‌نژاد بود در انتقاد از زمانه. حرف‌های او از رادیو پخش شد و امروز در صفحه گفتگوی خودمونی هم خواهد آمد. گذشته از صراحت بیان او در عین صمیمیتش که بسیار به دل می‌نشست انتقادهایش مرا به فکر فرو برد. آیا ما در زمانه نهایتا راه رادیوهای دیگر را باید برویم؟ آیا نهایت راه ما پیوستن است به جریان اصلی رادیو که ما خود آن را سنتی می‌خوانیم؟

راه را برای غیرحرفه‌ای‌ها باز کنید

من در اولین حضور خود در پخش زنده رادیوزمانه چند دقیقه‌ای درباره حرف‌های مریم توضیح دادم و فکر می‌کنم اینجا هم لازم است بحث را بگسترانم. چون تفاوت مهمی را در دو نوع نگاه به رادیو نشان می‌دهد:

در حرف‌های مریم یک دو نکته بود که حتما باید رعایت کرد. یکی ظرافت

در ترکیب خبرهاست مثلا خبر قطع اینترنت و خبر پرجستجوترین کلمات در اینترنت (که بحثی کارشناسی می‌خواهد و من همین جا دعوت می‌کنم از کسانی که در این باب می‌توانند مقاله‌ای سنجیده بنویسند تا در زمانه منعکس کنیم) یکی هم تناسب گفتار مجری با برنامه‌ای که قرار است معرفی کند.

اما مریم تاکید خاصی بر نحوه‌ای از اجرا داشت که خود آن را باعث گریز جوانان می‌داند. به نظرش شیوه ادای استاد نیکفر در سلسله گفتارهایش خواب‌آور است و عبدی کلانتری هم کند و یکنواخت می‌خواند. رادیو در نظر من و مریم متفاوت است. مریم احتمالا از نوعی ادای حرفه‌ای در بیان رادیویی دفاع می‌کند. من می‌گویم زمانه قرار نیست در اختیار حرفه‌ای‌ها باشد. قرار است آماتورهای علاقه‌مند به رسانه رادیو را نیمه‌حرفه‌ای و حرفه‌ای کند.

وقتی ضبط خانگی قیمتی می‌شود

به نظر من «ضبط خانگی» محمدرضا نیکفر حتی اگر ادیت حرفه‌ای هم نداشته باشد و کیفیت صدایش هم استودیویی نباشد و خودش هم بر فن بیان رادیویی مسلط نباشد هزار بار ارزشش بیشتر از یک بیان حرفه‌ای اما بی‌معنا و کم‌محتواست. وانگهی ارزش کار نیکفر به این است که مردی دانشمند را نشان می‌دهد که غم خلق را می‌خورد چندان که در میانسالی می‌نشیند و گاه برای ۸ دقیقه برنامه چهار ساعت پای کامپیوتر می‌خواند و بازخوانی می‌کند. او ارزش رسانه را صدبار بیشتر از یک گوینده حرفه‌ای می‌شناسد. کسی چون او بزودی بر همه جوانب کار هم مسلط خواهد شد. زمانه اگر همین کار را کرده باشد و پیونددهنده امثال نیکفر با جوانان علاقه‌مند باشد کار خود گزارده است.

زمانه رادیوی شهروندانی است که می‌خواهند کار رسانه‌ای کنند. انتظار نباید داشت کار آن‌ها از هم آغاز کامل باشد. در مقابل این «ضرر»، آنچه ما به دست

می‌آوریم وارد کردن انبوه افراد تازه به رسانه رادیوست. و صداهای تازه البته. این حتما می‌ارزد که در معیارهای سنتی گوش دادن به رادیو تجدید نظر کنیم. به نظر من اتفاقی که با زمانه در رادیو می‌افتد شبیه اتفاقی است که با وبلاگ افتاد. همه نویسنده شدند. من می خواهم که همه بتوانند برنامه بسازند. با همان ضبط خانگی. کمی که گذشت فواعدش هم شکل میگیرد و استانداردهاش هم از درون خودش تعریف می‌شود.

لذت کار کردن با شبکه

نکته دیگر که بعدازظهر پیش آمد وقتی بود که سامان ایرانی با ایمیلی خبر از مرگ نویسنده بزرگ اسرائیلی داد و می‌پرسید می‌تواند مطلبی درباره او کار کند؟ من تردید نکردم که بگویم حتما. و بعد با خود فکر کردم چقدر کار کردن با افراد کثیر از کشورهای مختلف لذت‌بخش است. هر کسی با ایده‌ای می‌آید و همه آن‌ها در سبد زمانه جمع می‌شوند. راستی این است که ما در جمع وجود داریم و باید یکبار برای همیشه از خودمحوری دست برداریم و کار جمع را از جمع بخواهیم و به رنگارنگی ایده‌ها حرمت بگذاریم.

من از ایده سامان استقبال کردم چون او درست بهنگام بر نکته‌ای دست گذاشته بود که ما نیاز داریم به آن توجه کنیم: ما از اسرائیل هیچ نمی‌دانیم. ما در ایران سال‌هاست رسما با اسرائیل در نقار و دشمنی هستیم اما عجب است که میزان اطلاعات ما از اسرائیل واقعا ناچیز است. من سال‌ها پیش در یادداشتی در مجله خاوران به مناسبت جشنواره فیلم فجر نوشته بودم که آخر چرا ما هیچ از سینمای عرب و اسرائیل نمی‌دانیم؟ سال بعد یکی دو فیلم یوسف شاهین آمد و البته از اسرائیل هیچ وقت هیچ چیز نیامد.

حتی در باره مهمترین مساله ما با اسرائیل که ماجرای فلسطین باشد نیز اطلاعات ما سخت فقیر است. هنوز بسیاری از مردم و حتی تحصیل‌کردگان

ما نمی دانند نوار غزه کجاست و کرانه باختری کجا.

گفته بودم که زمانه رسانه‌ای است برای صداهای ناشنیده. باید این را هم بگویم که زمانه رسانه‌ای است برای موضوعات طرح نشده و ممنوع و مسکوت مانده. موضوعاتی که خواننده‌ای یا شنونده‌ای پیش از دیگران به آن فکر کرده است و ما بخت آن را داشته‌ایم که با او آشنا شویم و ایده‌اش را طرح کنیم. زمانه بازترین پنجره است به روی شنونده خود برای تولید و گفتگو از آنچه نیازی به آن حس می‌کند.

http://zamaaneh.com/blog/08/2006/post_9.html

مهدی عزیز:

برنامه نیلگون مخصوصا آقای عبد کلانتری یکی از زیباترین برنامه‌هاست من شخصا چندین بار گوش میکنم... احتمالا خانم نبوی نژاد خواسته چیزی گفته باشه ...

و من در عجبم شما خودتون آقای جامی چرا اون برنامه های زیبایی که در بی.بی.سی داشتید را اینجا ندارید! نیکان که مثل همیشه پرکار و اینجا هم دست از سر فمین‌ها بر نمی‌داره و جالب بود اگر نازلی هم اینجا برنامه ای داشت و به نظرم نازلی میتونه برنامه خوبی داشته باشه... بهش فکر کنید یا شاید هم دارید فکر میکنید. و استاد معروفی هم که ما منتظر دومی هستیم هیچا نمی‌ریم ...

موفق باشید

Aug 26, 2006 , Fazel

زمانه؛ رادیویی برای از ما بهتران

حامد متقی

برگرفته از وبلاگ طنین سکوت

هفت شهریور هشتاد و پنج

حامد متقی در نقد رادیو زمانه مطلب بلندی نوشته است که مایلم دوستان دیگر هم آن را بخوانند و نظرشان را مطرح کنند. بخشی از این حرف‌ها کاملا درست است و بخشی نیاز به توضیح دارد که می‌کوشم در روزهای آتی به آن بپردازم. ولی حالیا بهتر است نقد او را شما هم ببینید.

مهدی جامی

این دو و خرده‌ای اُمین مطلبی است که درباره زمانه می‌نویسم. اولی‌اش چون ممکن بود با کیفرخواست یا توپخانه اشتباه شود، نیمه کاره رها کردم. دومی‌اش را دو سه شب پیش اکثرش را نوشتم و هم سوی چشم یاری نمی‌کرد و هم مواردی نیاز بود بخش‌هایی از این رسانه به طور کامل خوانده شود که ماند تا دیروز و نگه داشتم تا امشب هم باز بخوانمش که تندی‌هایش را بگیرم. دیشب هم که دموکراسی

رادیویی مهدی جامی را می‌خواندم و دفاع منطقی‌اش از برنامه دکتر نیکفر و عبدی کلانتری در مقابل برخی انتقادها را دیدم قدری کوتاه آمدم که این رسانه نوظهور را بی‌رحمانه چوب نزنم.

یکی از مهمترین دلایلی که باعث شد به زمانه انتقاد کنم و پیشنهاد ارائه دهم حضور محمدرضا نیکفر است، حداقل در زمانه‌ای که بسیاری از اندیشمندان خود را در آسمان می‌بینند و حاضر نیستند یک پله هم پا پایین بگذارند و هر رسانه‌ای را هم در شان خود نمی‌بینند، حضور افرادی چون نیکفر در رسانه‌ای نوظهور نه تنها ارزشمند است که می‌تواند نشانگر برنامه‌هایی باشد در استفاده از متفکرین. پس فکر کردم این رسانه کاری میخواهد بکند، و اتفاقا می‌خواستم به خاطر نبود فایل صوتی بخش اندیشه زمانه دست‌اندرکاران این رسانه را چوب بزنم، حالا یک خرده کوتاه آمدم.

به دنیا آمدن هر رسانه میتواند شادی با خود به ارمغان آورد و یا یاسی فراوان‌تر. شادی‌اش که مسلم است چرا، هر تولدی با خود زندگی به همراه دارد و اگر مولود، یک رسانه باشد که از همان بدو تولد بتواند بر گفتار، رفتار، عادات و فرهنگ جامعه تاثیر گذارد این تولدی میمون و مبارک است. اما این رسانه اگر در داخل کشور باشد و بخواهد مثمر ثمر باشد - بصورت روزنامه، سایت و وبلاگ که البته دو مورد آخر نیز از آن ممنوعه‌جاتی است که دیده‌ایم، گاهی عواقبی سخت داشته - مسلم است که باید به زودی ذبح شرعی شدنش را شاهد باشیم و به عزایش بنشینیم مگر آنکه مجیزگو باشد؛ اما رسانه‌های گسترده‌تری چون رادیو و تلویزیون که در خارج از کشور امکان تولد یا حیات دارند از جانب دیگر مایه نگرانی‌اند: تحریف اخبار و وقایع، موقعیت ناشناسی، بازیچه دست‌های مغرض شدن، فرهنگ‌سوزی و ادامه حیات در حالتی که نسبت به جامعه ایران بیگانه است. این حاصلش جز بی‌اعتمادی و قهر مردم نسبت به رسانه‌ها نیست؛ همان که دیده‌ایم هر روز افزون می‌شود.

از همین آخری شروع میکنم تا بروم سر اصل مطلب. دقت کرده‌اید که چرا هر چه می‌گذرد مردم نسبت به نشریات بی‌اعتمادتر میشوند و بالتبع میزان برگشتی نشریات در دکه‌های روزنامه فروشی گواه این امر است؟ به خاطر اینکه مطبوعات مخاطب‌شناسی نمی‌کنند؛ معمولا طبق عادتی که از گذشته وجود داشته حوزه‌ها مشخص است و خبرهای خبرگزاری‌ها نیز موجود است و شل می‌کنند توی صفحه. آن‌ها که کمی حرفه‌ای‌ترند و اهل تولید، چیزهایی را به خورد مردم می‌دهند که خوانندگان نمی‌خواهند و آن‌هایی را که مخاطب می‌خواهد در هیچ نشریه‌ای نمییابد. کمابیش خبرهای صدا و سیما و خبرگزاریها و روزنامه‌ها را در یک سطح می‌توان قرار داد. (فقط کافی است یک بار اخبار رادیوتلویزیون و خبرگزاری‌ها و نشریات را درباره بیانیه‌ها و اطلاعیه‌های نهادهای مدافع حقوق بشر و تجمع‌ها و اعتراضات داخلی و خارجی و نحوه پوشش مقایسه کنید؛ در اینجا هیچ بدی یافت می‌نشود و آنجا به غیر از چهارتا کشور درپیتی هم‌پیمان ما سراسری زشتی.) افتادن در دامی که یا نمی‌دانند یا می‌دانند و به آن تن داده‌اند.

می‌گویند خبرنگار و روزنامه‌نگار را از در بیندازی بیرون از پنجره وارد می‌شود ولی ظاهرا حقیقت این است که در و پنجره را دو قفله هم می‌کنیم که جای حرفی باقی نماند. آری نه تنها روحیه کارمندی غلبه کرده بلکه گویی رسانه‌ها هم (حتی خارجی) وابسته به نفت شده و مثل همه چیزمان جریان نفت آن را کرخت و مطیع کرده. نه به نحوه صدور مجوزها کار دارم نه به مدیران مسئول نه به اقتصاد مطبوعات و نه دایره وسیع و تنگ(!) خطوط قرمز و سانسور و خودسانسوری. اتفاقا در کنار همه این آفت‌های روزنامه‌نگاری وطنی هنوز میتوان سوژه‌یابی کرد، به موضوعاتی که برای مردم میتواند سرنوشت‌ساز باشد دامن زد و درد مردم را گفت و نوشت و برای این فرهنگ که به قول محمدرضا نیکفر زباله شده فکری کرد، ریشه‌یابی کرد، نسخه پیچید اما هیچ جایی در هیچ روزنامه‌ای برای اینها در نظر گرفته نمی‌شود. در هیچ رسانه‌ای...

قرار نیست همه سوژه‌ها دهان پر کن باشند؛ قرار نیست پشت همه این سوژه‌ها یک

نام و یا شخصیت یا جریان سیاسی برجسته‌ای خوابیده باشد. دقت کنید وقتی فلان شخصیت سیاسی عطسه می‌کند همه روزنامه‌ها می‌نویسند و از سر در بیمارستان و تختی که روی آن خوابیده عکس می‌گیرند و گزارش می‌زنند، اما مش حسن بقال هم مریض می‌شود، اگر پول دوا و درمان را داشت و در بیمارستانی بستری شد و از کوتاهی پرسنل پزشکی یا بی‌تجربگی و بی‌توجهی یا نبود امکانات پزشکی و یا بی‌تعهدی که درد بی‌درمان امروز است جان سپرد کک هیچ کس نمی‌گزد.

هیچ کس نمی‌گوید چرا به خاطر یک بیماری ساده باید انسانی بمیرد بدون اینکه نیاز باشد بپرسی چرا عده‌ای از همین امکانات درمانی که ظاهرا همه چیزش مثل همه چیز دیگرمان طبق تبلیغات در خاورمیانه بی‌نظیر است سریع به کشورهای خارجی سفر می‌کنند؟ این منحصر به بیماری نیست و قصد اتهام زدن به جامعه پزشکی را ندارد، گرچه چون با جان آدمیان ارتباط مستقیم دارد مشهودتر است. کس نیست بپرسد چرا جامعه به سمت جنون می‌رود؟ چرا نفرت تا این حد ما را فراگرفته است؟ چرا افسردگی و بیماری‌های عصبی فراوان‌اند و بحمدلله فراوان‌تر می‌شوند؟ چرا لشکر امام زمان (منظور همان نوجوانان و جوانان امروز که بنا به اعتقاد والدینشان به دنیا آمدند به امید اینکه به لشکر امام زمان بپیوندند) و یا لشکر کوپن (برخی هم بر تعداد بچه‌هاشان افزودند به خاطر کوپن بیشتر) تا این حد شکست خورده و به پوچی رسیده‌اند؟

چرا در خودکشی قهرمانیم، در آدم کشتن و آدم‌کشی نیز؟ چرا دنیایمان آباد که نشد هیچ آخرتمان نیز از دست رفت؟ چه کسی می‌تواند آینده را برای نوجوانان و جوانان این مملکت تعریف کند؟ امید یعنی چه؟ دور شدن از خصیصه‌های انسانی و نگه داشتن فرد در حد حیوان و رفتارهای حیوانی (محور شدن مسائل جنسی، وحشیگری و خشونت، کینه و عداوت) از چیست و چرا گسترش یافته است؟ تحقیر نوع انسان و سرکوب شدید زنان چه ریشه‌ای دارد؟ و هزارها موضوع که کسی حال کار کردن رویش را ندارد. متاسفانه به همان میزان که رسانه‌های داخلی با مخاطبان و جامعه‌شان

بیگانه‌اند، رسانه‌های فارسی‌زبان خارجی نیز. حداقل اشتراک عجیبی بین این دوست.

رادیو زمانه که آمد با همه مدعیاتش که اله و بله؛ میشد امیدوار بود که مدیرش که گفته با محیط وبلاگستان آشناست (حداقل حسن وبلاگستان این است که فضای حقیقی کوچکی از دغدغه‌ها و خواست‌های محیط بیرون به نمایش می‌گذارد و ظاهرا سانسورچیان از همین می‌ترسند) حداقل خواست‌ها و نیازهای مخاطبانش را درک کند؛ بتواند صدا و پیام همه همکارانش را به راحتی به مخاطبان برسانند، بر طبق آنچه حتی در میان مطالب این رسانه بر آن تاکید شده بود خوب و بد سایر رسانه‌های شنیداری موجود را بسنجند و در دام تقلید از آنان نیفتند اما افسوس که تا کنون چنین نبوده.

رسانه‌ای که اتفاقا مرحله آزمایش را می‌گذراند تا نظر مخاطبانش را بداند باید خود را به راحتی در معرض قرار دهد. آقایان در آن طرف دنیا در مهد تکنولوژی نشسته‌اند فکر میکنند همه جا آسمان همان رنگ است. شاید هم اصلا برای از ما بهتران پخش می‌شود؟ دقیقا همان مشکلی که سایر رسانه‌ها کمابیش دارند اینجا نیز تکرار شده به مراتب بیشتر: کمترین ارزش و احترامی برای راحتی مخاطب در نظر گرفته نمی‌شود، مخاطبی که از ابتدا فرض می‌شود در ایران است با این خطوط گازوئیلی اینترنت.

ظاهرا هر روز از ساعت خاصی پخش مستقیم برنامه‌های این رسانه است بدون آنکه برنامه ضبط شده حتی یک روز آرشیو شود و در دسترس قرار گیرد. در سایت این رسانه هم در موضوعات مختلف گزارش‌ها و گفتارهایی وجود دارد که مشخص نیست آیا همه آن‌ها از رادیو پخش شده‌اند و یا اینکه چه نسبتی بین مطالبی که پخش می‌شود با آن‌ها که روی سایت قرار میگیرند برقرار است اما نکته جالب این است که همان مطالبی که پخش شده‌اند و فایل صوتیشان در کنار مطلب قرار گرفته امکان شنیدن در ایران وجود ندارد، خودم که می‌خواستم نوع کار را ببینم (حداقل این یک

مرض است و به قول قدما ترک مرض موجب عادت است حداقل کار یک روز باید بررسی شود تا حداقل بتوان راجع به آن تصمیم گرفت یا نظر داد) موفق نشدم چرا که ظاهرا با حجم و کیفیت بسیار بالا ذخیره شده‌اند که فکر می‌کنم برای گوش دادن به ۵ دقیقه آن باید چهار، پنج ساعت وقت صرف می‌کردی جدای از آنکه امکان دانلود آن هم وجود ندارد (از هر راهی رفتم نشد دانلود کنم شاید شیوه خاصی به کار بردند یا فایل‌هایی که من انتخاب کردم مشکوک میزده!).

جالب است که برخی رسانه‌های شنیداری حتی بر روی سرور خود پسورد می‌گذارد تا امکان دانلود فایل صوتی منتفی شود گویی الان در عصر حجر به سر میبریم که امکان ضبط برنامه برای کسی مقدور نباشد و این یعنی احترام به مخاطب!

حالا یک سوال دارم و اینکه یک رسانه آموزشی که حتی از ارائه یک فایل صوتی برای مخاطبان دریغ ورزد یا خساست به خرج دهد کجای دنیا را می‌خواهد بگیرد؟

همین جا بهتر است برای رفع یکنواختی و گوشه زدن عرض شود که انشاء الله وقتی آن ۷۵ میلیون دلار آمریکا مصوب کنگره به دستم رسید طرح‌های خوبی برایشان دارم: بخشی‌اش را می‌دهم به رادیو اسرائیل یک سایت برای خودش بزند که کاربران اینترنت هم بتوانند به برنامه‌هایش دسترسی داشته باشند. مقداری‌اش را به رادیو صدای آمریکا اختصاص میدهم که یک مقدار فضا برای سایتشان اجاره کنند که بتوانند فایل‌های صوتی و تصویری را حداقل یک ماه به جای یک هفته ذخیره کنند و مجبور نشوند هر هفته سایتشان را جارو کنند که جا باز بشود و دستی به سر و روی سایتشان بکشند. بخشی‌اش را هم برای رادیو فردا می‌گذارم که یک دستی به سر و روی سایتش بکشد و یک تایپیست بگیرد که همه خبرها را متن کاملش را هم قرار دهد. هر چه ته این پول ماند هم به بی بی سی اختصاص خواهم داد که برای هر برنامه (گزارش، گفتگو، تحلیل) که روی سایت قرار می‌دهد فایل صوتی کامل آن برنامه را بگذارد فکر کنم این‌ها هم حجم هاستشان کم باشد چون معلوم نیست حتی به چه میزان از

برنامه‌های رادیویی و گفتگوها را متنی قرار می‌دهد). خلاصه منتظریم ببینیم زمانه چه می‌کند شاید لازم باشه همه این دلارها را برای آن‌ها خرج نکنیم!

حال به عنوان کسی که فقط سایت را نسبتا بررسی کرده چند نکته به نظر می‌رسد:

۱- مشخص نیست بالاخره این رسانه رادیو آموزشی است یا تفریحی؟ مگر کم رسانه تفریحی داریم که این هم بیاید رویش؟ یعنی فکر می‌کنید از شبکه‌های رقاصی مبتذل لس آنجلسی (با مقوله رقص و موسیقی به هیچ عنوان مخالف نیستم اما گاهی این هنرها چنان سطحی و بی‌مایه می‌شود که آدم حالش به هم می‌خورد.) مخاطب بیشتری می‌توانید جذب کنید؟ به قول دوستی با دامبیلو دیدو نقاره عروس تنبون نداره و دامبولی دلم دامبولی دلم یا خوشگلا باید برقصند میخواهید آموزش صادر بفرمایید؟ آن وقت اگر تفریحی است پس همکاران وزینی که دعوت کرده‌اید جز برای لکه دار کردن نام آن‌هاست؟ و اگر تفریحی نیست چه لزومی دارد در شناسنامه بیاید؟ حداقل معنای شما از تفریحی چیست؟ قرار است در رادیو جک تعریف کنید؟

۲- سایت یک خبر اول دارد؛ خبر هم به طور معمول از خبرگزاری‌ها نقل می‌شود. بیشتر خبرها هم تا کنون یا مرتبط با لبنان بود و مقوله ضد انسانی جنگ و یا چیز هسته‌ای و یا دادگاه صدام و اتهام نسل‌کشی او. سه موضوع خبری جذاب و با موضوعی عذاب‌آور. تا اینجای کار تفاوتی با سایر رسانه‌ها در کار نبود؛ حداقل برای این سه موضوع که هر کدام ضد بشری است و وجدان بشری را متاثر می‌کند می‌شد گزارش خبری تهیه کرد؛ با یا بدون سابقه خبر که یک گزارش تحقیقی نیز در دل آن باشد: نگاه به موضوع غیرانسانی جنگ و تبعات سیاسی، اجتماعی، اقتصادی، روانی و زیست محیطی آن؛ نگاه به فناوری هسته‌ای در کشورهای توسعه‌نیافته و حتی توسعه‌یافته و هزینه‌های اقتصادی بالای آن در عین خطرات فراوانی چون حادثه چرنوبیل و فاجعه انسانی زیست‌محیطی که بر جای گذاشت در مورد استفاده صلح‌آمیز و نیم‌نگاهی به بمباران اتمی هیروشیما و عواقب استفاده از این‌گونه تسلیحات برای

استفاده جنگی از سلاح‌های هسته‌ای؛ و در مورد صدام جنایت علیه بشریت و بیتفاوتی سایر کشورها.

۳- گوی سیاست در مجموع خوب بود، به‌خصوص ترجمه گزارش‌ها و تحلیل‌ها. در این زمینه جای کار زیاد است و موضوعی است که میتواند اطلاعات خوبی به خواننده بدهد. این گزارش‌ها و تحلیل را که آدم می‌خواند فکر میکند که بخش نگاهی به مطبوعات خارجی که چکیده که نه، عصاره گزارش‌ها و تحلیل‌های رسانه‌های خارجی را در برگیرد می‌تواند نیاز خیلی از مخاطبان را برآورده کند.

٤- از بخش اندیشه و نیلگونش اگر بگذریم که حرفی برای گفتن دارند؛ یک رادیو را تمام شده میبینیم. یک رسانه آن هم به صورت شنیداری که دغدغه آموزشی هم داشته باشد همین بود؟ چه چیز را می‌خواست یا می‌خواهد آموزش دهد؟ اصلا نیاز امروز جامعه ما چیست؟ می‌گویند یک رسانه بر روی سطح سلیقه، تفکر و رفتار مخاطب تاثیر می‌گذارد؛ حال یک رسانه لازم است چگونه باشد که مخاطبش را بالا بکشد؟

از همه گردانندگان آن رسانه یک سوال دارم: انسان و بشر را تعریف کنید؟ چیست؟ بشر آنجایی که شما ساکنش هستید، گستره‌ای از اروپا تا آمریکا، با بشر خاورمیانه و بشر در ایران چه شباهت‌ها و تفاوت‌هایی دارد؟ حکومت‌ها را به کناری می‌نهیم شاید شما هم خطوط قرمزی داشته باشید اما یک سوال دارم که بارها و بارها و بارها شنیده‌ام: این چگونه بشری است که اگر یک باتجربه بخواهد به دیگری آموزش رانندگی دهد اول می‌گوید اگر با کسی تصادف کردی طوری به او بزن که زنده نماند و اگر دیدی زنده مانده دنده عقب بگیر تا بکشی‌اش؟ این چه بشری است که ارزش سنگ و چوب از جان انسان برایش بالاتر است؟ این چه بشری است که یک جنین ارزش جانی‌اش از انسان عاقل و بالغ بالاتر است؟ اگر بگویید این از فرهنگ جامعه

است بر شما خرده می‌گیریم که نخیر به تعریف انسان نیز بر می‌گردد. می‌بینم به قول دوستی، خودمان هم خود را بنده و برده می‌دانیم تا یک انسان. این همه تضییع حق دیگری که نه، ناآشنایی با حقوق خود و دیگران می‌تواند وضعیت جامعه را به این جا رسانده باشد که آدمکشی هم افتخار باشد مخصوصا اگر کسی دنده عقب بگیرد تا کاملا مطمئن شود؛ اگر فرار نکردی که دیه می‌دهی و اگر فرار کردی راه توبه را که نبسته‌اند؛ به همین راحتی ...

به نظرم می‌رسد بحث مستقلی راجع به حقوق بشر و حقوق شهروندی یکی از اساسی‌ترین نیازهای امروزه است.

۵- اینکه این رادیو مانند برخی رسانه‌ها مدعی باشد که بخواهد دموکراسی به کشور بیاورد مطمئن نیستم چنین اشارتی کرده باشند اما قطعا به استیلای تمام‌عیار استبداد نیز فکر نمی‌کنند! جدای از آنکه قرار است رادیوی زمانه باشد آن هم در کشورهایی تهیه شود که هویت نهادهایی مستقل از دولت به رسمیت شناخته شده، پس لازم است اهمیت وجود و فعالیت‌های نهادهای غیردولتی فعال در سطح دنیا به خصوص نهادهای فعال در زمینه حقوق بشر را گوشزد کند و به صورت سلسله برنامه‌هایی در اختیار مخاطبینی در ایران قرار دهد که دسترسی به منبعی در این زمینه ندارد. این بماند که ایرانیان برای آشنایی با فعالیت نهادهای غیردولتی وطنی نیز منبعی در دسترس ندارند و به غیر از تعداد انگشت‌شماری شناخته شده، آن‌هایی هم که فعالند از ناشناختگی و بی‌انگیزگی و حتما دست و پای بیشتر بسته شده در دولت جدید خاموش می‌شوند. حداقل تجربیات آنان می‌تواند برای سایر فعالین موثر باشد.

٦- فراموش کردن تاریخ برای آنکه می‌خواهد آموزش دهد به جامعه‌ای یا حداقل نسلی از جامعه مثل باز کردن پیچ با دندان است؛ امکانش هست اما سخت است. چرا که استدلال‌ها و گزارش‌هایی که میخواهد تهیه شود چنان خشک و بی‌روح و خسته‌کننده می‌شود که بیشتر افراد از آن فراری‌اند و مهمتر آنکه نیاز به مثال و شاهد

پیدا می‌شود که جز از تاریخ که میتواند به شیرینی نقل شود نمی‌توان آورد. چون توضیح دادن چیزی که می‌خواهم بگویم سخت است مطالب تاریخی و یا مطالبی که معمولاً روح تاریخ در آن جریان دارد از مسعود بهنود را مثال می‌زنم و تاثیرش هم مشخص است. حداقل فکر میکنم مخاطب گسترده‌ای داشته باشد. جدای از آنکه خواندن تاریخ با شنیدن و نقل کردن بخش‌ها و داستان‌های مهم آن از زمین تا آسمان تفاوت دارد.

۷- فعالیت یک رسانه آموزشی برای مخاطبانی که اکثرشان سواد دارند اما بی‌سوادند سخت است؛ این تناقض سواد داشتن و در عین حال بی‌سواد بودن حقیقتی است. فکر نمیکنم رسانه‌ای بخواهد مخاطبان کم سواد و یا حتی بی‌سواد را نه تنها جذب نکند بلکه دفع نیز بکند. زبان چنین رسانه‌ای باید همه فهم باشد و برای اینکه تاثیرگذارتر باشد باید از دل برآید تا بر دل بنشیند و برای اینکه این اتفاق افتد باید در محیط روزمره زندگی مردم قدم بزنی و با آن‌ها نشست و برخاست کنی و مشکلاتشان را بشناسی واگرنه اگر بخواهی انتزاعی راجع به موضوعی صحبت کنی هم خود و هم مخاطب را خسته کرده‌ای.

فکر می‌کنم رسانه‌ای موفق خواهد بود که هم سبزی‌فروش محل راجع به اثری از آن صحبت کند و هم یک استاد دانشگاه؛ البته برداشت‌ها و نوع نگاه میتواند مختلف باشد اما هم موضوع و هم نوع پردازش به گونه‌ای است که هر دو قشر کم و پرسواد را درگیر خود کرده و چنین آثاری از ارزش خاصی برخوردارند.

۸- مسائل حقوقی، ناآشنایی با آن و عدم رعایت آن توسط مجریان و مردم یکی از مشکلات عمده جامعه ماست، اگر بخش حقوقی با نگاه به مسائل روز جامعه در رسانه‌ای گسترده گشوده شود به خصوص آنکه به مسائل حقوقی در کشورهای دموکراتیک نیز نظری داشته باشد و مقایسه‌ای صورت گیرد جالب خواهد بود.

۹- تاریخ موسیقی ما نیز جالب است؛ وضعیت برخورد با موسیقی را می‌توان به نوعی آینه تمام‌نمایی از رفتار حاکمان با مردمش تصور کرد و روح اعتراض در آثار موسیقی دوره‌های مختلفی هویداست؛ ادبیات و شعر نیز کماکان همین وضعیت را داشته به خصوص اینکه همگام با روح زمانه جامعه خود و چه بسا پیشروتر از آن بوده و حرکت کرده. جا برای بررسی این و ارائه گزارش‌هایی درخور در بخش موسیقی نیز باز است.

۱۰- اصل انتقادی که جامی به آن پاسخ داده را نشنیده‌ام؛ اگر منظور نادیده گرفتن متفکرانی که حرفی برای گفتن دارند می‌باشد که خطایی بس بزرگ است اما اگر منظور این است که خطای برخی رسانه‌ها که از آفت باندبازی رنج می‌برد جبران کند و به ناشناخته‌ها و غیرحرفه‌ای‌ها در صورتی که کارشان در خور ارزش باشد بها دهد کاری شایسته و در خور تحسین است. اما نفهمیدم در زمانی که معمولا خردمندان کنج انزوا بر می‌گزینند [چرا] افرادی که حاضرند قدم در راهی گذارند تخطئه میکنیم؛ حداقل در این مورد اندیشمندانی هستند که باید به میدان آورده شوند و رسانه‌ها به جای خوراندن چرندیات به مخاطبان از اینان و نظرات اینان استفاده کنند، نمی‌دانم چرا معمولا کوتاهی می‌شود؟ ضمنا بخش اندیشه هر از چندی به آثاری چون «فرهنگ و زباله» نیاز دارد. فکر می‌کنم چنین آثاری به راحتی با قشرهای مختلف جامعه ارتباط برقرار می‌کند.

گرچه سایت به همه چیز شبیه است جز سایت یک رادیو، ظاهرا خودشان هم هنوز دارند بین رادیو و سایت و وبلاگ دست و پا میزنند که کدامشان است! ولی یکی از نقایص بزرگش استفاده نکردن از نام تهیه‌کننده اثر در صفحه اول است. این سایت اگر می‌خواهد به غیرحرفه‌ایها هم میدان دهد باید صفحه‌ای برای پیشنهاد سوژه و لینک و یا مطلب اختصاص دهد که هم عزم جزم این رسانه را برساند که مخاطبان و یا افرادی که اثری را می‌خواهند ارسال کنند از آن طریق بفرستند و مطمئن باشند

بررسی می‌شود، نه اینکه آدرس ایمیل عمومی سایت اعلام شود که آن هم به دلیل هجوم اسپم‌ها معلوم نیست در آینده‌ای نزدیک چند درصد ایمیل‌هایش به اشتباه در کنار اسپم‌ها حذف شوند.

فعلا همین. گرچه نوشتن یک مطلب جدی پس از اینکه مدت‌ها اینگونه ننوشته باشی سخت است و از لابه‌لای جملات بالا هویداست.

این مواردی را که نوشتم تعدادی از آن دو سه سالی است که با آن‌ها کلنجار می‌روم، فکر می‌کنم قدم‌هایی است که باید محکم برداشته شود. استودیوهای خانگی هم امروز از مواهبی است که رسانه‌ها باید قدردان آن باشند، حداقل روز به روز برنامه‌ها و محیط آن بهتر و آسان‌تر می‌شود، چون در تجربه‌ای که چند سال پیش داشته‌ام و استفاده حداقلی از صدا که آن هم با sound recorder ویندوز که یک دقیقه یک دقیقه ضبط می‌کند آن هم بدون ادیت به دلیل ناآشنایی با برنامه‌ها همان موقع به این نکته اطمینان پیدا کردم که محتوا مهمتر از ظاهر و کیفیت البته ظاهر و کیفیت در جذب مخاطب مهم است اما محتوا مهمتر به خصوص آثار جدی و تخصصی.
ضمنا این نکته از قلم نیفتد که اگر زمان برنامه‌تان یک ساعت است و احیانا بهانه حجمش را دارید می‌توانید آن را به صورت یک فایل ریل بین ۲ تا ۳ مگابایت ذخیره کنید؛ mp3 را تا کنون اندازه گیری نکردم ولی آن هم همین حدود باید بشود. سبیل گرو می‌گذارم. تاکید می‌کنم که علاوه بر وقت و راحتی باید به فکر جیب مخاطبان هم باشید به خصوص در کشوری که قبوض تلفن نیز عشقی صادر می‌شود.

و کلام آخر اینکه این مطلب نیاز به ویراستاری هنگام خواندن دارد که برعهده خواننده است.

http://zamaaneh.com/blog/08/2006/post_11.html

نظــرهای خـــواننــدگــان

🔘 اول سـلام بعـد اینکـه خـوب هـر کس از پنجـره و عینک خـودش به موضـوع نگاه مـی کنـد. کار اینترنتـی شـما باعث میشـه کـه خودتونو محک بزنیـد و بـرای ماهواره امـاده تـر بشـید. مـن تا بـه اونجا نرسـید نمی تونم نظـر دقیق بـدم. فقط خواهشـم اینه کـه مثـل بقیـه نباشـید. سانسـور نکنید. ببینیـد مـردم و جوونها چـی می خـوان. حق و حقوق اونها چیـه و بهشـون بپردازیـد. رسـانه های ما شـده همش ایرنا – ایسـنا – رادیو فـردا ... شـما بایـد متفـاوت باشـید. همـش بـه اینها نـگاه نبایـد کـرد. بایـد خودتان خبر تولیـد کنیـد. مطلـب داشـته باشـید و کارهای جدیـد و مردمـی اونوقـت نشـون میده که چقـدر میـان سـراغتون. بزاریـد همه راحـت حـرف بزنن

شیوا , Aug 29, 2006

....

🔘 با درود بسیار،

نظـر بـه محتـوای نقـد جامـع و بقـول خودشـان ویرایـش نشـده ی جناب «حامـد متقی» کـه در برگیرنـده ی بسـیاری از واقعیـات جامعـه ی ماسـت مایلـم مراتـب خوشـحالی خـودم را از شـروع فعالیـت این رسـانه اعـلام نمایم.

بـدون شـک هیـچ رسـانه ای در اغازین روزهای فعالیتش از کاسـتی و نقـص مبرا نبوده بلکه آنچه مهم اسـت اسـتقبال گرداننـدگان آن از انتقادهای سـازنده اسـت شـکی نیست کـه دوسـتان زحمتکـش در رادیـوی تـازه متولـد شـده ی زمانـه از هر گونـه راهنمایی دلسـوزانه و صوابـی اسـتقبال خواهنـد نمـود که در واقع درخشـش و یا افـول فعالیتهای رسـانه ای در گـرو توجـه و عدم توجـه به نظر مخاطبان اسـت.

در بیـن رسـانه هـای ارتباطـی، رادیـو بعنـوان سـریعترین ابـزار ارتباطـی اسـت که بقول

«مارشـال مک لوهان» به قابلیتهای شـنیداری ما وسـعت میبخشد. در عین حال برتری آن تنها به سـرعت آن محدود نشـده بلکه ویـژه گیهای مثبت دیگری چـون قابل حمل بـودن ،آسـانی دسترسـی بـه آن حتی فراتـر از مـرز جغرافیایـی از عمـده ویژگیهای آن اسـت امـا بـا تمام این مزایـا رادیو رقبای بسـیار قلـدری در پهنه ی ارتباط جهانی دارد کـه بدون شـک تلویزیـون در صدر آنها قـرار دارد.

در آغاز چنان وانمود میشـده که پدیدار شـدن یک رسـانه بمعنای افول سـیطره رسانه ی قبلـی اسـت امـا گذشـت زمان ثابـت کرد که نـه تنها با آمـدن رادیو روزنامـه ها از بیـن نرفتنـد و بـا آمـدن تلویزیـون هـم رادیـو از گردونه رقابـت خارج نشـد بلکه همه شـاهدیم کـه ظهور شـبکه ها ی تنومنـد اینترنتی و ماهـواره ها چه وسـعتی به ابزارهای ارتباطی داده انـد و اینکـه چگونـه نیازهای مخاطبان بمـوازات این نـوع آوریها دگرگون و متنوع شـده است.

قطعا «دهکده ی کوچک جهانی»محصول چنین استیلایی است.

امـروزه از مخاطب یـا مشتری بعنـوان «خـدا» (مراد خالـق نیسـت) و یا «پادشـاه «یاد میشـود ایـن وجه تسـمیه بیـش از هر چیزی بیانگر یک واقعیت بسـیار بزرگ اسـت و آن اینکـه حیات رسـانه به مخاطب بسـتگی تـام دارد.واقعیتی که متاسـفانه بسـیاری از رسـانه هـای درون مـرزی و برون مـرزی بدان توجـه ندارند.

بایـد بپذیریـم کـه ارتبـاط یک فراینـد یکسـویه نیسـت و مخاطب هم یک شـی مسـلوب الاختیـار نیسـت کـه از بیـن دههـا گیرنـده ی رادیویـی و تلویزیونـی مـورد دلخـواه را انتخاب نکند.مخاطب بعنوان یک مشتری بدنبال یک کالای مناسب اسـت که آن را بـا «صـرف زمان «خود میخرد پس باید به او امکان لذت بردن از سـرمایه گـذاری داد.

بحران حاکـم بـر رسـانه های ما (در خارج از کشـور) ناشـی از همیـن نقیصـه ی درک ناصـواب از نیـاز و سـلیقه ی مخاطبان داخلـی اسـت.یک رسـانه ارتباطی وقتی میتواند اثرگـذار باشـد کـه مخاطـب و نیـاز او را شناسـایی کنـد امـری کـه بویـژه تلویزیونهای فارسـی زبان خارج از کشـور و اکثـر رادیوهای وابسـته در نیل به آن ناموفـق بوده اند.

تنهـا بـه مـدد ایجـاد ارتبـاط صحیـح و احتـرام آمیـز بـا مخاطـب میتـوان در عرصه ی

آموزشــی و فرهنگی به او نزدیک شــد متاسـفانه معایب رسـانه های دیداری و شنیداری ما در خــارج از کشــور از شــمول احصـاء خارج اسـت البتـه اینجانب منکـر تنگناهای مالی ایـن رسـانه هـا نبـوده و از اینرو حـدود انتقـادم را با وسـع آنها هماهنـگ میکنم. نظـر بـه ضعفهـای ملموسـی کـه از آن در نقـد جنـاب «متقـی» سـخن بـه میـان آمده و درد دل خیرخواهانـه اینجانـب و سـایر عزیـزان، حتـم دارم که مدیریـت رادیوی جدید التاسـیس زمانـه مانـع از آن خواهـد شـد کـه ایـن رادیـوی نوپا که بـوی پویایـی از آن مشـام میرسـد بـه بلای «بد ارتباطـی»و دلزدگی گرفتار شـود.البته به علت آشـنایی کوتاه مدتـی کـه بـا ایـن رادیـو دارم قضاوت کارکـرد آن را بـه بعد موکـول میکنم.

با احترام

عاکف / هلند , Aug 31, 2006

پادکست دار شدیم

حسین درخشان

هشت شهریور هشتاد و پنج

خب، پادکست آزمایشی رادیو زمانه هم بالاخره حاضر شد.

اگر نمی‌دانید پادکست چیست زیاد نگران نباشید. چون مهم این است که کاربردش چیست و چه گرهی را از کار شما باز می‌کند.

خوبی پادکست، به‌خصوص برای رادیوی ما که فعلا فقط چند ساعت در شبانه‌روز برنامه پخش می‌کند، این است که با آن می‌توانید بهترین برنامه‌های ما را سر فرصت و هر موقع که خواستید گوش بدهید. یعنی فایل آن را دریافت یا به قول خارجی‌ها دانلود کنید تا دیگر با آن سرعت اعصاب خرد کن اینترنت در ایران مجبور به شکنجه روحی نشوید.

بـرای دریافت پادکست باید مشـترک آن شـوید. برای این کار کافیست آخرین نسـخه نرم‌افـزار iTunes را دریافت کنید، به منـوی Advanced برویـد، گزینه Subscribe to Podcast را انتخـاب کنیـد و بعـد آدرس پاییـن را وارد کنیـد و OK را بزنید.

http://podcast.radiozamaneh.com/index.xml

توضیحات فنی بیشتر درباره دریافت و راه انداختن پادکست را فعلا از **دانش‌نامه‌ی ویکی‌پدیا** به انگلیسی بخوانید تا اینکه ما هم اینجا یک صفحه درست و حسابی بسازیم.

فعلا یک دکمه کوچک هم بالای صفحه سمت چپ درست کرده‌ایم که از این به بعد پادکست دم دستتان باشد.

برایمان بنویسید که دوست دارید چه چیزهایی را در این پادکست بگنجانیم و همین‌طور اینکه درمورد این پادکست آزمایشی ما چه فکر می‌کنید.

http://zamaaneh.com/blog/08/2006/post_12.html

⊙ سلام.امروز یکی از دوستانم از دمشق زنگ زد.گفت از اینترنت خسته شده.چه اینترنتی!mb۲ !اونوقت ما اینجا ۳۲ k هم به زور داریم.اقدام خوبی برای راه اندازی پادکست کردین.آماده ی هرگونه همکاری هستم.موفق و پیروز باشید.(ای روزگار.........)

Aug 31, 2006 -- Hadi

....

⊙ ba arze salam va khaste nabashi..ma ke iran maslan adsl darim bazi vaghta dar daryafte radio moshkel darim che brese be dail up .. in پادکست lazem bood vaghean..tashakor.

Aug 31, 2006 -- Farhad

به به! جناب درخشان. امیدوارم دیگه رادیو زمانه بهترتر بشه با حضور شما و آقای جامی

نادر , Sep 1, 2006

....

سلام . کار بسیار عالی و خوبیه . فقط من مجبور شدم نزدیک ۳۶ مگ رو دانلود کنم ! اگر مثل پادکست بی بی سی روی مدیا پلیر هم باشه خیلی خوبه ...

نوید , Sep 2, 2006

....

ممنون! فقط لینک **mp۳** رو هم برای اونایی که از **itune** اتفاده نمی کنن بذارین. مرسی!

وفا , Sep 2, 2006

....

به فرموده عمل شد. ولی پادکستی دریافت و پخش نگردید. شاید هنوز راهش نیانداخته یا آدرس عوضی داده اید. بهرحال ای تون جدید چیزی در بخش پادکست پخش نکرد. قربان همگی . خسته نباشید.

نادر , Sep 3, 2006

....

کارتان حرف ندارد..خودتان هم حرف ندارید......اصلا شما فوق العاده تلاش میکنید..ومن هم فوقالعاده از شما تشکر میکنم صورت ماه همتونو می بوسم.. مخصوصا صورت اقای درخشان را

من مهینم از سمنان , Sep 6, 2006

....

khobe vali kash filter nemishod.omidvaram moafag bashid

Dec 20, 2006 -- Navid

گزینش همکاران زمانه

دوازده شهریور هشتاد و پنج

نوشته‌های دو تن از همکاران زمانه مرا ناگزیر می‌کند که چند کلمه‌ای درباره شیوه گزینش همکاران بگویم و آینده نزدیک و دورتر را هم برای علاقه‌مندان همکاری ترسیم کنم.

حسین نوش‌آذر را مدت‌هاست می‌شناسم اما تنها از راه نوشته‌هایش. هنوز هم او را ندیده‌ام. اما پس از سه–چهار هفته‌ای که برای زمانه نوشته است با هم قرار و مداری گذاشته‌ایم که مرتب بنویسد. همکاری با او نمونه‌ای از اعتقاد من به کار با شبکه‌ای از نویسندگان آزاد است که اعتبار گزینش آن‌ها قلم آن‌هاست. خود حسین نوشته است:

«چندی پیش به آقای جامی مدیر رادیو زمانه پیشنهاد همکاری دادم و ایشان هم پذیرفت و اینطور بود که همکاری ما در یک فضای صمیمانه و حرفه‌ای سر گرفت. از میان تجربه‌هایی که با مطبوعات داشتم تجربه مجله «سنگ» و این تجربه اخیر تا

امروز مطبوع آموزنده و خلاق بوده است. من از قلمرو مطبوعات ادبی می‌آیم. آن زمان مرحوم گلشیری به ما تفهیم کرده بود که مخاطبان واقعی ادبیات در یک حلقه سربسته از نخبگان هستند که تعدادشان شاید از صد نفر تجاوز نکند. آقای فرسی هم که شماره اول سنگ زیر نظر او منتشر شد اعتقاد داشت که ما در قلمرو فرهنگ بیشتر به یک معلم احتیاج داریم. او دموکراسی را در کار مطبوعات ادبی نفی می‌کرد. اما با آمدن اینترنت به زودی معلوم شد که مخاطبان ادبیات در یک حلقه سربسته جا نمی‌گیرند و علاوه بر این سلیقه‌ها متفاوت هستند و تنها در همنشینی سلیقه‌های گوناگون است که فرهنگ مستقل و غیردولتی می‌تواند ببالد و بپوید.» (از: مداد)

برای زمانه ما اعتبار اصلی در توانایی‌های افراد است. من به اینکه آن‌ها می‌توانند کاری را به سامان برسانند نگاه می‌کنم. هیچ ملاک دیگری جز ارزش‌های حرفه‌ای کار وجود ندارد. تجربه جمهوری اسلامی نشان داده است که تلاش برای گزینش افراد بر اساس نیات آن‌ها و عقاید آن‌ها باطل است. بر اساس اعتقاد دینی تنها خداوند است که از درون آدم‌ها باخبر است. طلب احراز صلاحیت از راه کشف نیات و درونیات طلب روزی ننهاده است. ما کار را بر ظاهر می‌گذاریم. باطن با خود افراد است و خدای آن‌ها.

حضور همکار دیگر ما حسین درخشان در تیم زمانه شگفتی‌هایی نزد برخی اینجا و آنجا برانگیخت که عمدتا ناشی از نادیده گرفتن اصول کار حرفه‌ای است، یعنی همان توانایی‌های افراد. او دارای توانایی‌هایی است که به هیچ روی نباید نادیده گرفت. اگر این توانایی‌ها می‌تواند به زمانه ما کمک رساند چه کسی می‌تواند دست رد به سینه او بزند؟ همکاری صمیمانه و حرفه‌ای او در روزهای اخیر در کنار دانیال کشانی برای بهسازی سایت هر چه کدورت سابق هم بوده شسته و برده است. برای او زمانه حالا «زمانه ما» است (یادداشت او در باره پادکست زمانه را در پست قبلی ببینید). و من از این بابت نمی‌توانم خرسند نباشم.

«آمده‌ام پیش بچه‌های رادیو زمانه تا جبران یک ماه پیش شود که نتوانستم به همراه دیگر میهمانان و مشاوران رادیو در جلسه‌های شروع به کار آن شرکت کنم. پروژه‌ی آینده‌نگرانه و پیشرویی که قبلا هم نوشتم برای همه ما وبلاگ‌دارها جا دارد، چون اصولا از وبلاگ شروع شده و به قول شعارش رادیویی است که از وبلاگ‌ها یاد می‌گیرد. تا حالا که خیلی خوب دارد جلو می‌رود.»

به جز تن زدن از منطق گزینشی تجربه‌شده‌ای که پایه‌اش بر احراز وفاداری است و تجسس در عقاید عمومی و خصوصی آدم‌ها، گریز از منطق سیاه و سفید کردن هم مهم است. خوشبختانه اینجا هم من و حسین نظر مشترک داریم:

«مساله این است که اگر آدم با یک بخش از عقیده یا رفتار یک نفر مخالفتی دارد دلیل نمی‌شود دیگر تمام هستی او را زیر سوال ببرد و با او مثل یک دشمن تمام‌عیار رفتار کند. کاری که خیلی از ما همیشه به خاطر اختلاف‌های نه چندان مهم می‌کنیم و در نتیجه‌اش آدم‌ها را به دو دسته دوست و دشمن تقسیم می‌کنیم. می‌خواهد اسم آن آدم خامنه‌ای باشد، یا بوش، کیارستمی باشد یا کیمیایی، پروین باشد یا حجازی.» (از: **سردبیــر خــودم** - با اندک ویرایش!)

من با شماری از عقاید سیاسی و اجتماعی حسین و یا دیگر همکارانم می‌توانم مخالف باشم ولی در کار حرفه‌ای‌مان همچنان می‌توانیم در کنار هم قرار بگیریم و برای هدفی که میانمان مشترک است تلاش کنیم. اگر نمی‌پسندیم دین و عقیده با دولت پیوند بخورد باید میان عقاید و گرایش‌های شخصی و کار حرفه‌ای و سازمانی هم تمایز و فاصله قائل شویم.

زمانه به تک تک ما نیازمند است. زمانه مال هیچ‌کس نیست. مال همه ماست. من آن را رسانه «جمعی» به وسیع‌ترین معنای «جمع» می‌بینم، نه بنگاه نشر عقاید من و دوستانم. ملاک سنجش هم برخورد منصفانه و ارزش‌های حرفه‌ای است.

اما تا اینجا را گفتم این را هم بگویم که هر روزه چندین نفر با من یا دوستان همکار تماس می‌گیرند و پیشنهاد همکاری می‌دهند. طبیعی است که بسیاری از همکاران خوب آتی ما از میان همین افراد با همان ملاک انتخاب می‌شوند. ما نه از دین کسی می‌پرسیم و نه از عقاید سیاسی‌اش. معیار را وقت‌شناسی و نثر خوب و بیان خودمانی و قدرت ایجاد ارتباط و میزان اشتیاق و خلاقیت می‌دانیم.

کلام آخر اینکه زمانه تا نیمه سپتامبر همچنان به روی پیشنهادهای همکاری باز است. پس از آن مدتی کار انتخاب همکار تازه را متوقف می‌کنیم تا به همکارانی که انتخاب کرده‌ایم سازمان دهیم و برای آموزش فنی و رادیویی آن‌ها وقت بگذاریم و در ارتقای کیفیت برنامه‌ها تلاش کنیم و ایده‌های مطرح شده را عملی سازیم. دور بعد انتخاب همکار ژانویه و فوریه ۲۰۰۷ خواهد بود.

http://zamaaneh.com/blog/09/2006/post_13.html

با درود بسیار،

نمیدانـم نام «ادموند بورگ» شـخصیت سیاسـی سـه سـده ی پیش مجلس عـوام بریتانیا برایتـان آشـنا هسـت یا نـه؟ البتـه پاسـخ جنابعالـی و دوسـتداران «زمانه» به این سـوال حتـی منفـی هـم باشـد ایـرادی بـه کسـی وارد نیسـت چـون من هـم نـام ایشـان را به خاطـر ارتباطـش بـه رشـته ی روزنامـه نـگاری بـه یـاد دارم.«بورگ»یکی از پیشـگامان درک جایـگاه والای «مطبوعـات» اسـت معـروف اسـت کـه روزی وی در مجلس عوام

انگلیس رو به نمایندگان مطبوعات کرده و با عزت و احترام وسالی ارتباط جمعی _ در آن زمان نشریات چاپی_ را «رکن چهارم دموکراسی«می‌نامد که وظیفه‌ی خطیر و البته غیر رسمی نظارت از سوی مردم بر امورات کشوری(قوه مقننه،مجریه و قضائیه) را بر عهده دارد.

حال جناب آقای «جامی» با این مقدمه ی کوتاه، پس از چند صد سال از عصر «بورگ»

حمایت دوستان از رادیو «زمانه»_ که امید به « کسب آگاهی» و « آگاهی رسانی» را در دلهایشان سبز کرده است _ را بخشی از وظیفه ی حق شناسی میدانند حال در گذر زمان، این دوست یا دوستان راه به رادیو باز کنند یا نه در هر شرایط حتم دارم که دوستان از هیچ استقبالی دریغ نخواهند کرد و دست شما و دیگر عزیزان زحمتکش را با صمیمیت خواهند فشرد.

از طرف یک دوست

Sep 3, 2006 -- Doost

....

درووود...

موفق باشید....

بنیامین محمدی , Sep 4, 2006

....

آقای جامی

شفافیت ایجاب می کند که حداقل لینکی مثل سایر سایتها قرار بدهید و حداقل اعلام بفرمایید به چه همکارانی نیاز دارید. چه اشکالی دارد که مثلا اعلام فرمایید جای چه پست هایی در رادیو خالی است. حداقل اش این است که هم در وقت خود هم در وقت متقاضیانی که توانایی شان با در خواست های شما هماهنگ نیست صرفه جویی می کنید.

ضمنا لطفا به شعور شنوندگانتان احترام بگذارید. گوش دادن به نحوه صحبت

مجریـان برنامـه واقعـا اعصـاب خـورد کـن اسـت و نوعـی بـی احترامـی بـه شـعور شـنونده‌ها

Sep 4, 2006 -- Arman

....

● *مـا پسـت خالـی در زمانـه نداریـم! زمانه عمـده کارهایش را سـفارش مـی دهد. در مقایسـه از ایـن جهـت مثـل کانال چهـار تلویزیـون بریتانیاسـت. بنابرین ما برنامه سـاز و گزارشـگر و عـکاس و مترجـم بـا ذوق و خـلاق مـی خواهیـم در همه جـای جهان. بـرای کارهایـی هـم کـه دریافت مـی کنیم حـق الزحمه مختصـری پرداخت مـی کنیم. صرفا بر اسـاس پیشـنهاد کار می کنیم ولی اگر کسـی را بشناسـیم یا به ما معرفی شـود ممکـن اسـت کار هـم سـفارش بدهیـم. در بـاره مجریان هم سـلیقه ها متفاوت اسـت. ولـی تـلاش مـا این اسـت کـه بتدریج به سـطحی کـه بیشـترین شـنونده را راضی کند برسـیم. فرصـت بدهید. می رسـیم.*
ضمنـا از شـما چیـزی تـا بحـال دریافـت نکـرده ام و فکـر نمی کنـم اگر کسـی به من نوشـته باشـد بـی جواب مانده باشـد واحسـاس کنـد وقت اش تلف شـده. تـا اینجا به تـک تـک افراد پاسـخ فردی داده شـده اسـت. وقت زیـادی می برد ولی مـن این روش را ترجیـح مـی دهـم. دوسـت دارم بـا آدمها یـک به یک حـرف بزنم.
- مهدی جامی

....

○ بـه همـه درود مـی فرسـتم داریـم یـاد مـی گیریم با هـم مخالف باشـیم ولـی با هم کارکنیم موفق باشـید

علی , Sep 5, 2006

....

○ جـداً ملاک‌هـای انتخابتـون فقـط نثر خـوب و خودمونی و وقت شناسـی یـا به قول خودمـون خوش قـول بودنه؟
بـه نظـرم اگـر واقعـاً اینایـی کـه گفتید باشـه خیلـی خوبـه ... آخه بچـه ها می‌گـن اینم

مثل خیلی از کارای دیگه اییه که کار حرفه ای به حساب میاد ... یعنی یه عده که از قبل با هم سلام و علیک دارن میان می‌شینن دور هم و از یه جا یه بودجه ای می‌گیرن و یه سرویس اطلاع رسانی رو راه میندازن و هیچکس رو هم به این حلقه‌ی بسته‌ی رفقا راه نمی‌دن و با حمایت کله گنده‌ها و به تبع اون‌ها باقی بلاگرای محترم و محترمه، حسابی هم کارشون می‌گیره و ...

البته خب من حرف شما رو بیشتر قبول دارم تا حرف بچه‌ها رو ...

امیدوارم موفق باشید...

یه چیزی راستی!

حیف که صدای آنچنان صاف و خوبی ندارم ... وگرنه خیلی دوست داشتم کار رادیویی رو.

فعلاً

Sep 5, 2006 -- Lord

....

○ آقای جامی عزیز

از پاسخ دادنتان پیداست که خیلی شاکی شده اید از این کامنت.

دارم به مصاحبه شهزاده که گویا همسر جنابعالی هم هست! گوش می کنم.

خداوکیلی این کامنت را پاک نکنید اگر به دمکراسی رادیویی اعتقادارید.

حالا این خانم اگر همسرتان نبود هم اجازه کار در این رادیو را به او می دادید.

از کل مصاحبه اش هیچ متوجه نمی شویم. ترا به خدا ما شنونده ها را چی فرض کرده اید.

اگر من با این لهجه فارسی حرف می‌زدم هم در رادیو جایی داشتم؟

Sep 5, 2006 -- Arman

....

● *شهزاده در چهار پنج سال اخیر روزنامه نگار فری لانس بوده است و در شهر خود سمرقند هم با روزنامه کار می کرده و برنامه تلویزیونی داشته است. لهجه او*

تاجیکانـه اسـت. علاقـه منـدیم همکـار افغان هم داشـته باشـیم. بـا لهجـه تـرک و لر و اصفهانـی و بوشـهری هم مشـکلی نداریم. شـما به اینکه همسـر من اسـت ایـراد داریـد یـا بـه برنامـه اش؟ در بـی بـی سـی فارسـی چندیـن زوج کار مـی کننـد در رادیـو فـردا هـم، در جاهـای دیگـر هم. شـما مسالـه تـان ایـن اسـت یـا صرفـا لهجـه اش؟ تلویزیـون سراسـری بـی بـی سـی کـه من بیشـتر بـا آن آشـنا هسـتم پـر اسـت از لهجـه هـای مختلف انگلیسـی. بـرای زمانـه مـا تهـران همـه ایران نیسـت و فارسـی فقط لهجـه تهرانـش معتبر نیسـت. بهتـر اسـت ایـن نـوع مـچ گیـری هـا را کنـار بگذاریـد. انـرژی مثبت بدهیـد نه منفـی. البته انصاف هـم چیـز خوبی اسـت. خواندن یادداشـت اسـتاد نیکفـر را در صفحه اندیشـه انتقـادی توصیـه مـی کنـم. – مهـدی جامی

....

⊚ آقای جامی من به شما سه بار میل زدم ولی دریغ از یک جواب!
امین , Sep 5, 2006

....

● دوسـت عزیـز مـن ایمیلـی از شـما تاکنون دریافـت نکـرده ام. دوباره بفرسـتید و به ایـن آدرس هـم کپـی کنیـد: *m.jami@radiozamaneh.nl*

....

⊚ سلام دوستان رادیو زمانه:
مـن یکـی از کارمنـدان تلویزیـون خصوصـی طلـوع در افغانسـتان هسـتم. می خواسـتم بـا رادیـو شـما همـکاری کنـم. یک ایمیل هـم به آن آدرسـی که بـالا داده اید فرسـتادم. موفق باشـید.
قاسم رسولی , Sep 6, 2006

....

⊚ جناب جامـی، قبـلا هـم عرض کـردم پادکسـت شـما قابـل دریافـت نیسـت. یکبار آنـرا امتحـان کنید. بـا تجدیـد ارادت . نادر
نادر ریاحی , Sep 6, 2006

● این اشکال امیدواریم تا هفته آتی برطرف شود – زمانه

....

◉ جناب آقای جامی
گرچه حرکت شما را در برپایی این وبگاه و رادیو را می ستایم ، که تمامی حرکت های فرهنگی ستودنی اند ، ولی از انچه در مورد انتخاب همکاران گفتید سخت متعجب شدم. وقتی لینک دانی وب نوشت رادیوی شما، به عنوان نمونه، تنها در بر دارنده طیف خاصی از بلاگستان فارسی است، شما چگونه ادعای انتخاب همکارانتان بر اساس توانمندی هایشان را طرح می کنید؟ آیا شما همکاری می گیرید که بر خلاف روال اندیشه رادیوی زمانه سازی متفاوت بزند. بهر حال امید من این است که رادیویی به وسعت زمانه برای بلاگستان فارسی موج های بسیاری داشته باشد و هر موجش در برگیرنده صداهای بسیار زمانه باشد و انتهای موجش سربلندی ایران زمین و ایرانی در اقصی نقاط پهنه گیتی باشد
با ارزوی موفقیت برای شما
خاطراتچی
Sep 6, 2006 -- Khateratchi

....

● اگر مایل باشید می توانید لینک های مورد علاقه خود را برای ما بفرستید تا اضافه شود – زمانه

....

◉ سلام آقای جامی. دو نکته به ذهنم رسیده که مایلم برایتان در این بخش بعنوان نظر بنویسم. اولاً در مورد کنه موضوع کار در یک ساختار رسانه ای مثل رادیو، طبعاً سمت و سوی معینی مطرح هست. بعنوان مثال شما نقش یک پل ارتباطی بین جامعه ایران – حالا بقول کلاغستون،۷۰ درصد آن که جوانان هستند – و جامعه اروپا را میخواهید ایفا کنید؛ طبیعی است که همکاران شما عمدتاً کسانی خواهند بود که در عین داشتن برخی توانائی ها و در زمینه های مختلف، بنحوی از انحاء

میباید چنین درکی از کار داشته باشند. حال نه نعل به نعل. اما مثالی که در مورد دو تن از همکاران خود زدید، در رابطه با این موضوع همراه با تناقض هائی است. البته من تأکید نمی کنم که قطعاً هدف شما آن هست که گفتم. اما، بعنوان مثال آقای درخشان در نوشته اخیرشان، جدا از بالابردن نقش خاصی برا وزارت اطلاعات در حد آموزگاران نیک اندیش و مانعی برای انحراف باصطلاح فیلسوفان و غیره و در عین درکی مغلط از حقوق دموکراتیک انسانها در جوامع، اشاره دارند که بسیاری از موسسات آشکار و پنهان با در اختیار قراردادن بودجه هائی چنین و چنان اهداف خود را دنبال میکنند. به زبانی دیگر، همین رادیو زمانه، بطور اتوماتیک با چنین درکی بعنوان جریانی دست نشانده تلقی میگردد. چرا که بودجه این رادیو از محل بودجه ویژه وزارت خارجه هلند تأمین میشود.

نکته دیگر، در مورد جوابی هست که به یکی از کامنت ها دادید. به نظر من، رادیو زمانه میتواند مدعی این نکته باشد – و برای هر فردی که در دنیای رسانه ای کار و زندگی میکند – که یک دنیا جای خالی وجود دارد که پر کردن آن یعنی ایجاد پل هائی مناسب بین مخاطبان رادیو و خود رادیو. شما به اندازه تمام ندانم کاری ها، تمامی نعل وارونه زدنهای سیستم رسانه ای در ایران، کار و جا برای بروز خلاقیت ها و ایجاد امکان درست و واقعی دارید. حتی از زاویه اینکه شما هنوز رادیویی چند ساعته در بهترین حالت هستید. برای رادیویی بیست و چهارساعته شدن، دنیائی کار هست! تصوری در این حد که این رادیو محل تلاقی و تقاطع صرفاً عده ای هست که بصورت آماتوری و در قدم های اولیه به کار رسانه ای روی آورده اند، توضیح مناسبی نیست. بهرحال بدون توجه به میزان پرداختی شما، همکاران شما کاری حرفه ای را آغاز کرده اند. برای بحثی دقیق تر میشود در این زمینه بیشتر نوشت. از مدیر و هماهنگ کننده رادیو زمانه، یه خورده بیشتر از اینها انتظار میره! البته با سعه صدر کامل این حرف را میزنم. امیدوارم متوجه منظورم باشید.

با احترام

تقی , Sep 8, 2006

○ آقای جامی عزیز سلام:

بـرای هـم‌کاری با شـما بـه آدرس‌تـان ای‌میل فرسـتادم. جوابی نرسـید. می‌شـود لطفن رسـید آن‌را اعـلام فرمایید؟

امیر , Sep 23, 2006

....

● *معمـولا بـه همـه ایمیلهـا جـواب داده مـی شـود حتی اگـر بعـد از نیمه سـپتامبر که آخریـن روز دریافـت درخواسـتها بوده باشـد. ممکن اسـت اصـل ایمیل تـان را دوباره بـه مـن بفرسـتید به*

m.jami@radiozamaneh.nl

....

○ مریزاد دستی که انگور چید

دوست صاحب قلم آقای مهدی جامی سلام

بخت خود را سپاسگزارم به جهت آشناییم باسیبستان که در بهترین حال میهمانش شدم مقالات وگزیده های شما در سفرنامه تاجیکستان همان بود که باید میبود.

مرا به مهمانی سعر وشعور وشکوفه بردید.

هرچند که حس من نسبت به این قطعه از بهشت سودای سالیانی ازپیش است.

مفتخـرم بـه آشـنایی شـما کـه کلیدی بـود بر گشـایش روزنـی بود بـر گذشـته من که کنـون سـودای زیارت آن کهـن دیار اجدادی رویای بام تا شـام من اسـت.منتظر جواب ایـن نامـه میمانـم بـه آدرس ایمیلم.لطفی بنما که بعـد از آن

هر سرموی مرا باتو هزاران کار است.

با سپاس محمود نعیم وفا غرب ایران

محمود نعیم وفا , Jan 5, 2007

هوای تازه زمانه

هجده شهریور هشتاد و پنج

در بین ده‌ها ایمیل برای پیشنهاد همکاری که عمده آن‌ها را جوانان از آماتور و مشتاق تا کاردان و کنجکاو از تهران تا کابل و از ایتالیا تا کانادا نوشته بودند و شماری از آن‌ها پیشاپیش کار خود را آغاز کرده‌اند، این ایمیل شاخص و تکان‌دهنده بود. نام نویسنده را نمی‌برم اما او را با کمال میل به کار دعوت می‌کنم. این یادداشت پذیرش پیشنهاد اوست. منتظرم نوشتن برای زمانه را آغاز کند.

مهدی جامی

«زمانه به تک تک ما نیازمند است. زمانه مال هیچکس نیست. مال همه ماست. من آن را رسانه «جمعی» به وسیع‌ترین معنای «جمع» می‌بینم، نه بنگاه نشر عقاید من و دوستانم. ملاک سنجش هم برخورد منصفانه و ارزش‌های حرفه‌ای است.»

خواندن همین جملات کافی بود تا نوشتن برای شما را آغاز کنم. سال‌هاست که درمطبوعات ایران قلم می‌زنم. درحوزه‌های مختلف از اجتماعی گرفته تا حقوقی،

سیاسی، علمی، هنری و حتی ورزشی استخوان خرد کرده‌ام، اما، حاصل این همه تجربه روحی خسته و جسمی فرسوده است. بسیاری به من غبطه می‌خورند و می‌خواهند تا بخشی از کوله‌بار تجربه‌ام را بر دوش آن‌ها بگذارم، اما، زخم‌هایی که از تجربه بر دل نشسته است را به هیچ کس نمی‌توان سپرد.

در دانشگاه، در یکی از رشته‌های پیراپزشکی درس خواندم. اما تنها دو سال سروکله زدن با بیماران سبب شد دنبال راهی برای حرف زدن بگردم. هرچند هیچ گاه نتوانستم برخی از آن تجربه‌ها را در رسانه‌های عمومی بنویسم. در ۲۰ سالگی بیمارم دختر ۱۰ روزه بی‌پدری بود که مادرش را از خانه بیرون کرده بودند. در ۲۱ سالگی رگ‌های شکننده یک زن مبتلا به ایدز زیر انگشتانم میلرزید. وقتی در ۲۲ سالگی از حفره شکمی زنی تصویربرداری کردم که ۵ مرد افغان با شیشه شکسته کوکاکولا به او تجاوز کرده بودند، طاقتم طاق شد. به روزنامه‌ای محلی در مشهد رفتم و نوشتن را آغاز کردم.

به تهران بازگشتم. سال ۷۵ روپوش سفید بیمارستان را بر دست انداختم و از دختری ۹ ساله گزارشی نوشتم که زیر لگدهای برادرش مرد. در روزنامه سلام گزارش را خواندند و از من دعوت به کار کردند. ماجرای لیلا فتحی را که برای سلام نوشتم، لرزه بر روح نازکم افتاد و برای فرار از خشونت در بخش علمی روزنامه جامعه سکنی گزیدم. اما این پایان ماجرا نبود. در روزنامه‌های سیاسی جامعه، توس، خرداد و فتح، نگاه سیاسی‌ام چنان حساس شد که پس از پوشش حادثه کوی دانشگاه، به بخش حقوقی روی آوردم (حوزه خبری‌ام آموزش عالی بود) و به سراغ وکلای احمد باطبی و منوچهر محمدی رفتم.

در روزنامه نوروز رسما نیروی صفحه حقوقی شدم. سعید حنایی در مشهد ۱۶ زن را خفه کرد. تنها زن با دل و جرات من بودم! گزارش اعدامش را که

نوشــتم، شــدم دبیر گروه حــوادث!

انــگار راه فــراری از سرنوشــت نداشــتم. باز هم خشــونت. خشــونت، خشــونت. صفحــات حــوادث نــوروز، یاس نــو، وقایع اتفاقیــه، اقبال، همشــهری ...

نقطــه پایــان احساســم بــه روزنامه‌نــگاری، آخریــن صفحــه روزنامــه وقایــع بود. موجودییکوچــک در پیکــرم می‌چرخید و گزارش دادگاه زهرا کاظمی را تازه بســته بــودم. دادگاهــی جنایــی کــه اولین خبــرش را در روزنامــه یاس نو من نوشــته بودم، حــالا می‌خواســتم نقطــه پایــان را بگــذارم کــه روزنامه توقیف شــد. آن شــب، تنها تکان‌هــای موجــودی کوچــک مــن را آرام کرد.

حــالا، مــن همچنان می‌نویســم. بعد از ســال‌ها فراز و نشــیب هنــوز دغدغه مردم را دارم، بــر ســر آنــان چــه می‌آید و چه می‌آورنــد. با خواندن نوشــته‌تان، هوایی تازه بــر روح خســته‌ام دمیــده شــد. بــا خــود گفتم شــاید زمانه جایی باشــد بــرای بودن، نوشتن و گفتن....

- با اندک تصرف و تلخیص

http://zamaaneh.com/blog/09/2006/post_15.html

زمـانه: یک قدم تا جنـوب
امیرپویان شیوا

امیرپویان عزیز مطلب سراپا نکته آموزی برای زمانه نوشته است که در اینجا می‌آورم. من کامـلا بـا او همدلـی و همفکـری دارم. فقط این نکته هست که زمانـه مطلـوب تنها با کوشـش مطلوب همگانی ساخته می‌شـود. کسانی که پا پیـش بگذارنـد. مثل خود او. دسـتی بالا بزننـد و کاری بکنند و به یـاری بیاینـد. مـن بـه جـد می‌گویم کـه وبلاگستان باید ایـن فرصـت را مغتنم بشـمارد، ولی خـب مـن همه وبلاگسـتان نیسـتم. من رسـانه‌ای را مدیریت می‌کنـم کـه مراقبت می‌کنـم بـاز باشـد و بمانـد و تغییراتـش در جهت پاسـخ به نقدها. باقـی را انتظار دارم همیـاران بسـازند. دعـوت زمانه دعوتی اصیل است. به سـمت جنوب.

مهدی جامی

سیـاست اطلاعـاتی و جایگاه «زمـانه» در جغرافیای رسانه‌ای
یا: شـاید هنوز برای این حرف‌هـا زود باشـد!
۱

«رادیویـی کـه از وبلاگ می‌آموزد کار عجیب می‌کند؛ مثل آموختن پیر اسـت از جوان.» بـا بیان همین هدف در مانیفست خـود، «زمانه» پذیرفته که جوان را نه به

شکل سوژه و موضوع کار، که در هیئت عامل و فاعل بپذیرد: «زمانه» نیامده که تنها شنونده‌های وبلاگ‌نویس داشته باشد؛ آمده تا با اشاعه ضبط خانگی، برای خود، برنامه‌ساز وبلاگ‌نویس دست و پا کند. «زمانه» از همین رو از آن همه ماست؛ مایی که می‌کوشیم فعالانه تجربه‌های روزمره‌ی خود را که پر از تناقض‌های حل‌ناشدنی‌ست از طریق بحث و مذاکره پایدار و دائمی در نوشته‌هایمان بازنمایی کنیم. اگر «زمانه» می‌خواهد از وبلاگستان بیاموزد، باید به تجربه‌های هرروزه ما توجه و تاکید کند.

به نظرم «زمانه» هنوز بیش‌تر رسانه‌ای «آلترناتیو» است و یک قدم مانده تا آنی شود که می‌خواهد؛ یعنی، رادیویی که از وبلاگ می‌آموزد. آلترناتیو، از این حیث که بر خلاف هم‌قطارهای «رسمی»اش، لحن کاملا جدی ندارد؛ طراحی‌اش سبک‌سرانه‌تر است؛ چندان غیرشخصی نیست و ستون‌های شخصی، دیدگاه‌های افراد را منعکس می‌کند. جز این با شمی روشنفکرانه، گاهی از موضوع‌هایی حرف می‌زند که هم‌قطارهای رسمی، در مرکز توجه قرارشان نمی‌دهند یا از آن‌ها تفسیرهای آلترناتیو نمی‌کنند. اما وقتی نیک نگاه می‌کنیم، در می‌یابیم که رسانه‌های رسمی هم شاید در ظاهر به این مولفه‌های «جای‌گزین» توجه کرده‌اند. پس «زمانه» چه دارد که بیش از رسانه‌های رسمی به مخاطب فعال خود بدهد؟ چرا باید مثلا به جای بی‌بی‌سی، موج رادیو را روی «زمانه» تنظیم کنم؟

۲

«زمانه» چه نسبت جدیدی با قدرت، در معنای وسیع آن، برقرار می‌کند که متفاوت از دیگران باشد؟ اطلاعات، خیلی سرراست دسته‌ای از موضوعات حقیقی نیستند که در قالب خبر و نوشته و مقاله، بسته‌بندی شوند و به اقصا نقاط دنیا، حمل. اطلاعات هم حقیقت و هم هویت را شکل می‌دهند: ما آن چیزی هستیم که می‌دانیم و نمی‌توانیم آنچه باشیم که نمی‌دانیم: جهان دانسته یا دانش‌پذیر، آنی‌ست که

می‌توانیم باشیم. بنابراین رابطه بلوک قدرت و مخاطبان اطلاعات در اینجا بیشترین اهمیت را پیدا می‌کند. استوارت هال، جایی نوشته: «مردم در برابر بلوک قدرت: این یکی به جای «طبقه در برابر طبقه» محور اصلی مغایرت در منطقه‌ای‌ست که فرهنگ در آنجا قطبی می‌شود. به خصوص فرهنگ همه‌پسند، حول این مغایرت سر و سامان پیدا می‌کند: نیروهای همگانی در برابر بلوک قدرت.» به گمانم هم رسانه‌های رسمی و هم آلترناتیو، وابسته به بلوک‌های متفاوت قدرت هستند و برای همین نمی‌توانند ادعا کنند «مردم» را نمایندگی می‌کنند.

جان فیسک می‌گوید: «اطلاع‌رسانی آلترناتیو، به‌ویژه به خاطر سیاسی‌کردن گزینش رویدادها و اشکال رادیکال و نیز استراتژی‌های گفتمانی‌اش ـ که از طریق آن‌ها رویدادها معنی‌دار می‌شوند ـ ارزشمندست. با این وجود، بیشتر این اطلاعات در میان بخشی از همان طبقات متوسط تحصیل‌کرده منتشر می‌شود که اخبار رسمی هم میان آن‌ها می‌گردد و به این دلایل، نزاع سیاسی بیشتر بین بخش‌های متفاوت یک طبقه است تا بین طبقات مختلف. یا اگر بخواهیم از مدل مبتذل مارکسیستی دست بکشیم، نزاعی بین نیروهای مرکزی و حاشیه‌ای در بلوک قدرت است و نه نزاعی بین بلوک قدرت و مردم.»

اگر بخواهم این‌ها را به رابطه «زمانه» و وبلاگ‌ها بسط بدهم، می‌توانم بگویم که تا جایی‌که دیده‌ام، «زمانه» هنوز بخش کوچک و نخبه‌ای از وبلاگ‌نویس‌ها را نمایندگی می‌کند که نگاهشان به مسائل، می‌تواند حداکثر جایگزین و رقیب نگاه رسمی باشد: چه نگاه رسانه‌ای حکومت ایران و چه نگاه رادیوهای جورواجور «بیگانه». نگاه «زمانه»، تا جایی‌که دیده‌ام، هنوز نگاه از بالاست؛ نگاهی که مثلا پیش‌تر «درست‌نامه»ها و باید و نبایدهای اصول وبلاگ‌نویسی را وضع و وعظ می‌کرد. می‌خواهم بگویم با این‌که برای «زمانه» رادیوی وبلاگی ـ برعکس نگاه رسمی ـ متفاوت از رسانه‌ی کهنه‌کار رادیوست و نه صرفا

پیش‌رفتی تکنولوژیک، با این‌همه جهت نگاه همچنان همان است.

۳

اشتباه نکنید! نمی‌خواهم از سوی دیگر بام بیفتم: دوست ندارم «زمانه» بدل به رسانه‌ای «خَز و خیل» ـ یا به‌قول فرنگی‌ها، تَبلوید ـ بشود؛ رسانه‌ای که کم‌وبیش همه‌مان می‌شناسیمش و بیشتر اهداف تجاری دارد. در عوض دوست دارم «زمانه»، رسانه‌ای گفتگویی ـ یا در معنای واقعی کلمه، مردمی باشد. دوست دارم سیاست اطلاعاتی «زمانه»، به پیچیدگی و ژرفای تجربه‌ی همه‌ی ما باشد. دوست دارم برای «زمانه» اطلاعات، دانش ذاتی و نامتغیر نباشد؛ بلکه، فرآیندی باشد در ارتباط با دانسته‌های دیگر و دیگران. دوست دارم خط مشی اطلاعاتی «زمانه»، بر پایه‌ی ناتمامی دانسته‌های بالقوه و سرکوفته باشد و نه بر پایه‌ی دانسته‌هایی که مسلم نمایانده می‌شوند.

بهتر بگویم؛ در مقام مقایسه دوست دارم «زمانه»، رادیویی باشد کم‌وبیش شبیه شوهای تلویزیونی «گفتگویی» ـ چت شو. جایی‌که مردم عادی به پرسش و گپ و گفت بپردازند؛ تجربه‌های روزمره‌شان را بربشمارند؛ نظرگاه‌هاشان را پیش بکشند و راه حل‌هاشان را پیش‌نهاد کنند. یکی از جاهایی‌که اصلا بحث‌های وبلاگستانی از آن‌جا آغاز بشود ـ بحث‌هایی که نمونه‌های موفق و خوشایندش را همه می‌شناسیم و اصلا تا حدودی آن‌ها را هویت‌بخش وبلاگستان می‌دانیم. به گمانم در جغرافیای فرضی رسانه ـ که چهارگوشه‌اش را از راست به چپ و از بالا به پایین رسانه‌های «رسمی»، «آلترناتیو»، «تبلوید» و «گفتگویی» تشکیل می‌دهند ـ «زمانه» هنوز «شمال»ی‌ست و مثل «شمال»شهری‌ها رفتار می‌کند. «زمانه» هنوز به رأس «آلترناتیو» نزدیک است و باید کمی به «جنوب» حرکت کند؛ «خاکی» شود تا به رسانه‌ای «گفتگویی» مبدل گردد.

مهدی جامی ـ که بسیار پی‌گیرانه و با اندیشه‌ای نو، «زمانه» را بنیاد کرده ـ پیش‌تر

نوشته بود: «آیا رادیو می‌تواند [...] وبلاگی باشد؟ به نظرم می‌تواند. کافی‌ست منظر نظر خود را اندکی تغییر دهیم. زمانه آزمونی برای این منظر-گردانی‌ست. بازگرداندن مردم است به رسانه. شایع کردن روایت آن‌هاست از فرهنگ و سیاست و جامعه. ما همیشه برای مردم تعیین تکلیف کرده‌ایم. این مرام کهنه شده‌ای است. باید تکلیف را مردم تعیین کنند. فرد فرد آن‌ها. رسانه‌ی عقل کل مرده است. زنده باد رسانه‌ای که آیینه‌ی عقل فرد است.»

به این قول جامی خوش‌بینم. این همان رسانه‌ای‌ست که من هم دوست دارم برایش «زنده باد!» بگویم؛ ولی در چنین رسانه‌ای، جای «خبر اوّل» با این شیوه‌ی روایت، آن پایین‌هاست و در عوض، جای «کافه زمانه» ـ که تنبل‌تر از بقیه به‌روز می‌شود ـ آن بالاها. چرا تعارف کنم؟ صوری هم اگر نظر بیندازم، به نظرم وب‌پیج «زمانه» چپه صفحه‌بندی شده! برای همین وقتی صفحه‌ی «زمانه» را باز می‌کنم، می‌روم آن پایینِ پایین صفحه و بعد شروع می‌کنم و می‌آیم آن بالاها و غمگین می‌شوم وقتی می‌بینم ستون‌های محبوب پایینی، در رقابت با ستون‌های پرمفهوم ـ ولی تکراری ـ بالایی این‌قدر کاهلانه عوض می‌شوند.

۴

اگر به دنبال «دموکراسی رادیویی» هستیم، باید حواس‌مان باشد که با این‌که دموکراسی نیاز به جریان آزاد اطلاعات دارد؛ ولی، اشکال قراردادی اخبار رسمی، در واقع به‌جای تسهیل جریان، آن را تحدید می‌کند. اگر می‌خواهیم به دموکراسی کمک کنیم، باید دانسته‌ها را به اطلاعات همه‌پسند بدل کنیم: اطلاعاتی که جهان را می‌سازند و آن را بخشی از زندگی روزمره‌ی مردم می‌دانند. تفاوت بین سیاست اطلاعاتی رسمی و همه‌پسند، تنها در رویدادهایی که برای هر یک اهمیت دارند، نیست؛ بلکه، به فرآیند فرهنگی اطلاع‌رسانی آن‌ها هم مرتبط است.

در یک کلام آنچه در وبلاگ‌نویسی برایم مهم است، پیچیدگی و پایان‌ناپذیر بودن اندیشه‌ها و بحث‌هاست: آن نوعِ پیچیدگی که در زندگی روزمره‌ی مغلق و پر تناقض همه‌ی ما هست. پس، دوست دارم «زمانه» مثل چت‌شوهایی باشد که وقتی تیتراژ پایانی‌شان می‌آید، هنوز زیر اسم‌ها و عنوان‌ها، آدم‌ها دارند با هم صحبت و نظرشان را طرح می‌کنند؛ انگار که هیچ پایان و نقطه‌ی قطعیتی در کار نیست. دوست دارم «زمانه» از وبلاگ، گفتگو و مدارای حاصل از عدم قطعیت را بیاموزد و به او بیاموزاند.

http://zamaaneh.com/blog/09/2006/post_16.html

نظـــرهای خـــوانندگـان

◉ وقتـی بـه « زمانـه» و جایـگاه رسـانه ای آن چـه در زمـان حـال و یا در تجسـمی از آینـده بطـور مسـتقل و مجـزا از همه فعـل و انفعالات زندگی روزمره و مناسبات عملی حـول و حـوش نـگاه می‌کنـم، بـا نوشـته بـالا همراهی و بخشـاً تحسـین کننده آن هم می‌شـوم. امـا، در ایـن میـان بـه نکتـه‌ای هـم بایـد توجـه کرد که گاهـاً مرا مـردد می‌کند؛ – ایـن تردیـد دقیقـاً مضمون اصیل تردیـد را دارد نه ایقان در چیـزی – اینکه، این رادیو بخشـی از یـک طـرح دگردیسـی یافتـه اسـت و طـرح اولیه نیـز متأثـر از ضرورت‌های دیگـری در کمیسـیون خارجـی مجلـس هلنـد و تحـت پیشـنهاد و نظـارت دو تـن از اعضـاء آن از حـزب سـبزهای چپ و حزب لیبـرال دموکرات هلند – که حزب راسـت و در قـدرت هـم بـوده – شـکل گرفـت و متعاقبـاً از راه انـدازی یک ایسـتگاه تلوزیونی

بـه پـاره هـای چندی تبدیـل و بخشـی از آن بودجه در اختیـار یکی از برنامه سـازهای هلنـدی و در همـان راسـتا بـه گـروه دیگـری بنام « پـرس نو » داده شـد تا در راسـتائی عمومـی تـر کـه عمدتاً کار روی کشـورهای مسـئله دار را دنبـال میکنـد، برایش فکر و ذکـری را پیـش ببرد.

وقتی حضور آن تأمین کننده بودجه را بالای تمامی تلقیات و فعل و انفعالات درونی زمانه می بینم، احساس میکنم حرکات افراد علیرغم تصوراتی، تنها در محدوده ملزومات معینی دست و پا میزند، حرکاتی که ربطی به آزادی عمل حقیقی و بی واسطه ندارد.

از سوی دیگر، گاهی این تردید نیز به سراغم می آید که: شکل دادن برخی ساختارها برپایه وبلاگستان، آیا بر این تلقی دامن نخواهد زد که خود، آزادی وبلاگی را منحرف می نماید؟ در ذهن من یکی از خصوصیات وبلاگ نویسی عدم تبعیت از نظمی است که رسانه در مفهومی عام برای خود متصور میشود. وبلاگ اما اساس را بر انسان می نهد، همانی که پشت صفحه مونیتور می نشیند و گاه می نویسد و گاه صدا میگذارد و گاه لینک میدهد و گاه میشود هلپ دیسک و برنامه های مختلف را معرفی میکند. وبلاگ، در واقع واکنشی است علیه تخصصی شدن بیش از حد انسان. آیا رسانه مثل رادیو میتواند وبلاگی شود؟ رسانه ای که تمام اجزاء و اعمالش از آن چنان تجربه گسترده ای بهره میگیرد که براحتی میتواند هر قدمی را درون نظم تاریخاً شکل گرفته خود ببلعد؟ استفاده از ابزارهای جدید، ترکیب و تلفیق فعالیت رادیو، سایت، وبلاگ، پادکست و غیره با هم هنوز به معنی آن خصلتی نیست که در بطن وبلاگ نهفته و تا این زمان هنوز بخش بسیار ناچیزی از آن مطرح شده و با اینهمه اینچنین اشتیاق انسانی را به خود جلب کرده. صفحه ای سفید برابر هر کس و هر فرد که صحبت های درونی خود را بگونه ای قابل دسترسی و دریافت دیگران بسازد...

سـخن کوتـاه، دربـاره زمـان، زمانـه و « زمانه » صحبت کـردن، همواره بـا تردیدهائی و آرزوهایـی همـراه خواهـد بـود! البته با آرزویـی از پشـتکار، امیـدواری و موفقیت برای کارکنانش!

تقـی , Sep 11, 2006

در توفان بی‌نقشی متن و حاشیه

محمدجواد کاشی

برگرفته از وبلاگ زاویه دید

بیست‌وسه شهریور هشتاد و پنج

اگر رسانه نتواند آینه درست‌نمای جامعه باشد رسانه نیست. آینه زنگارگرفته‌ای است. وبلاگ زمانه را که به بحث‌های رسانه‌ای اختصاص دارد این بار به نوشته‌ای از محمدجواد کاشی اختصاص می‌دهم که نگاه ژرفی به جامعه ایرانی دارد و بی مرکزی سرسام‌آورش. زمانه باید آینه درست‌نما باشد. سیاست‌بازی و کلیشه‌سازی کار رسانه درست‌نما نیست. رسانه پیش از سیاست می‌ایستد. چه سیاستمداران هم اگر درست‌بین باشند به رسانه تکیه می‌کنند. و آن‌ها که نیستند البته آینه رسانه را می‌شکنند. نوشته دکتر کاشی پیش‌درآمدی برای تشخیص جهت همه رسانه‌ها و رسانه‌پردازان زمانه است.

مهدی جامی

دیشب دکتر گیویان گویی راهی پیش چشمم گشود.

دوستی در خلال بحثی در باب چند و چون اوضاع، یکباره از بلاتکیفی امور و بلاتکیفی خودش نالید.

دکتر فورا گفت عزیزم این که سخن تازه‌ای نیست، خوب اگر ببینی خواهی دانست که در بلاتکلیفی و عدم تعین تنیده شده‌ایم. تار و پود زندگی ما را این عدم تعین پرداخته است.

دکتر یکباره به وجه ساختاری عدم تعین در متن زندگی روزمره اشاره می‌کرد. نشان داد که آنچه را استثناء می‌انگاشتم، یک قاعده است. او چشمم را به روی سویه عمیق زندگی روزمره گشود.

تنیده شدن عدم تعین و بلاتکیفی نکته‌ای است که گیدنز آن را سرشت مناسبات مدرن می‌خواند. اما عمق این عدم تعین در جهان ما به مراتب بیش‌تر از مراکز پیشرفته دنیای سرمایه‌داری است. در جهان پیشرفته، سازوکارهای انسانی بخشی از این عدم تعین را التیام بخشیده است. قانون و ثبات سیاسی بخشی از این سازوکارهای نسبی اطمینان بخشند.

اما ما در جهان پیرامونی به نحوی عمیق‌تر در اضطراب و عدم تعین مستمر به سر می‌بریم. از چنان انواعی از قانون و ثبات نیز بی‌بهره‌ایم و چنین است که همه چیز همواره در هاله ابهام است.

از انقلاب به این سو، هیچ زمانی را به یاد نمی‌آورم که لحظه حساس تاریخی قابل اطلاق بر آن نباشد. زندگی در لحظات همیشه حساس تاریخی به معنای زندگی در متن حادثه است. معلوم نیست کی می‌توان از متن به حاشیه حوادث مسکن گزید. زندگی در متن حادثه درست مثل حفظ مجموعه‌ای از قطعات نامتوازن کاغذ در طوفان سهمگین است.

تخته سنگی نیست تا در پناه آن ایستاده باشی.

خیلی تفاوتی میان بالا و پائین وجود ندارد. مهم نیست رئیس جمهور و وزیر و مدیر ارشدی، یا یک کاسب خرده‌پا. گویی این طوفان متن و حاشیه‌ای باقی نمی‌گذارد. همه چیز دستخوش یک عدم تعین فراگیر است.

عدم تعین و باور به آنکه هیچ چیز سخت و استوار نیست، و هیچ چیز قرار نیست در جایی که ایستاده بایستد، متن زندگی روزمره ما را شدیدا تحت تاثیر قرار

داده است. ارتباطات اجتماعی ما مناسباتی تماشایی دارد. اگر هیچ چیز قرار نیست، همچنان باقی بماند و اگر هیچ کس قرار نیست در جایی که نشسته برقرار بماند، زندگی مملو است از: حسادت، تاثر نسبت به از دست دادن فرصت‌های گذشته، تمسخر مستمر مناسبات، جدی نیانگاشتن امور، تلاش عمومی برای کشیدن رخت خویش از طوفان بلا، خشونت، عدم امنیت، آویزان ماندن فرصت‌طلبانه کسانی به کسانی، سنگین شدن هوای ارتباطات اجتماعی، خیانت و ...

زندگی در متن طوفان، بیماری‌های بسیار دارد. کسانی را می‌بینی که در خواستن حدود معقول را نمی‌شناسند. از دو گامی که دوستی به پیش برداشته، برای خود طرح طی الارض را می‌کشند و یک‌شبه راه صد ساله را می‌جویند. کسانی نیز در مقابل به اندک مایه‌ای که تحصیل کرده‌اند می‌چسبند و جرات یک لحظه سر بلند کردن را به خود نمی‌دهند. ماجرای زمستان اخوان را به یاد آورید.

نکته دکتر گیویان نکته مهمی است. قصد دارم ابعاد مختلف و پیامدهای زندگی در چنین فضایی را بیش‌تر بکاوم. البته اگر دکتر چنان که وعده فرمود در این زمینه به من کمک کند.

http://zamaaneh.com/blog/09/2006/post_18.html

با سلام. من با تشبیه رسانه به آینه، هنوز نتوانسته‌ام کنار بیایم! به دو دلیل: اول آنکه آینه را هر طرف نگه داری - با هر صفتی که برای نوع انعکاس آینه قائل باشی، راست نما، کج نما یا کوچک و بزرگ نما، زنگار گرفته و امثالهم -

همان‌طرف را منعکس می‌کند. و از سوی دیگر آینه مسطح هست و شمولیتی چندسویه ندارد! نکته دوم اینکه، اجزاء آینه خود بخشی از آنی هستند که منعکس می شوند. در چنین تصویری، آینه خود را از محیطی که انعکاس می‌دهد جدا می‌کند. این اشکال بزرگی است که جامعه روشنفکری در ایران با شدت بیشتری نسبت به سایر جوامع بروز می‌دهد. هر بخشی از جامعه براحتی خود را بیرون از گود قرار داده و بقیه را از آن سکو می نگرد. اینکه سیاست پیشه گان باید به رسانه اقتدا کنند و یا رسانه به آنها، بر می‌گردد به انتظام عمومی تر قضایا نسبت به هم. این یک انتخاب نیست، این یک سرنوشت شده است!

ضمناً نوشته مورد اشاره شما، جز یک بهم ریخته گی در تلقی عمومی از اینکه چه جائی در جامعه داری و چه نقشی ایفا می‌کنی به درهم و برهم گوئی روی آورده. کسی که دور خود هاله نور می بیند، طبعاً مسئولیت بزرگی در قبال حرفی دارد که میزند. اما فلان راننده تاکسی یا بنا و پزشک و غیره، عملاً نمی‌توانند با وی و نقش کلماتی که از دهان بیرون می رانند، همسان قلمداد شوند. اینکه درون انسانها از انشقاق و بحران رنج می‌برد – که شامل حال همه و نه تنها جوامع حاشیه، بلکه جوامع باصطلاح پیشرفته نیز بدان دچار هست – تفاوت دارد با اینکه این قضیه را تبدیل کنیم به سرنوشت محتوم! بهرحال مطلب مورد نظر شما انگار خودش هم متوجه بود که ناقص است؛ چرا که نویسنده اش قول یک تحقیق جدی تر و آنهم با استفاده از قولی دیگر داده است. آیا انعکاس چنین نوشتاری، با مقدمه بالا همخوانی داشت؟! با آرزوی سلامتی و شادکامی تان!

تقی , Sep 15, 2006

....

● در مانند دانستن دو چیز مشابهت شرط است نه عینیت مثل مانند کردن صورت گلرخان به گل سوری. لازم نیست صورت آنها هم ورق ورق شود و الخ. این یک نکته. دوم این که آینگی از مباحث قدیم در فلسفه و اخلاق وهنر است و آنچه من آورده ام حرف عجایب نیست فقط ربط اش به رسانه شاید توسعی در اصل بحث

باشد. اما نکته شما در خور تامل است که رسانه جدا از جامعه نیست. در این امر با هم اشتراک نظر داریم. در اصل ادعای دکتر کاشی هم به نظرم طرح بحث او برای جدی گرفتن آن کافی است. - مهدی جامی

....

◉ با سلامی دوباره. یادداشتی نوشته ام در ارتباط با زمانه در وبلاگ. فکر کنم بد نیست نگاهی بهش بندازین. در مورد مثال آینه، مثالی آوردید که بنظر دقیق نیست. تشبیه گلرخ به گل... طراوت و زیبائی تصویر هست و نه اجزاء سازنده آن! اشاره مرا در مورد آینه متوجه نشدید - با عرض پوزش! - آینه باید نگه داشته شود، در هر سمتی که تصور می کنید. ضمناً آینه یک سویه اش بشدت تیره است که خود زمینه ای میشود در انعکاس بهتر سویه دیگر... رسانه، آخ چه بگویم که فقط باید الماس باشد و بگذارد نور از درونش عبور کند! با پوزش از تأکیدات زیادی در مورد تشبیهات! با احترام تقی , Sep 15, 2006

....

◉ نقل است است که «ارشمیدوس» گفته بوده: اگر شما توانستید به من یک چیز ثابت نشان بدهید من بهتون قول میدم که با تکیه به آن، دنیا را به حرکت در آورم». «مک لوهان» کانادایی که نظریه ی «دهکده ی کوچک جهانی» از آن اوست در پاسخ به فرضیه ی ارشمیدوس میگوید که من آن نقطه ی ثابت را پیدا کرده ام و آن بطور عام وسایل ارتباط جمعی و به طور خاص تلویزیون است.

اگر مسئولیتهای حرفه ای رسانه های خودمان را در قالب بایدها و نبایدها در نظر بگیریم قطعا کفه ی نبایدها سنگینتر است همه میدانیم که قبول ریسک پرداختن به نبایدها چه عواقبی در پی خواهد داشت .

باز هم در تاریخ نقل است که روزی پیر زنی پشت خمیده پس از سماجتهای فراوان به پیشگاه انوشیروان عادل رسید .پیر زن به شاه گفت: شنیده ام که وزیر بسیار حاذقی داری میخواهم که در حضورت با چند پرسش وی را بیازمایم شاه بزرگمهر حکیم را فراخواند تا شاهد این گفت و شنود باشد پیر زن سه سوال

مطـرح کـرد کـه وزیـر بـه هیچکـدام از آنها نتوانسـت جـواب بدهـد آنـگاه آن پیر زن برآشـفت و در حضـور شـاه بـه وزیر گفت: آنهمـه زر از خزانـه مـی سـتانی بـرای چه، حـال آنکـه از پاسـخ بـه سـوال پیـر زنـی عاجـز مـی مانی؟ بزرگمهر در پاسـخ ظریف خـود میگویـد: زر از خزانـه میسـتانم بابت آنچیزهایـی کـه میدانم اگر حکم چنان باشـد کـه بـه ندانسـته هـای مـن هـم پـاداش دهنـد زر عالم کفـاف نخواهـد کـرد).

حال بحث رسـانه ها در ایران هم بی تشـابه به داسـتان بالا نیسـت اساسـا رسـانه های ما بـا دنیایـی از ورود ممنـوع هـا روبرو هسـتند از پرداختن بـه موضـع روحانیـت باید دوری کننـد سیاسـتهای نظام را زیر سـوال نبرنـد، مبادا به نهادهای تحت امر انتقـادی وارد کنند از نابسـامانیها ننویسـند بـه مـردم نگوینـد کـه چـه اتفـاق مـی افتد و نگوینـد کـه خفقان هسـت و آزادی نیسـت و...بـا یـک چنیـن فضـا سـازی چه نقش قابل ستایشـی بـرای این زبان بسـته هـا میتـوان قائـل بـود جـز اینکه عقده های حرفه ای سـرکوب شـده به یکبـاره قلیـان کرده و حتـی هسـت و نیسـت خـود رسـانه را هـم بـر بـاد دهد.

یـک آینـه بـا اینهمـه گـرد و غبار از رسـالت «درسـت نمایـی «معاف و مرخـص خواهد بود همان معافیتی کـه متاسـفانه برای رسـانه های ما بویـژه در عرصه ی نوشـتاری صادر شـده اسـت.البته بحـث درسـت نمایـی رسـانه، یـک آرمان اسـت کـه تحقق آن پویایـی جامعـه را تضمیـن میکنـد امـا بایـد بپذیریـم در یـک جامعـه ی پویا رسـانه ها بـه تولید انبوه سـوال میپردازنـد کـه بازیگران عرصه های سیاسـت و مدیریت باید به آن جـواب داده و به انتظار ارزیابـی این پاسـخها از سـوی «مردم» باشـند. آیا مـا از این ظرفیتها برخـوردار هسـتیم ؟

عاکف , Sep 16, 2006

....

◯ بـا ایـن همـه عقـل گرایـی و مـراد زدایـی بـاز هـم زبـان و قلـم و حـال و هـوای روشـنفکران مـا لبریـز از هیجـان و تغییـرات احساسـی یـک بـاره اسـت .گویـی وحی از زبـان مرشـدی نـازل مـی شـود و همـه عالـم در پـس این تنزیل دگرگونـی مـی یابد

احسان , Sep 17, 2006

◎ واقعاعالیه

اصـلا انتظـار یه همچین سـایت و وبلاگی رو نداشـتم. هم به سـایت رادیـو زمانه لینک

میدم هـم بـه وبلاگش

محمد , Sep 18, 2006

....

◎ وبلاگ خوبی دارین واقعا برام جالب بود

آذردخت , Aug 1, 2007

قصّه زمانه

بیست و نه شهریور هزار و سیصد و پنج

خبر برای من تکان دهنده بود: سنت قصه‌گویی در رادیو ایران رو به زوال می‌رود (به خبر **بی‌بی‌سی** نگاه کنید). برای من قصه رادیو یادآور قصه شب است وقتی کودکی بودم یا قصه ظهر جمعه است وقتی نوجوان بودم. سال‌هاست قصه رادیو ایران را نشنیده‌ام اما بی‌گمانم که بسیاری می‌شنوند یا بهتر است بگویم می‌شنیده‌اند. راستی قصه‌ها تمام شده است؟ شهرزاد مرده است؟

داستان ایران انقلابی و قصه داستان عجیبی است. در همه سال‌های انقلاب جایزه کتاب سال برگزار شده و هیچ وقت رمان و ادب داستانی در آن جدی گرفته نشده است. در سیاست فرهنگی جمهوری شهرزاد هرگز به رسمیت شناخته نشده است. سهل است، قصه گویان در فشار بوده‌اند و رنج برده‌اند. من رمز مخالفت با قصه را نمی‌فهمم. وقتی کتاب مقدس اسلام سرشار از قصه است. وقتی قرآن عجم مثنوی قصه-بنیاد است.

این داستان سر دراز دارد. جنگیدن با تخیل کار همه سیاست‌هایی است که بر

فقر تخیل بنیاد شده‌اند. بر گزارش سرراست و یکرویه و تک‌معنایی از جهان تکیه دارند. قصه در این نظام فکری لاطائل است. دروغ است. پوچ است. اما ستیز با قصه مرا به یاد ستیز با شاهنامه می‌اندازد و داستان‌های پهلوانی در عصر سلجوقی. برای من رمز بیگانگی با فرهنگ ایران است. فرهنگی که با قصه شناخته می‌شود و بزرگ‌ترین آثارش قصه گویند. داستان البته تنها در سنت نیست که محوریت دارد. بزرگ‌ترین تولید فرهنگی ما در قرن بیستم رمان و داستان بوده است و در جهان نیز هر روز ده‌ها داستان تازه شکل می‌گیرد و خواننده می‌یابد. اما در جمهوری اسلامی هنوز قصه رسمیت نیافته است و شاید هرگز نیز رسمیت نیابد.

قصه بخش مهمی از رسانه است. ما در زمانه از روز نخست به نمایش رادیویی و قصه‌خوانی برای کودکان توجه داشته‌ایم و برای آن برنامه‌ریزی کرده‌ایم. جالب است که درست در زمان نوشتن این سطور پیام یزدیان هم از آمریکا زنگ زد و داشت درباره اهمیت پرداختن به قصه در زمانه ما می‌گفت. از آن همدلانه‌تر یادداشت سلیمان است در وبلاگش که به مناسبت همین خبر بی‌بی‌سی نوشته است:

مطمئنم که مهدی آذر یزدی را بهتر از من می‌شناسی، برای همین از همو شروع می‌کنم. نه تنها من که بسیاری از کودکان ایرانی دهه‌های چهل و پنجاه پیش‌تر از آنکه کلیله و دمنه را خوانده باشند، داستان‌های آن را از زبان راوی «قصه‌های خوب برای بچه‌های خوب» شنیده‌اند. از قصه‌های ارمنی و گرجی و قصه‌های ملل، کانون پرورش فکری و یا روایت سپانلو از داستان امیر حمزه و ... نمی‌گویم.

مهدی! حتما خانم عاطفی را در تلویزیون ایران خوب بیاد داری. آن سال‌ها من هنوز هفت سال بیش‌تر نداشتم. نمی‌دانم اما می‌توانم تصور کنم که شب‌های زیادی را در ساعت ده شب، منتظر شنیدن آن آهنگ معروف شهرزاد که معرفی

شروع داستان شب بود، در انتظار شنیدن قصه شبت بوده‌ای. حتما چند سال پیش را بیاد داری، نمی‌دانم صحبت از ده یا پانزده سال پیش است، آن چند برنامه‌ای از بی بی سی را که فکر می‌کنم لطفعلی خنجی یا محمود کیانوش اجرا می‌کرد و در آن با قصه‌های کوتاه از نویسندگان بزرگ آشنا می‌شدی.

از طرفی دیگر، می‌دانم که پشتوانه‌های قوی ای را به دور خودت گرد آورده‌ای. نشنیده‌ام که عباس خان معروفی قصه بگوید. اما روایت‌هایش را به کرات خوانده‌ام. چرا بر نمی‌داری و از عباس نمی‌خواهی تا با همان صدای دو دانگ خش دارش، همان قصه‌هایی را که شبانگاهان برای دخترش خوانده برای دیگر دختران و پسران ایرانی نیز بخواند. شاید در این طرف آب، کسی با صدای او به خواب نرود که زمان آن دقیقا در میانه روز است. اما به قطع می‌توانم بگویم حتما در گوشه‌ای از این زمین، دخترکی و یا پسرکی را خواهی یافت که در رویاهای خودش خواب قهرمانان افسانه،ای ایرانی را در کنار هنسل و گرتل نیز ببیند.
بماند که شهزاده هم می‌تواند قصه تاجیکی برایمان تعریف کند و قس علی هذا.
(به نقل از **دستنوشته‌های پراکنده**)

باید بگوییم تا به حال زمانه کوشیده به عنصر روایت اهمیت بدهد و آن را برجسته سازد. شهرنوش پارسی‌پور قصه‌گوی زمانه ماست. اما او تنها نیست. اگر او و معروفی و نوش‌آذر و ماکان انصاری و دیگران به قصه بزرگسالان می‌پردازند ما به زودی قصه‌خوانی کودکان را آغاز می‌کنیم. کودکان مخاطبانی فراموش شده‌اند. زمانه بدون کودک چه معنایی دارد؟
این یادداشت با جهتی دیگر و کلماتی دیگر باید وقتی نوشته می‌شد که اولین برنامه قصه زمانه پخش شده باشد. اما نوشتن آن در پاسخ به سلیمان و پیام و دیگر دوستاران ادب داستانی واجب افتاد امروز زیرا که زمانه رادیویی است که به شنوندگانش گوش می‌کند. من نمی‌توانم جای خالی قصه رادیو ایران را پر کنم و

چنین قصدی هم ندارم اما می‌توانم زیر قصه خطی درشت بکشم تا آن را فراموش نکرده باشیم.

http://zamaaneh.com/blog/09/2006/post_19.html

ممنونم از لطفت و منتظر شنیدن قصه های زمانه ام، که راوی زمانه ماست.

سلیمان , Sep 20, 2006

....

این کار قصه‌گویی زمانه یکی از اون کارهای خوبیه که جاش بین رادیوها خالی بوده. گرچه من هنوز موفق نشدم چه از روی ماهواره و از طرق دیگه زمانه رو گوش کنم!

نیما , Sep 20, 2006

....

امیدوارم هرچه سریعتر آقای نامدار و امثال ایشان کار قصه گویی در زمانه را آغاز کنند.

مشتاقان قصه در زمانه کم نیستند. یکی هم خودم!

Sep 21, 2006 , -- Parastoo

◎ ایده ی جالبیه. دوست دارم ببینم به کجا می رسه.

رهـا , Sep 23, 2006

....

◎ خوشـحالم کـه در مـورد از دسـت رفتن سـنت قصه گوئـی نگرانید مـن همین چند روز پیش در وبلاگم در مورد همین خبر چیزی نوشـتم اما متاسـفانه اهالی وبلاگسـتان خیلـی خـود را علاقمنـد به این گونـه بحثها نشـان می دهند.

نیما , Sep 23, 2006

....

◎ سـلام

مـن هـم یکی از دوسـتداران قصه و داسـتان هسـتم و در حـال حاضر داستانهایم رادر وبلاگـی بـا عنـوان ترانـه هـای کـودکان بـرای بچـه ها منتشـر می کنم. لطفـاً از وبلاگ من هـم دیـدن بفرماییـد.

www.taranehaykoodakan.blogfa.com

ترانههای کودکان , Sep 24, 2007

اسطوره رسانه وزین

احمد توکلی

برگرفته از وبلاگ او: رو در رو

دوم مهر هشتاد و پنج

رسانه از آنجا کـه کـاری بـرای جمـع اسـت و جماعت انبـوه، نـاچار فاشگوی بسیاری از کاستی‌های نظـری و عملـی در اندیشـه اجتمـاعی مـا هـم هسـت. نمونـه مقالـه احمـد توکلـی در ایـن زمینه کامـلا گویاسـت. سـرگردانی مـا میان رسانه نخبه‌گـرا و عامه‌پسند. می‌خواهیم پرفروش و پربیننده و خواننده باشیم امـا بیـرون از دوراهـه زردنگاری و نخبه‌پسـندی راهی نمی‌شناسـیم. موضوعی کـه احتمـالا نـه فقط یک مشکل نظـری اسـت که بـه یک شـکاف اجتماعـی هم اشاره دارد. آیـا جامعه ایرانـی می‌تواند رسانه‌ای داشته باشـد کـه بـدون زرد بـودن محبـوب و پرطرفـدار باشـد؟ یا هر محبوبیتی زرد اسـت و هـر کار جـدی بی‌طرفـدار؟

مهدی جامی

ماهنامه فرهنگی خردنامه وابسـته بـه موسسـه همشـهری در شـماره اخیر خود (شنبه اول مهرمـاه) در یـک پرونـده ویـژه بـه روزنامه‌نگاری زرد پرداختـه اسـت. در ایـن

پرونـده، بـا عنـوان «اندیشـه زرد»، میزگـردی با هادی خانیکی، حسـام الدین آشـنا، مدیا کاشـیگر و مقاله‌هایی از کامبیز توانا، پارسـا جاودان، سـیاوش جمادی، فروزان آصـف نخعـی، سـید مجید کمالـی، فریـدون صدیقی، و احمـد توکلـی را می‌توان خوانـد. ایـن هم یادداشـت من بـا عنوان:

زرد قناری، سبز اناری!

شما، «خواننده لوموند»ی

شما اگر آدم عصا قورت داده‌ای باشید که فقط از برنامه‌های تلویزیون مشتری پروپاقرص اخبار، بویژه اخبار سیاسی هستند. اهل مطالعه هستند، از کودکی با کتاب و کتابخوانی برزگ شده‌اند. روزنامه‌نگاری عامه‌پسند popular journalism را روزنامه‌نگاری زرد میخوانید و آن را دور از شان آدم‌های متشخص قلمداد میکنید. روزنامه خوب از نظر شما آن است که صفحه حوادث نداشته باشد. در صفحه ورزش به تنیس بپردازد و کم‌تر فوتبال و در سیاست حول و حوش دولت بچرخد و در امور بین الملل سنگین و باوقار باشد؛ رفیق دبیرکل سازمان ملل و همتای روسای جمهور.

برای آنکه به ساحت شما توهین نکرده باشم، اسم شما را میگذارم: «خواننده لوموند»ی.

شما، «خواننده سان»ی

شما اگر یک آدم عصا قورت داده نباشید که سریال‌های آبگوشتی هم نگاه می‌کنند و وقتی قرمز و آبی فوتبال بازی دارند به استادیوم می‌روند و جماعت ۱۰۰هزار نفری تشکیل میدهند، خیلی اهل مطالعه نیستند، به دلیل شرایط محیطی، ژنتیکی، خانوادگی یا هر دلیل دیگری که بتوان عنوانی برای آن انتخاب کرد، خیلی فرصت مطالعه نداشته‌اند، کتابخوان بار نیامده‌اند، روزنامه نمیخوانند و اگر بر حسب اتفاق به سمت روزنامه بروند ازمیان روزنامه‌ها حوادث و ورزش را انتخاب میکنند. و اگر روزنامه‌های نیمه وزین به دستشان برسد اول به سمت اخبار سرگرمی آن

هجوم میبرند، برای آنکه به ساحت شما هم توهین نشده باشد عوام خطابتان نمیکنیم، بلکه میگوییم: توده. یک روزنامه هم برایتان انتخاب میکنیم : «خوانندە سان»ی.

من، روزنامه‌نگار واترگیتی

من، یک روزنامه‌نگار واترگیتی هستم. اگر اجازه بدهید، میتوانم ظرف دو روز پته همه مسئولان را بریزم روی آب.

من، روزنامه‌نگار مسئول

من یک روزنامه‌نگار سنگین و رنگین هستم، اگر به من بگویی دو خط خبر تهیه کن ممکن است بلد نباشم . یا طی ده سال سابقه کاری خودم یک بار یک خبر یا گزارش میدانی تهیه نکرده باشم، ولی مقاله خوب مینویسم. چون اهل فکرم. مهم نیست که چگونه مینویسم، مهم این است که از یک مقدمه شروع میکنم و کار را تا انتها پیش میبرم. و با یک توصیه یا رهنمود آن را به اتمام میرسانم. به لحاظ بینش روزنامه‌نگاری مخالف هرگونه اخبار سرگرمی هستم. اعتقاد دارم روزنامه باید سنگین و باوقار باشد. توجه مردم را به مسائل مهم جلب کند. وقتی میبینم که ۲۲ نفر آدم گنده دنبال یک چرم باد کرده میدوند، و عده‌ای بیکارتر از آن‌ها با ولع به تماشا می‌نشینند، رگ‌های گردنم از عصبانیت متورم میشود. رسالت من این است که مردم را از جهل و نادانی نجات دهم.

من، روزنامه‌نگار واقع‌بین

من یک روزنامه‌نگار واقع‌بین هستم. اعتقاد دارم روزنامه فقط باید بفروشد. من هم کاسبم، درست مثل بنگاهی اتوموبیل یا یک دلال ارز و سکه، لذا رسالت‌ـ مسالت را ول کن. زندگی خرج دارد، اگر خبر جنایی میفروشد، برویم سمت آن، اگر میشود یک داستان تخیلی را مبدل به خبر کنیم، پس چرا معطلی؛

فـروش، تیراژ و درآمد را عشـق اسـت.

کمـی تعمـق

همیشه به عنوان یک روزنامه‌نگار در یک تناقض حرفه‌ای به سر برده‌ام. وقتی که صفحه اول روزنامه‌های زرد را سر چهارراه‌ها دیده‌ام که فریاد میزنند دختران فراری یا مردی که همسرش را فروخت یا قاتلی که گوشت قربانیان را میخورد، از شغلم به عنوان روزنامه‌نگار سرخورده شده‌ام. وقتی تیتر روزنامه‌های به اصطلاح وزین را میبینم که همه‌اش قلمبه‌گویی است دچار یاس شده‌ام. به نظر شما چه باید کرد؟

شاید یک اعتراف کوچک در کلیسای خردنامه - که خواننده خاص دارد- ایراد نداشته باشد؛ من به عنوان کسی که همزمان در روزنامه کار میکند ، و در دانشگاه به اصطلاح روزنامه‌نگار تربیت میکند، نسبت به کارکرد توسعه‌بخشی رسانه‌ها در کشور خودمان به تردید افتاده‌ام. چرایش را نپرسید، روزنامه‌نگار و خواننده روزنامه در کشور ما غالبا محصول مثال‌هایی است که زده شد. روزنامه‌نگاری ما مریض است.

در چنیـن شـرایطی پرداختـن بـه بحـث روزنامه‌نگاری زرد اصولا چشـم بسـتن بر واقعیت‌هـای مهم‌تر در بحث آسیب‌شناسـی رسـانه‌های ایران اسـت. ممکن اسـت شـما بهدرسـتی بگویید که قرار ما این نبوده که رسـانه‌های ایران را آسیب‌شناسـی کنیـم، بلکـه می‌خواهیم درباره گونه‌ای از رسـانه‌ها بحث کنیـم. در این صورت من به شـما میگویـم روزنامه‌نـگاری زرد yellow journalism یا روزنامه‌نگاری تابلوئید یعنـی روزنامـه بد، بـا لحنی پوپولیسـتی، روزنامه‌ای کـه هیجانـات کاذب را ترویج میکنـد، هوچی‌گر اسـت، بی‌ظرفیت و بی‌مسـئولیت اسـت، بـه عبارتـی روزنامه‌ای کـه پایین‌ترین سـطح سـلیقه عمومی را ارضـاء می‌کند.

خب روزنامه خوب کدام است؟

اگر ما در جایگاه نقد بنشینیم باید در مقابل این روزنامه‌ای که هر چه بدی است بهدرستی نثارش میکنیم .یک خوب هم بتراشیم. تعریفان از روزنامه خوب چیست؟ روزنامه‌ای که وزین باشد، سنگین باشد، تحلیل‌گر باشد، به مسائل مهم جامعه توجه کند. به عبارتی روزنامه‌ای که بالاترین سطح سلیقه عمومی را ارضاء کند. خب، خواننده‌اش کجاست؟ (کسی که ۵۰ رمان ۱۰۰۰ صفحه‌ای مطالعه کرده باشد، یک رمان ۲۰۰ صفحه‌ای را درسته میبلعد. و کسی که ۵ داستان کوتاه در عمرش نخوانده است ممکن از خواندن یک ستون روزنامه رودل کند.)

ما متاسفانه هر یک از این دو تعریف را زمانی که میخواهیم عملیاتی کنیم دچار مشکل میشویم. نه روزنامه زرد میتوانیم تولید کنیم که اگر میتوانستیم باید تیراژ میلیونی میداشتیم، نه قادریم روزنامه وزین تولید کنیم. میپرسید چرا؟ به این دلیل که چیزی به نام اقتصاد رسانه نداریم، فرهنگ رسانه‌ایمان ضعیف است.

آستانه زرد بودن کجاست؟

به عقیده من، مدارس روزنامه‌نگاری و روزنامه‌نگاران ما و روشنفکران جامعه باید بنشینند و درباره اینکه ما کجا قرار داریم و کجا باید برویم فکر کنند. کارکردهای رسانه‌ای باید دوباره بازخوانی شوند. اگر به کارکرد رسانه به عنوان بازوی فرهنگی قوی در جامعه اعتقاد داریم، باید فکری برای آن صورت گیرد. روزنامه‌نگار فرهیخته، خواننده فرهیخته میخواهد، خواننده فرهیخته ممکن است، روزی روزنامه‌نگار فرهیخته شود. با این وجود باید ابتدا خواننده‌ای وجود داشته باشد. این خواننده کجاست؟ اگر خواننده‌ای را یافتید باید نوشته‌ای قابل خواندن به دست او بدهید. این مطلب کجاست؟ روزنامه‌نگاری زرد محصول جامعه آمریکایی قرن ۱۹ است. محصول خوشفکری! گروهی است که میخواسته‌اند از این طریق پول درآورند. و موفق هم بوده‌اند.

ما میخواهیم از منظر خودمان به نقد چیزی بپردازیم که محصول زمان و مکان دیگری است. ما از منظر ایدئولوژیک خودمان آستانه زرد بودن را بالا برده‌ایم. به همین دلیل استاندارد موجود در ایران با روزنامه‌های وزین امروزی غرب متفاوت است و شاید اگر رسانه‌ای در ایران، صفحه اولش را مثل گاردین یا واشینگتن پست ببندد، ممکن است متهم به زرد شدن شود. همانطور که گفته شد، روزنامه زرد روزنامه بد است، اما آستانه زرد بودن کجاست؟ مهم است که به یک تعریف مشترک برسیم. در نقد روزنامه زرد به نکات مثبتی هم میرسیم که روزنامه‌نگار ایرانی باید به آن توجه کند.

– روزنامه زرد میفروشد.

– به دلیل طبیعت پوپولیستی میتواند عرصه جایگزینی برای گفت و گوی عمومی درنظر گرفته شود که در آن انتقاد از نخبگان سیاسی و همچنین انواع مرسوم بحث‌های اجتماعی، نقش اصلی را بازی میکند.

– قادر است که اجتماع را گسترش دهد و امکان دریافت خبر را برای گروه‌هایی فراهم کند که پیش از آن هدف مطبوعات معتبر نبوده‌اند.

– میتواند باعث ظهور شکل‌های جدید مقالات روزنامه‌نگاری شود که بیش‌تر در دسترس خوانندگان باشند و کم‌تر مراعات قدرت مرسوم را بکنند.

– توسل به احساسات که در روزنامه‌نگاری تابلوئید رایج است و اغلب مورد انتقاد قرار گرفته، از طریق مخاطب قرار دادن حواس و احساسات – و با تعدیل آن به تکنیک‌های نرم خبر – در واقع میتواند عقل و شعور، برانگیزنده مشارکت سیاسی باشد.

– و ...

کم‌خاصیت بودن وزین بودن نیست

آسیب‌شناسی روزنامه در ایران به ما می‌گوید، در برخورد با واژه روزنامه‌نگاری زرد با توجه بی‌علاقگی سطح مطالعه در ایران و سطح رسانه‌مداری از سوی مدیران رسانه‌ها، باید با احتیاط بیش‌تری برخورد کرد. من هوادار روزنامه‌نگاری زرد نیستم و با صدای بلند فریاد می‌زنم؛ روزنامه زرد یعنی روزنامه بد، اما مراقب باشیم روزنامه‌نگاری کم‌خاصیت را با روزنامه‌نگاری وزین اشتباه نگیریم.

٭ با اندک ویرایش و افزودن چند عنوان

http://zamaaneh.com/blog/09/2006/post_20.html

برای صداهای ناشنیده: صدای جوان‌ها

ده مهر هشتاد و پنج

مراسم آغاز رسمی فعالیت رادیو زمانه، ۶ مهرماه، با حضور فعالان فرهنگی، سیاسی و مقام‌های رسمی هلند در آمستردام برگزار شد. این جشن فرصتی بود تا اهداف و خط مشی زمانه که بر اساس نظریه جریان دوسویه ارتباطات شکل گرفته، بار دیگر به طور دقیق‌تر در سخنرانی مدیر زمانه و در جمع مقام‌های رسمی هلند که درباره این رادیوی فارسی‌زبان کنجکاو و دقیق هستند، بیان شود. ترجمه متن سخنرانی:

میهمانان برجسته،

خانم‌ها و آقایان،

دوستان عزیز،

عصر به خیر

خوشحالم از اینکه امروز توانستم با شما باشم تا از شما به خاطر وقتی که برای

شرکت در مراسم افتتاحیه رسمی رادیو زمانه گذاشته‌اید تشکر کنم و از بحث‌ها و نظرهای امشب چیزی بیاموزم.

پیش از اینکه سخنان مختصرم را درباره زمانه و مفاهیم اصلی‌اش آغاز کنم، می‌خواهم سپاس صمیمانه‌ام را به خانم فرح کریمی ابراز کنم که آغازگر طرحی بود که مقدر بود مادر کودکان کوچک و جوانی مانند زمانه باشد - زمانه، کودکی بود که قرار بود تلویزیون شود اما فقط رادیو از آب در آمد؛ کودک کوچک و باهوشی که امیدوارم آینده درخشانی داشته باشد.

همچنین مایلم از پرس نو و ویلکو، رئیس این سازمان غیردولتی معتبر تشکر کنم که به من و همکارانم برای راه‌اندازی یک رادیو با ایده‌ای تازه اعتماد کرد. بدون پشتیبانی آن‌ها، نمی‌توانستیم زمانه را راه‌اندازی کنیم - و قطعا امروز اینجا گرد هم نبودیم.

ایده رادیو زمانه در آغاز رادیویی در میان رادیوهای بسیار دیگر بود که مفاهیم پایه‌اش کمابیش شبیه سایرین بود. اما، ما جرات ورزیدیم و مجموعه تازه‌ای از مفاهیم را وارد رسانه‌های ایرانی کردیم. می‌خواهم بعضی از این ایده‌ها را امشب با شما در میان بگذارم تا ببینید چرا رادیو زمانه مدعی متفاوت بودن است.

مفهوم گوهرین رادیو زمانه ایجاد یک رادیوی مدرن دوسویه است در مقابل رادیوی یک‌سویه سنتی؛ رادیویی مدرن با حداکثر تعامل با مخاطب. در عصر مشارکت جهانی، هدف بلندپروازانه ما پدید آوردن رادیویی مشارکتی است؛ رادیویی از مردم و برای مردم.

بر پایه این رهیافت، به نتایج زیر رسیده‌ایم:

نخست، باید تا حد امکان به روی مفاهیم تازه باز باشید و از مجموعه متنوع و

رنگارنگ پیشینه‌های مختلف پدیدآورندگان استقبال کنید.

دوم اینکه باید با غیر حرفه‌ای‌ها کار کنید.

سوم اینکه باید مردم را آموزش بدهید تا ضبط خانگی و گزارش‌دهی مستقل داشته باشند. باید به آن‌ها اعتماد کرده روی انگیزه شخصی آن‌ها برای به انجام رساندن همکاریشان تکیه کنید. ما عملا با شبکه عظیمی از روزنامه‌نگاران آزاد کار می‌کنیم. بسیاری از این همکاران آزاد را ندیده‌ایم و فقط آن‌ها را از روی کارشان می‌شناسیم.

نکته آخر که به هیچ رو اهمیتش از بقیه کم‌تر نیست اینکه: شما در مقامی هستید که تلاش کنید مفهوم روزنامه‌نگار-شهروند را توسعه دهید - مفهومی که به نظر می‌رسد آینده همه رسانه‌ها باشد.

کار کردن با افراد زیاد همیشه الهام‌بخش است اما بردباری می‌خواهد. همه نیاز به توجه کافی دارند و صحبت کردن یا نوشتن برای یکایک متقاضیان وقت زیادی می‌برد. این یک کار سنتی ۹ صبح تا ۵ بعد از ظهر نیست بلکه یک سرمایه‌گذاری بزرگ است. ما روی انسان‌ها و افراد سرمایه‌گذاری می‌کنیم. ما سعی می‌کنیم برای کسانی که مرکزی ندارند، نقش مرکز را ایفا کنیم؛ تریبونی برای کسانی باشیم که تریبونی ندارند. زمانه سعی دارد رادیویی باشد برای صداهای ناشنیده: صدای جوان‌ها.

ما پشتیبان آزاد اندیشان هستیم و این متکی بر بینش است. ما برای آزاد کردن ایران گرد هم نیامده‌ایم. ما اینجا جمع شده‌ایم تا ذهن‌هایمان را از کلیشه‌ها، قالب‌های تنگ و جزم‌اندیشانه آزاد کنیم. ما پست مدرن می‌اندیشیم و در عین حال بسیار ایرانی هم هستیم: هر گونه ترکیبی امکان‌پذیر است. چنین کاری آیا ممکن است؟ ما فکر می‌کنیم ممکن است. ما تجربه کهن ایرانی را بار دیگر

کشف می‌کنیم. قرن‌ها زیستن در میان ادیان مختلف، گروه‌های قومی، فرهنگ‌ها و اقلیم‌های متفاوت به ما آموخته است که در برابر تفاوت‌ها مدارا بورزیم و اهل رواداری باشیم و «یک» فرهنگ را بر پایه «چند» فرهنگ پدید بیاوریم. بهترین الگوی مدارا در فرهنگ ما میراث شاعران ماست از خیام گرفته تا مولوی. فرهنگ ایرانی، فرهنگ تلفیق است؛ تلفیق‌هایی که گاهی اوقات عجیب‌اند و شانه به شانه محال می‌سایند. اما، در درازنای تاریخ، آموخته‌ایم که چگونه این کار را بکنیم. ما هنر پنهان تلفیق را داریم. زمانه تلاش می‌کند تا از این هنر در رهیافتش و در میان شهروند-روزنامه‌نگارانش پرده بردارد.

نخستین چیزی که یک ایران آزاد لازم دارد، اندیشمندان، نویسندگان و روزنامه‌نگاران آزاد است. شبکه وبلاگستان ایرانی مشتاقانه از ما حمایت می‌کند. ما به آن‌ها اتکا داریم چون فکر می‌کنیم وبلاگ‌نویسان هم اکنون شهروند-روزنامه‌نگار هستند. ما از قواعد و جزمیت‌های کهن در رسانه‌ها و سیاست پیروی نمی‌کنیم. ما راه خودمان را می‌پوییم. ما راه خودمان را می‌آفرینیم. فکر می‌کنیم این گوهر سیاست واقعی و رسانه مدرن است.

سیستم تولید باز در زمانه صداهای تازه‌ای را به رسانه ایرانی معرفی کرده است و انتظار ورود بسیاری دیگر را می‌کشد. این داستانی بی‌پایان است. ما هنوز در آغاز راهایم.

ما دو کار را توأمان انجام می‌دهیم: کمک به جریانی که می‌توان آن را نهضت ضبط خانگی خواند و دیگر تغییر جهت دادن از سیاست به سوی موضوعات اجتماعی. حرکت نخست مهم است چون می‌خواهیم با شبکه وسیعی از شهروند-خبرنگاران کار کنیم. حرکت دیگر از آن جهت مهم است که باید زاویه‌ای متفاوت را برای نگریستن به مسائل ایران انتخاب کنیم - نگاه از درون.

طبق نخستین بررسی‌هایم در سیاست‌گذاری برای زمانه، ایرانی‌ها نسبت به مسائل سیاسی روزانه و رسمی بی‌تفاوت‌تر شده‌اند. این فرضیه در دو ماه گذشته به اثبات رسید. بیش‌تر افرادی که می‌خواهند با ما کار کنند موضوعات غیر سیاسی را پیشنهاد می‌کنند. آن‌ها وقعی به سیاست، حداقل در روایت رسمی‌اش، نمی‌نهند.

گرایش به مسائل اجتماعی بسیار قوی است. اما پوشش دادن این نوع اخبار و دیدگاه‌ها به هیچ وجه آسان نیست. این موضوعات حساسیت برانگیزند و گاهی اوقات از مسایل سیاسی حساسیت‌آفرین‌ترند. مشکل اصلی تابوها هستند. پوشش خوب موضوعات اجتماعی در بسیاری از موارد نیاز به شکستن برخی از تابوها دارد. این روزها، شکستن تابوها همه جا مخصوصا میان جوانان ایرانی دهان به دهان می‌گردد - این یک مزیت است، اما در واقع اکثریت غالب مردم هنوز بسیار محافظه‌کار، مذهبی و سنتی هستند. جذب کسانی که می‌دانند تابوها را چطور باید شکست بسیار حیاتی است. کار ظریفی است. ما داریم میان خود و مخاطبانمان اعتمادسازی می‌کنیم تا آن‌ها را متقاعد کنیم که ما قصد آزارشان را نداریم و احساسات و اصول آن‌ها را نادیده نمی‌گیریم. ظاهرا این کاری متناقض‌نماست. اما فرهنگ و جامعه ایرانی سرشار از تناقضات است. ما در دل تناقض‌ها زندگی می‌کنیم. ما تلاش داریم که با این جامعه پیچیده در تماس باشیم. ساده‌سازی مسائل ایران نادیده گرفتن منحصر به فرد بودن این کشور متنوع و رنگارنگ است. تلاش ما نه ساده‌سازی امور در ایران، بلکه فهم ایران با تمام پیچیدگی آن است.

از طریق شهروند-خبرنگاران، ما امیدواریم که به این هدف بلندپروازانه برسیم. مثلی در فارسی هست که می‌گوید: «همه چیز را همگان دانند». به عبارت دیگر، برای اینکه همه چیز را بدانیم، ناگزیر باید به «همه» مراجعه کنیم. همه مهم‌اند. هر قرائت شخصی از وضعیت مهم است. هر چه دریافت ما از مردم بیش‌تر باشد، در فهم خود از وضعیت ایران مطمئن‌تر خواهیم بود. کاری که می‌خواهیم بکنیم این

است: فهم ایران. ما با مخاطبمان رشد می‌کنیم. ما هیچ قرائت خاصی را به آن‌ها تحمیل نخواهیم کرد. این رادیوی آن‌هاست. ما در رادیو زمانه به شنوندگانمان گوش می‌دهیم. فکر می‌کنیم گوهر دموکراسی این است.

در راه رسیدن به این هدف، برای همکارانم استواری، بینش، شهامت و رهیافتی صلح‌جویانه آرزو دارم. آن‌ها بار مسئولیتی سنگین را به دوش دارند. متشکرم.

http://zamaaneh.com/blog/10/2006/post_21.htm

سایت تازه، حاصل کاری چهل روزه

بیستم مهر هشتاد و پنج

مدتی این مثنوی تاخیر شد. اما بی‌کار ننشسته بودیم. نمونه‌اش سایت جدید است. کاری که زحمتش بر دوش حسین درخشان بود که صاحب نظر است و وبلاگ و وبسایت را خوب می‌شناسد و برای هر کارش فلسفه‌ای دارد. کار گرافیکی آن هم بر عهده دانیال کشانی بوده است. جوان خوش ذوق و پرانرژی و پرکاری که هنرش را در گوشه و کنار سایت و در خارج آن در پوسترسازی‌ها و نشانه‌سازی‌ها و تبلیغات آن می‌بینید و کسانی که در شب افتتاحیه شرکت داشتند فلش ویدیوهای او را هم دیده‌اند.

درباره هر جنبه و گوشه‌ای از سایت کلی بحث کرده‌ایم و برای هر ویژگی آن دلیلی داشته‌ایم. می‌خواستیم سایت شبیه هیچ سایت دیگری نباشد و طرح‌های قبلی حسین و یا دانیال را هم تکرار نکند. در عین حال نیازهای یک خواننده امروزی وب را جواب دهیم که می‌خواهد به سرعت به تازه‌های کار روزانه ما دست یابد و نیز هیچ مطلب مهمی از قلم نیافتد و «دیده شود». سایت زمانه باید تازگی‌های خود را داشته باشد و با ذوق جوانانه همخوان افتد. و نمونه‌ای از کار دو-رسانه‌ای برای رادیو و آنلاین باشد. نتیجه نهایی حاصل یک کار تیمی چهل‌روزه است که در اجرایی کردن آن ندا و کاملیا

هم به خصوص در یکی دو هفته آخر سهم داشته‌اند. الان هم آن دو دبیران اصلی سایت هستند و کارهای روزانه زمانه با همت آن‌هاست که منتشر می‌شود.

کار کردن با سیستم جدید ادیتور زمانه آسان نیست و گرچه حسین هوشمندانه نکته‌های تازه‌ای را برای انتشار یکدست و قاعده‌مند وارد سیستم کرده و اصلا برای زمانه نوشته است اما تازگی کار طوری است که کار را برای کسانی که کاملا با سیستم آشنا نباشند کند می‌کند. از این رو گاه خبر را ادیتور خبر منتشر می‌کند ولی عکس همزمان با آن منتشر نمی‌شود چون شیوه عکس‌گذاری فرق کرده است و تنها دو سه نفر در بخش می‌توانند به راحتی با آن کار کنند. تا آن‌ها به داد تصویر مناسب خبر برسند یکی دو ساعت یا بیش‌تر فاصله می‌افتد.

این‌ها به تدریج حل خواهد شد به خصوص وقتی که حسین راهنمای انتشار با ادیتور جدید را کامل کند و بفرستد و بیش‌تر اعضای تیم با سیستم تازه خو بگیرند.

گوشه کنار سایت هنوز کار دارد و از زمانی که حسین رفته است هر روز دانیال به همراه اعضای تیم کوچک آنلاین برای رفع اشکالات خرده‌ریز و کارآمدتر کردن و زیباسازی سایت کار می‌کند. اطلاعات مربوط به رادیو امروز با گذاشتن پنجره کوچکی در زیر قاب عکس روز در دسترس آسان مراجعان قرار گرفته است. آیکون غیرفعال پادکست در بالای صفحه هم با آیکون شناسه عوض شده تا راه‌های شنیدن و تماس را معرفی کند. پاصفحه هم همین اطلاعات را به همراه داده‌های دیگر با طبقه‌بندی متفاوتی ارائه می‌کند.

هنوز پیشنهادهایی وجود دارد که عملی نشده است. در حال جمع‌آوری نظرات هستیم تا به تدریج آن‌ها را وارد سایت کنیم. دوستانی هستند که برای ایجاد صفحاتی تازه پیشنهاد می‌دهند و به رابطه بهتر و هموارتر و فراگیرتر با مخاطب تاکید دارند و دوستانی دیگر به جنبه‌های فنی‌تر کار دقت دارند. همه این‌ها ارزشمند است. شماری از آن‌ها بهتدریج عملی خواهد شد و شماری دیگر باید در یک بازنگری مجدد در شش ماه آینده وارد طرح سایت شود.

در طرح اولیه سایت بسیاری ایده‌ها تست زده شده بود که در سایت جدید تا آنجا

که می‌شد ادامه یافت و یا اگر با طرح تازه هماهنگ نبود کنار گذاشته شد و ایده‌های دیگری مطرح شد که اساس طرح فعلی را ریخته است. طبیعی است که آن طرح برای خود امتیازاتی داشت ولی گویا طرح جدید از جهات متعددی بیش‌تر پاسخگوی خوانندگان زمانه آن‌هاست. ولی تا رسیدن به کمال فاصله دارد. طرحی که بتواند ایده‌های زمانه را در خود به خوبی نشان دهد و جلوه‌گر سازد. زمانه تلاش دارد در جا نزند و راهی نو–به–نو شونده را برود. بنابرین انتظار داشته باشید که مدام چیز تازه‌ای در صفحه زمانه بیابید. چیزهای تازه‌ای که خواننده‌ای مثل شما پیشنهاد کرده است.

و می‌ماند سپاسگزاری از تیم طراحی و اجرا و گرافیک سایت جدید و همه منتقدان سایت قدیم و پیشنهاددهندگان برای بهینه‌سازی سایت جدید. ما زمانه را رادیویی می‌خواهیم که به شنوندگانش گوش می‌کند.

http://zamaaneh.com/blog/10/2006/post_22.html

نظــرهای خــوانندگـــان

I no longer am able to use the live broadcast with my PockePc, could one of your good poeple look into that. The old site was ok on that point. Thanks

Oct 13, 2006 -- Abbas

....

Please Fix your live broadcast.It can not be received and heard

properly.I suggest you to change the extension from m3u to any thing else.Like windows media files.YOu can also use multiledia option.

Oct 13, 2006 -- Bache Yosefabad

....

○ درود و ســلام پـاک وطـن از کهـن شهر ایرانمان ازشهر شـمس وزرتشت و بابک وستارخان وثقت الاسلامها وکسرویها وشهریار از پیـر شـهر تبریـز نثارتـان بـاد. وطنمـان ایـران به داشـتن فرزندانی چونان شـماها برخـود میبالد و در مقابل آسـمانها به پـروردن فرزندانـی چـون شـما نازنینـان فخر میفروشـد. به هر حـال لطفا نـام ماهواره و فرکانـس رادیـو مـوج کوتـاه را بـه زبانی سـادتر در وب سـایتتان بگنجانیـد برایتان آرزوی موفقیـت وسـر بلنـدی خواهانم پاینـده ایران

رحیم از ایران/ تبریز , Oct 13, 2006

....

◎ I LIKE YOUR NEW STYLE

Oct 13, 2006 -- Hadi khojinian

....

○ بـا سلام آقـا جـان همان طـرح اولی مگه چـه عیبی داشـت همه چیزش زیبـا بود و رنـگ سـبزش هم خیلـی جذاب تـر بـود این کجاش خوبه آخه؟؟ رنگ خاکسـتری در زمینـه سـورمه ای نمی دونم چـی چی!!!

همون قبلی از همه بهتر بود!

مستعار , Oct 13, 2006

....

○ Great improvement. The previous design was too busy and aestethically confused. There is still room for improvement but the new design already much much better.

Oct 13, 2006 -- Yari Ostovany

○ مـوفـق باشیـد

محسن , Oct 13, 2006

....

○ بـا تنظیـم text size روی largest در IE چینـش صفحـه بـه هـم می‌ریـزد. البتـه شـاید ایراد مهمی نباشـد. رنگ خاکسـتری هم... خیلی خوب نیسـت. و البته شـاید این هـم ایراد مهمی نباشـد چون سـلیقه‌ای اسـت. امـا ایرادی که بـه نظرم واقعاً مهم اسـت، ایـن کـه به نظـرم در فارسـی باید خط‌های نوشـته تـراز (justify) شـوند. آقـای طراح ظاهراً سـلیقه‌ای که با منطقی درسـت در نوشـتار لاتین هسـت را در نوشـتار فارسی هم اعمـال می‌کننـد در حالـی کـه با توجه به پیوسـتگی حروف فارسـی، خوانایـی متنی که از دو طـرف تـراز شـده باشـد بیشـتر خواهـد بود. بـا توجه به ایـن که سـتون‌های متن هـم باریـک هسـتند، تـراز نبودن خطوط در سـمت چپ متن شـکل دندانـه‌دار نازیبایی ایجـاد می‌کند.

امین , Oct 13, 2006

....

○ Dear Mehdi,
I was trying to write in Farsi, but I don›t know why I couldn›t type with Farsi , and I also hate PINGLISH. Thanks for your explanation, but I will try to write about my idea in my blog. At least I can write in persian overthere. Once again I am happy to read your text about Zamane›s site.
Best

Oct 14, 2006 -- Soleiman

....

○ رادیـو زمانـه سـایت بسـیار خوبـی دارد. رادیو ندارم کـه گوش کنم ولی هـر روز به سـایت سـر مـی زنـم. قالب جدید خیلـی بهتر اسـت و آدم سـردرگم نمی شـود. موفق باشید.

Oct 14, 2006 -- salimi

....

I recommend to to have a music page to show the name of the song and singer. (similar to radio Javan) and it is a good promo for th unknow good singers!

Oct 14, 2006 -- Arash

....

بهتـر شـده از قبـل، امـا صفحـهِ اول چـون ترکیبی‌سـت از صفحـات دیگهِ سـایت، بنابرایـن فیـد نـداره، پیشـنهاد می‌کنـم یـک فیـد بـرای صفحـهِ اول درسـت بشـه کـه ترکیبـی باشـه از فیـد تمـام بخش‌هـای رادیـو. این پیشـنهاد رو هـم دادم چون حسـین بـرای وبـلاگ خـودش اینـکار رو کـرده قبـلا و شـدنیه. موفق باشـید.

یوسف , Oct 14, 2006

....

مـن فکـر می‌کنـم رادیو زمانـه در بخش وبلاگ‌هـا تنها به طیف خاصـی از وبلاگ‌ها می‌پـردازد. بـه عبارتـی رادیویـی بـرای خواص اسـت تـا نوشته‌هایشـان بیـش از پیش دیـده شـوند. ایـن سـایت متعلق اسـت به اهالـی وبلاگ چرخـان و بس !!

مهدی , Oct 14, 2006

....

همـه چیـز در زمانـه بتدریج پیش مـی رود. همین امـروز قرار گذاشـته ایم که بلاگ چرخان را گسـترش دهیم تا جامعیت بیشـتری داشـته باشـد. - زمانه

....

mabhootam o goshhal .az inke pas az salha belagare galvat denji baraye pardazesh afkar va shayad hata bishaz inha yaftam . dast marizad .bama bashied ke ba shomayim .

Oct 14, 2006 -- rasoul shariatmadary

....

سلام

کار طراحـی خـوب اسـت. مثـل هیـچ سـایت دیگـری نیسـت. در این چهـل روزه هم

خوب کار کردید هر چند بعضی از روزها احساس می کردم قرار نیست سایت را آپ کنید!!

اما یک مشکل. فرکانس رادیویی اصلا کیفیت جالبی ندارد. نمی دانم کسی دیگری هم سخنی گفته و یا نه. ولی اگر بشود کیفیت صدا را بالاتر برد و از قطع و وصل شدن های مکرر جلوگیری کرد عالی است.

موفق باشید - علی

ایران امروز , Oct 14, 2006

....

● *ممکن است روز و محل گوش کردن به رادیو را بنویسید؟ اینطوری به ما کمک می کنید تا دلیل کیفیت پایین صدا را بررسی کنیم. - زمانه*

....

○ مثل همه ی شنبه‌ها داشتم برنامه تان را گوش می‌کردم و مطالب سایت را می‌خواندم که به این‌جا رسیدم.

در مورد طراحی سایت طرح (گرافیک) قبلی را خیلی دوست داشتم ولی صفحه ی اول خیلی شلوغ بود. چقدر خوب می‌شد اگر با همان کار گرافیک صفحه ها را خلوت و مرتب می‌کردید. حالا سایت خلوت شده ولی آن -اش از بین رفته ، زیبایی منحصربه‌فردش از بین رفته و معمولی شده.

در مورد طراحی فنی هم حسین درخشان دو سه ضعف اساسی داره که با خودش همه جا می‌بره:

یک- «جستجو» با گوگل که برای کار درجه یک و حتا دو خیلی خجالت‌آوره،

دو- «آرشیو» ناکامل و ویران: با «ام تی» دست‌کم می‌شود بایگانی روزانه - به جای ماهانه یا افزون بر ماهانه- درست کرد(برای نمونه ی کار درجه یک -غیر ام تی- صفحه‌های رادیو «کی سی آر دبلیو» را که در آخر این مطلب می‌آورم ببیند)

و سه- فیدهای اکس ام ال نامرتب و پادکست ناقص. فیدهای آر دی افِ هودر دات کام از دید فنی افتضاح اند و قدیمی (ایشان با این‌که می‌گوید فیدهاش آر اس اس ۲ هستند

ولی در فایل‌های آر دی اف– اش از آر اس اس ۱ استفاده کرده .یک دلیل آوردم باقی‌اش بماند برای بعد)

چند تا لینک می‌گذارم و اگر در این زمینه‌ها کمک خواستید ایمیل بزنید.

با احترام، رامین

XML Feeds:
http://about.ask.com/en/docs/about/rss.shtml
KCRW: Live Public Radio
http://www.kcrw.com/
KCRW Archives:
http://www.kcrw.com/archive
KCRW Podcasts:

http://www.kcrw.com/podcasts

رامین , Oct 14, 2006

....

⬤ بـا امیـن وحـدت مـی کنـم کـه متنهـا بایـد تـراز شـوند و این شـکل دندانـه دار زیـاد جالـب نیسـت. ولـی در کل بـه نظر مـن سـایت الان برازنده رادیـو زمانه اسـت، حرفه ای طراحی شـده اسـت.

میرزا , Oct 14, 2006

....

⬤ طراحـی سـایت بسـیار زیبا اسـت. فقط یک اشـتباه لپی! اسـم و آدرس وبلاگ حامد قدوسـی با هـم نمی‌خوانـد.

بهزاد , Oct 15, 2006

....

⬤ مـن پیشـنهاد می‌کنـم بخش بـلاگ چرخـان را حـذف کنیـد. یا بـه فکـر راه بهتری باشـید. (ایـده doxdo در بخـش وبلاگ‌هـای بـه روز شـده بـد نیسـت) هـر قدر هم لیسـتی کـه اکنـون داریـد طولانی‌تر باشـد باز هـم در برگیرنده تمام آنچه در وبلاگسـتان می‌گـذرد نخواهـد بـود. چقـدر می‌خواهیـد لیسـت را طولانی‌تـر کنیـد؟ توجـه کنیـد

کسـی کـه عاشـقانه می‌نویسـد هم وبلاگ نویس اسـت، آنکـه مطالب علمی می‌نویسـد هـم همین‌طـور و غیـره... رادیـو زمانه را بـه رادیـوی «اشـراف» در وبلاگسـتان تبدیـل نکنید!!

مهدی , Oct 15, 2006

....

● از داشـتن فهرسـت گریزی نیسـت. اما اگر فهرسـت جامعـی سـراغ داریـد خبر دهید. اگـر خیلـی طولانی شـود همان ایده شـما را اجرا می کنیـم که مثلا ۵۰ وبـلاگ به روز شـده در بالای فهرسـت را نشـان دهیم. – زمانه

....

◎ hi, I listend your music on online radio, i remember on Radio IRIB in Iran, i am a persone who is interested in traditional music but i want to ask you what is that ? is that a radio?
i do not find at all intersting , if the program is because of religious ramazan mounth so ?
it is really comic
have succes

Oct 15, 2006 -- Alireza

....

◎ سلام

سـایت قبلـی هـم خیلـی عالـی بود فقـط خیلـی وبلاگـی بود و آدم سـر در گم می شـد و میشـد کمـی قالـب بنـدی اش کـرد و نیازی بـه اینهمه زحمت نداشـت.

وبلاگ بسیاری دیگر در لیست شما درج نشده و از مطالب آنها استفاده نمی شود

خبرهـای شـما کـم اما موسـیقی تـا دلتان مـی خواهد زیـاد و حتی بعضی وقتها خسـته کننده میشـه موسـیقی زیاد.

چرا به اینهمه اتفاقات در ایران اشاره ندارید؟

با اینکه حقوق بشر خیلی اهمیت پیدا کرده اما از مسایل حقوق بشر چیز چندانی ندارید!

شیوا , Oct 15, 2006

◯ یادم رفت بگم که همه مطالب رادیو در سایتتان نیست

شیوا , Oct 15, 2006

....

◯ سلام، طراحی خیلی بهتر شده، مخصوصا که دیگه به شلوغی قبل نیست.

حسین , Oct 15, 2006

....

◯ طراحی نسبت بـه قبـل بسیار آرامتـر منظـم تر و بهتر شـده است اما بهتر نیست کاری کنیـد کـه مطالـب از هـر دو طرف تراز شـوند؟ (جاستیفی)

و در ضمـن کاری کنید که عکس روز بدون اسکرول در بالای صفحه باشد؟

رضا , Oct 15, 2006

....

◯ بـزرگ تریـن ایراد سـایت تراز نبودن نوشـته ها از دو سـو اسـت کـه کار خواندن را مشـکل مـی کنـد. شـخصا نمی توانـم مطالب بیـش از ۵ خـط را با این چینـش بخوانم. البته ایـن کار در سـایت هـای با زبان لاتین متداول هسـت، ولـی در زبان فارسـی هم ظاهـر نازیبا مـی شـود و هم خواند بسـیار سـخت.

فرهاد , Oct 16, 2006

....

◯ Dear Mr Jami
The site looks more appealing and cheerfull.
I would like to suggest Zamaneh site supply a software based
Persian Keyboard for those of us without a real persian key-
board.I am sure there are many who prefer to leave their com-
ments in Persian if such a utility be provided for us.
It may also will eliminate use of confusing writing known as PenG-
lish.
Good luck with the site and keep up the good work.

Oct 16, 2006 -- Majid

....

Please reinstall your podcast on your webite.It has the best sound quality.
thanks

Oct 17, 2006 -- Bache Yosefabad

....

با سلام

از هنگامـی کـه بـا سـایت رادیو زمانه آشـنا شـدم احسـاس کردم که دسـت انـدرکاران محتـرم ایـن سـایت با شـناختی بیشـتر نسـبت بـه اینگونـه کارهـای رسـانه ای بهمراه شـناخت از خواسـتها نظـرات بیننـدگان و خواننـدگان ایرانـی هسـتند ضمن اینکـه مسـائل ایـران نیـز و شـناخت از وضعیت جاری اعـم از اجتماعـی، فرهنگـی اقتصادی و سیاسـی بسـیار مهم اسـت و این در رابطه این سـایت با دیگر رسـانه هاو سـایت های موجودخـارج از کشـور تفـاوت مشـهودی دارد. بنا براین طـی این چند روزه یکی از سـایت هائـی را کـه حتمـا بایـد ببینم این سـایت شـده و بنظر میرسـد که جـای خود را در میـان کاروزان و اسـتفاده کننـدگان اخبـار و رویدادهـای ایران بسـرعت بـاز کند . برایتـان آرزوی موفقیـت دارم و سـعی مـی کنـم مطالبی را تهیه و ارسـال کنم تـا از این سـایت به سـمع و نظـر خوانندگانتان برسـد. اردتمند

حمید کریمی , Oct 17, 2006

....

باتشـکر از برنامـه هاتـون، فقط در واقع مشـکل اصلی همون قطع و وصل شـدنهای مکـرر هسـت کـه گاهـی اوقات مجبور میشـم خامـوش کنـم. در ضمن کنجکاو شـدم بدونـم از کـدوم شـهر هلند برنامـه شـما پخش میشـه دلیلش اینـه که من مدتـی هلند بـودم و علاقـه خاصـی بـه هلند دارم. ضمنـا من از تورنتـو کانادا تماس میگیرم. مرسـی

حیدر.ش , Oct 17, 2006

....

فیـد اینترنتـی زمانـه دچار مشـکل اسـت و امیدواریم این مشـکل بزودی حل شـود. از بردباری شـما ممنون. زمانه در آمسـتردام مسـتقر اسـت – زمانه

○ طراحی تارنما بی نظیر هست

اما عنوان ها معلوم نیست چی به چیه

مثلا رادیو سیتی چیه؟ سیاسی گزارش ...

یا بقیه

لطفا یک فکری به حالش بکنید

شاید هم ما عادت کردیم

مهندس مکانیک آن لاین , Oct 20, 2006

....

● عنوانها عنوان صفحه است. مثلا رادیو سیتی عنوان صفحه سینمایی ماست که از نام سینماهای قدیم گرفته شده است. هر مطلب با عنوان صفحه اش مشخص می شود . – زمانه

....

○ سلام!

واقعا گوش میدهید؟

ایده قشنگ است اما من خودم مدتی است که میخواهم بدانم چگونه میشود در لیست وبلاگ چرخان جای داشت و یا لوگوی رادیو زمانه را میخواهم پیدا کنم

چند بار هم درخواست کرده‌ام اما پژواک صدایم را تنها خودم شنیدم.

شما شنیدید؟

سینا هدا , Jan 17, 2007

روزگار روزنامه‌نگار ایرانی

بیست و هفتم مهر هشتاد و پنج

کار رسانه‌ای در ایران مرا به یاد درسی می‌اندازد که در سربازی داشتیم و نامش «زندگی در شرایط سخت» بود. باید یاد می‌گرفتیم چگونه در شرایطی که بی‌نقشه و آب و غذا در بیابان مانده‌ایم زنده بمانیم.

در سال‌های اخیر رسم روزگار روزنامه‌نگاری چنین بوده است که روزنامه‌ای توقیف یا تعطیل می‌شده و روزنامه‌ای دیگر به جای آن منتشر می‌شده است. هر دو سوی ماجرا بسیار بامعناست.

از منظر سیاست فرهنگی معنای توقیف‌های مکرر نشریات چیست؟ زمانی بحث از این بود که شماری از نشریات پایگاه دشمن شده‌اند. این روزها از این بحث‌ها دیگر نمی‌شود اما روزنامه‌ها و نشریات همچنان به اجبار تعطیل می‌شوند و امروز این روند به خصیصه‌ای در رفتار دولتیان با اهالی رسانه تبدیل شده است. هیچ روزنامه‌ای امنیت ندارد. سلب امنیت از شغل و حرفه‌ای به معنای محدود کردن دایره علاقه‌مندان آن است. اما چگونه است که هر قدر از خیل روزنامه‌نگاران زمین می‌افتند گروهی دیگر مشتاق به صحنه می‌آیند؟

در مقابل آنچه دولتیان به هر دلیل در قبال رسانه‌پردازان پیشه کرده‌اند اهالی

رسانه نه تنها کم نشده‌اند که به خصیصه‌ای شکل داده‌اند که صورت عکس حرکت دولتیان است. شما روزنامه را می‌بندید ما روزنامه دیگری باز می‌کنیم.

نه دولت از تعقیب سیاست محدود کردن رسانه‌ها دست بر می‌دارد و نه اهل رسانه از بی‌خانمانی و جابه‌جایی و هر روز به روزنامه تازه‌ای رفتن خسته می‌شوند. معنای این حرکت چیست؟

به نظر من رسانه به موضوع درگیری اجتماعی بزرگی تبدیل شده است که هیچ یک از دو طرف توانایی غالب آمدن بر طرف دیگر را ندارد. دولت اگر واقعا به انجام آنچه می‌خواست توانا بود نباید زنجیره روزنامه‌هایی که یکی از پس دیگری توقیف می‌شوند شکل می‌گرفت. و اهل رسانه اگر توانا بودند نباید اجازه می‌دادند که دولت یک سیاست پرخطا را مرتبا تکرار کند.

ناتوانی دولت آن را درگیر ماراتن قضایی و امنیتی برای مقابله با رسانه‌ها کرده است و ناتوانی رسانه‌پردازان آن‌ها را بی‌پشتیبان و سرگردان گذاشته است. من در این ناتوانی ویژگی‌هایی مهمی از جامعه امروز ایران را می‌بینم. دولت فراگیر نیست و رسانه نیز ریشه ندارد. آن یک از داشتن قانون قوی بی‌بهره است و این یک از جامعه مدنی و مخاطبان مستقر که برای خواست خود بایستند. کشاکش در جریان نفسگیر است.

واقعیت اجتماعی ایران چنین است که طبقه متوسط شهرنشین برای تحرک اجتماعی خود مرز نمی‌شناسد و دولت نا-برآمده از طبقه متوسط مرتبا برای مهار این طبقه سرکش نیرو مصرف می‌کند. دولت نمی‌تواند این طبقه و خواست‌ها و نیازهایش را برآورده یا مهار کند به همین دلیل هر قدر آن را به عقب می‌راند دوباره از راهی دیگر به جلو می‌آید. این کشمکش نمی‌تواند تا ابد ادامه داشته باشد. همه نشانه‌ها حکایت از آن دارد که طبقه متوسط طبقه پرتکاپوی جامعه ایران است و خواه ناخواه با همه دشواری‌ها و سنگ‌اندازی‌ها راه پیشاروی خود را باز می‌کند. مطالعه سرنوشت اولین روزنامه مهم طبقه متوسط شهرنشین ایران که همشهری بود تا شرق و اینک روزگار همین نکته را تایید می‌کند: هر بار

زمین خورده است دوباره برخاسته است.

زندگی روزنامه‌نگار ایرانی زندگی در جامعه‌ای نامتـوازن از نیروهای اجتماعی است امـا حالیـا هر چـه دارد همـان غریزه حیات و بقاست کـه در شـوق و شـور حضور رسانه‌ای‌اش خود را نشـان می‌دهد. من بیگمانـم کـه روزگار ادامه خواهد یافت بـه ایـن یـا آن نـام و صـورت دیگـر. زندگی در شـرایط سخت میـل بقا را دوچنـدان می‌کند.

http://zamaaneh.com/blog/10/2006/post_23.html

ta abad ham hata

Oct 19, 2006 -- shahed

....

سخت است امـا می مانیم . رنج بزرگی است امـا ایسـتاده ایم . تا شـاید آسـمانمان پر ستاره و آفتابمان دوباره از شـرق طلوع کند.

م ع ف, Oct 19, 2006

....

... گویـا سرنوشـت ما جز زور و اسـتبداد و سـتم نیسـت ! ایـن همه مبـارزه و زندان و اعـدام ...سـالیان و سـال... مـا به کدامین مرز میرسیـم... هنـوز ناآگاهی بیداد مـی کند و این سـلاح مرگبار حاکمان است!

نسرین ـ ارس, Oct 20, 2006

۳۰ ملیـون ایرانـی بـه خیابانهـا ریختند و فریاد مرگ بر اسـراییل سـر دادنـد آنوقت این سـایت حتـی ۱کلمه هـم از آنها نگفت.

ولی برای تعطیلی یک روزنامه‌ی خائن دست به هر کاری می‌زنید

اسماعیل, Oct 20, 2006

....

چه جالب! میشود بگوئید کدام سایت گفت؟

شـاید معنـی دروغـی مثل ۳۰ ملیـون را بدانی اما حتمـا معنی هویت ایرانـی را نه میدانی و نـه بوئـی از آن بـرده ای. والا مرگ برای دیگران در حالیکه شـبانه روز جام مرگ به حلقوم خود ایرانیان ریخته میشـود آرزو نمیکردی.

کوشا, Oct 21, 2006

....

if this is not the absolute sign of positive social growth, i don›t know what is. eventhough the government is bent on not giving people thier rights but the people are just as determind to get it. Ali Mirzahossein, Del Mar California

Oct 25, 2006 -- ali mirzahossein

....

وصف رادیو زمانه را خیلی شنیده بودم .این چند روز که بهش سر می زنم در پوستم نمی گنجم. راست می گویید آنها روزنامه را می بندند و ما روزنامه را باز می کنیم.

بـه نظـر من هم شـرقی هـا دوباره دارند اشـتباه می کننـد. مدارا هـم حد و حـدودی دارد. دکتـر سـروش حـرف قشـنگی دارد بـا ایـن مضمـون که « بـا دوسـتان مروت با دشـمنان مـدارا، مگـر با دشـمنان مـدارا.» با فاشیسـت ها نمی توان مـدارا کرد. خیانت به قلم اسـت . بـه نظـر مـن به موازات بسـته شـدن فضـای مطبوعاتـی و اطلاع رسـانی در داخـل ایران بایـد رادیـو زمانـه زیاد و فعال باشـند. نشـریه های اینترنتی از اینکه هسـت بیشـتر و فعال تـر شـوند. به جز بی بی سـی فارسـی و گاهـی وقتها رادیو فـردا و صدای آمریـکا که تازه اونهـا هـم نمـی شـود گفـت به طـور کامل صـدای مـردم ایران هسـتند هیچ منبـع اصلاع

رسـانی رادیویـی و تلوزیونی وجود نـدارد که اگر یک نفر در داخل ایران خواسـت بفهمد چـه مـی گـذرد از آنهـا اسـتفاده کند. تولـد رادیو زمانـه اتفاقی اسـت که باید بـه فال نیک گرفـت. مـا به رسـانه هایی احیـاج داریم کـه اعتمادمان را حرمـت بگذارنـد و رادیو زمانه یکی از آنهاسـت.

الان اصـلاح طلبـان داخـل ایـران حتی یـک روزنامه اینترنتی هـم ندارند. مـا باید خبرهای داخـل ایـران را هـم از طریـق اخبـاری کـه از هلنـد منتشـر مـی شـود مثـل روز آنلاین یا رادیـو زمانـه بشـنویم. دولـت جدید دیـر یا زود بـا اصلاح طلبـان برخورد مـی کند. فقط منتظر فرصتی هسـتند تا سـر اون دویسـت و پنجاه نفری را که به خیال خودشـان شـاکله اصلاحـات در داخـل هسـتند زیر آب ببرنـد. بنابراین امنیتی عمل کردن دیگـر فایده ندارد. سرنوشـت قوچانـی و همکارانـش نشـان داد کـه آقایان اهـل حال هیچ چیز سرشـان نمی شـود. اگـر هـم نمـی شـود کاری کـرد لااقـل سـکوت و تحریـم که می تـوان کـرد. همه روزنامه نگارها ، همه نویسـندگان ، همه انتشـاراتی ها می توانند مدتی کارشـان را متقوف کننـد. جامعـه بـا کیهـان و ... ارضـا نمـی شـود. بالاخـره جوی ایجـاد می شـود که طرف مقابـل را مـی توانـد بـه نرمـش وادار کنـد. الان اگر بـه قول آقـای دولت آبـادی نمی توان نوشـت چـرا بایـد نوشـت. روزنامـه ، ماهنامـه ، و کتابی که نتوانـد حرفش را بزنـد به درد جـرز لای دیـوار می خـورد نه بـه درد مردم.

بهنود راسـت گفته اسـت « کسـانی هسـتند که مـا را خسـته و نومید می خواهنـد. ما باید بایسـتیم. بگوییـم کـه مـن می مانـم. مـی خوانم. می نویسـم. زندگی مـی کنم . مـی مانم. آنهـا نبایـد احسـاس کنند که موفق شـده اند مـا را از زندگی بـاز دارند بایـد ثابت کنیم که بلد هسـتیم در دل طوفـان زندگی کنیم.

Oct 26, 2006 ,پویا

....

○ بنظر من قالب قبلی وب سایت شما از قالب فعلی زیباتر بود.

Oct 28, 2006 -- hamed

....

راهی پیش پایمان بگذارید تا بتوانیم مدتی و به بهانه ای از کشور خارج شویم! اگر نتوانیم کار کنیم- که نمی توانیم- بهتر است مدتی را صرف آموختن چیزهایی که نمی دانیم بکنیم شاید با گذشت زمان شرایط کمی بهبود یابد.

بیکار, Oct 28, 2006

....

○ یادم میاد چند مدتی پییش در تهران یک کنفرانس چند روزه ای برای بررسی و تبیین سیر تحول مشروطیت در ایران برگزار شد که اندیشمندانی چند در آن به ایراد سخن پرداخته بودند.آنچه به راحتی و با چشم غیر مسلح -به لحاظ آگاهی- هم میشد از این گردهم آیی دریافت کرد دادن وزن کم به نقش روزنامه ها و نویسندگان پرشور آنها در بستر سازی برای تحول مشروطیت در ایران بود.به حدی دلم از یکسونگری و مصادره به مطلوب این کنفرانس گرفت که باورم شود صد سال غربت و حاشیه راندگی و جفا به قلم و روزنامه نگار کافی نبوده است.من در هیچ جایی از کنفرانس نشینیدم که کسی به نقش اطلاع رسانی بیش از ۱۰ نشریه در هر یک از استانهای گیلان ، فارس ،تهران،بوشهر ،آذربایجان،خراسان ، خوزستان و...آن عصر اشاره کند البته کمتر اشاره ای هم به نشریات در تبعید ایران شد.

اگر ورق زدن متون تاریخی صد سال اخیر برای ماها که اتفاقا داعیه ی پیشگامی در عرصه ی مطالعه علم و فرهنگ هم داریم دشوار است میتوانیم به برخورد قهرآمیز با روزنامه و روزنامه نگار در چند سال اخیر متمرکز شویم. هیچ فرقی نمیکند جنس ترس حکام از روزنامه و روزنامه نگار در کشور ما یکی بوده است یکی مجلس را به توپ می بندد و دیگری محفل قتلهای پنهانی تشکیل میدهد.خدایا یعنی ما در فراموشی اینقدر صاحب سبک هستیم که حتی نمیدونیم از صد سال پیش چه بر سر ما آمده است چه کسی دوست ما بوده و چه کسی دوست را غیر خودی نامیده است عجب برای دانستن بی اشتها شده ایم.

مسافرتهای ناصرالدین شاه شکم گنده با مسافرتهای اخلاف مدعی یک تفاوت بسیار فاحش دارد و ان اینکه وقتی وی متعجب از پیشرفت اروپاییها از سفر فرنگ بر گشت دستور داد

تا ماهانه یک قران از حقوق کارمندان دولت و درباریان را کسر کرده و در ازا به آنها رایگان روزنامه بدهند! واما الان چه آیا تلاش برای دانایی فضیلت حساب میشود قطعا در بیان و سفسطه بله ولی در عمل هرگز.البته دشمنی با قلم متاسفانه با ما همسفر بوده و حتی در سیر تحول تاریخ بیش از هزار ساله ایران زمین یکی از خلفای فاتح راشدین تنها با این برداشت که « هر آنچه نیک است در قران خدا یافت میشود و هر آنچه در کتاب خدا نیست محکوم به فناست...» دستور به کتابسوزی در«هگمتانه» و «گندی شاپور» داد.
اگرچه یکی از ایرادات کار من همانطور که دوستان خیرخواه هم علاقه ای به آن ندارند «سیاسی نگری» بسیاری از مسایل است ولی من همچنان قائل بر اینم که «سیاست» بد دوست خوبی برای روشنفکران نبوده و نخواهد بود.

عاکف, Oct 29, 2006

....

salaam
You are doing a fantastic job, well done & keep up the good work

Parviz -- Oct 29, 2006

....

به نظر من مشکل اساسی تر از اینها است. مطلب من در باره مختصات دیکتاتوری و دمکراسی را بخوانید. خوشحال میشوم نظر هم بدهید. اگر در سایتان لینک بدهید هم که سپاسگزار خواهم بود.
آدرس وبلاگ من:

http://www.banaki.blogfa.com

تیزبین, Oct 29, 2006

....

hello to all
raoznameh negary va media be onvan rokn chaharom nezam dar inran kamelan farmosh shodeh va resaneyy moafag ast ke fagat dolaty bashad , v ain yani marg azadi
freeman

بدون نام, Dec 3, 2006

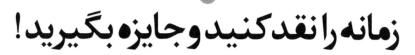

زمانه را نقد کنید و جایزه بگیرید!

سی آبان هشتاد و پنج

دوستان عزیز،

رادیو زمانه از ابتدای کار خود تلاش داشته تا با گردآوری و در نظر قراردادن نظرات موافق و مخالف صاحبنظران به فرآیندی مطلوب در امر رسانه‌ای دست یابد. برگزاری کارگاه اعضای موسس این رسانه در هفته اول شکل‌گیری زمانه از جمله به همین منظور طراحی شده بود.

همانطور که در دستورنامه آغاز به کار این رادیو ذکر شده «زمانه، رادیویی است که از وبلاگ‌ها می‌آموزد» به این دلیل که وبلاگ‌ها آینه بی‌آلایش جامعه جوان ایرانی هستند. در طول ماه‌های اخیر انتقادهایی به صورت پراکنده در مورد سیاست‌ها و ساختار رادیو زمانه در برخی از وبلاگ‌ها درج شده که مورد توجه مدیران و دبیران زمانه قرار گرفته است (بیش‌تر این نقدها در صفحه گفتگوی خودمونی و نیز وبلاگ زمانه انعکاس یافته است).

زمانه در آستانه سال نو میلادی به صدمین روز تولید خود (۱۱ سپتامبر- ۱۹ دسامبر) می‌رسد. از آنجا که زمانه اصرار دارد به نقد علمی و منصفانه اهمیت دهد به استقبال از منتقدان خود میرود و به منظور بهره‌وری از نقدها و تشویق

منتقدان به تجزیه و تحلیل دقیق و رسانه‌ای رادیو زمانه و سایت آن مسابقه‌ای را همراه با جوایزی برای بهترین نقدها اعلام می‌کند.

زمانه ضمن تخصیص جوایزی ارزشمند به بهترین انتقادها، نفر اول را برای مشاوره در بهسازی و گسترش برنامه‌ها به آمستردام دعوت خواهد کرد.

موضوع نقد می‌تواند جوانب مختلف رفتار رسانه‌ای رادیو زمانه، اعم از تولید محتوا و پخش را پوشش بدهد.

لطفا مقالات خود را (به فارسی یا انگلیسی) همراه با مشخصات کامل تماس به آدرس ایمیل خاص این مسابقه (نقد@رادیو زمانه دات کام) ارسال نمائید.

مهلت ارسال مقالات و مطالب تا ۱۵ دسامبر ۲۰۰۶ خواهد بود.

بخش مسابقه این مقاله‌نویسی صرفا برای مخاطبان زمانه است و همکاران زمانه در ایران، اروپا و آمریکا در صورت تمایل می‌توانند خارج از مسابقه در آن شرکت کنند.

http://zamaaneh.com/blog/11/2006/post_25.html

نظــرهای‌خــواننــدگــان

○ سلام.من خیلی نکات رو گفتم ولی شما گوش نمی کنید!در موضوع قبلی در نظرات چند نکته رو گفتم.

اگر میخواهید موفق شوید باید بهای بیشتری به شنوندگان خودتون بدین.اگر از

هـر نقطـه ی ایـران یـک یـا چنـد خبرنگار(حرفـه ای یـا افتخاری)انتخـاب کنییـن کـه اخبـار لحظـه بـه لحظـه رو بدهنـد یا گـرارش تهیـه کننـد و... خیلـی مفیده.البتـه حتماً کارت شناسـایی هـم بایـد بدیـن چـون بـون ایـن کارت هیچکـس مصاحبـه نمیکنـد. ممنون(امیـدوارم توجـه کنید!)

هادی از تبریز , Nov 21, 2006

....

agar naghd pazir bashid v naghdjoo rah be delha khahid dasht v pirooz v dost dashtani.
kari bas bozorg aghaz nemodeh iyd v khoshbinam be inkeh rosh-ngay ra aghaz nemodeh iyd ney ankeh tanha khod roshanfeker bekhanid v khod shad bashid .
rahtan be karetan basteh ast v nik midanid ke :
ancheh az del barkhizad lajaram bar del niz neshinad.
Izad yar v negahban nik andishan baad
jahangir

Nov 22, 2006 -- jahangir

....

ایده خوبی دارید ، امیدوارم ابزار و امکانات پیاده سازی آن را هم داشته باشید. یکـی از ایـده هایی که اجرای آن بسـیار مفیـد بود تغییر و طراحـی اینترفیس و لی آوت سـایت در همـان روزهـای آغازین بود. بسـیار جای تبریـک دارد چرا که بـه طور کامل کاربـردی و خـاص طراحـی شـده اسـت. اما همیشـه جـای کار بیشـتر و بهتر هسـت ، مـواردی کـه کار و فکـر بیشـتر را طلب می کننـد برایتان ارسـال خواهم کرد.

بابک نظری , Nov 22, 2006

....

زمانـه بایـد از زمانـه آگاهی کامل داشـته باشـد تا موفـق به جلب مخاطبان بیشـتری شـود...

Nov 22, 2006 --hassan

....

http://1shooreshi.blogspot.com

لینک مطلب

http://1shooreshi.blogspot.com/2006/11/blog-post_22.html#links

◌ با سلامی دوباره

شاید در بعضی وبلاگ ها نیازی به نوشتن کامنت نباشه، خود نویسنده می داند که درباره این مطلب، کامنت تاثیری در آن ندارد. مثل نوشتن مطالبی از من برای خودم و یا اسم وبلاگی که بی مخاطب بودن را برای خودش انتخاب می کند

اما اینکه ایمیل بفرستی یا کامنت به نظر من فرق زیادی دارد. چون فرقی برای اظهار نظرهای داغ و تند با کامنت های معمولی قایل نمی شی و در عوض اگز که نویسنده به مسایل شخصی دیگران وارد نشوی برای بازدید عموم در قسمت کامنت ها قرار بگیره ، حالا این که نویسنده یا اصولا مخاطب وبلاگ چطوری با این مسایل برخورد می کنه تا حدی به شخص بستگی داره که وبلاگ نویسی را انتخاب کرده تا آزاد نظراتش را بنویسد

اما وبلاگ های گروهی کار را سخت کرده

سیاست گذاری ، حق تشخیص صلاحیت داشتن خیلی سخت

نه برای نویسنده، بلکه برای خواننده هم

تا چه پیش آید

یه شورشی , Nov 22, 2006

....

◌ Can you Please extend the time to send the our papers??

Nov 22, 2006 --Rahnam

....

● *چون قرار است همزمان با صدمین روز تولید باشد متاسفانه نمی توان تاریخ دریافت مقالات را دیرتر قرار داد. - زمانه*

....

ⓞ فقط تبلیغات ولینک لازمه همین وگرنه کارتون شاهکاره موفق باشید

Nov 23, 2006 --farhad

....

ⓞ در وهله اول به نظر می رسه مهمترین چالشی که باهاش مواجه هستین جلب مخاطبه .خیلی ها از وجود شما اصلا اطلاعی ندارن من هم اتفاقی سر از اینجا در آوردم برای اینکار نیاز به تبلیغات دارین برای اینکه دیگران بهتون لینک بدن باید یه سری مطالب جالب رو بدون اینکه از دیگران نقل کرده باشین تو سایتتون بیارین تا دیگران بهتون لینک بدن و در واقع بعضی از نوشته هاتون برای دیگران از جمله وبلاگ نویسان مرجع بشه . شاید لازم باشه بخشهایی رو به سایتتون و به برنامه های رادیوتون اضافه کنین تا مخاطبین بیشتری جذب کنین .

حمیدرضا , Nov 23, 2006

....

ⓞ سلام سایت جالبی دارید البته من تا الان موفق به شنیدن صدای رادیوی شما نشدم اما مطالب اون رو می خونم ممنون می شم اگه لطف کرده و سیستم RSS رو برای خبرها و مطالبتون نصب کنید

رضا غبیشاوی , Nov 24, 2006

....

ⓞ اگر جایزه نمی گذاشتید شاید نقد می کردم! (به این می گویند اعتماد به نفس).

امین , Nov 24, 2006

....

● یکی از اهداف ما در واقع شناسایی استعدادهای نقد رسانه ای است. اگر هم جایزه نخواستید مانعی نیست همچنان نقدتان را بنویسید و بفرستید. - سیب

....

ⓞ دوستان بادرود.........
من رادیوی شمارا تاکنون نشنیده ام

وتا آنجا که نگاه کرده آگهی رسانی هم دراین باره نشده.........

وقتی شنیدم نظرخواهم داد.

موفق باشید

سهیک , Nov 24, 2006

○ salam omidvaram movaffagh bashid bandeh ye 20 rooziye
radiotoono kamo bish goosh midam vali kamtar mige az kojast
pas az holand pakhsh mishe site shoma ehtiaj be tanavoe rang
dare rango ba range mod dar iran hamsan konid behtare tanavoe
gozaresh dashte bashid ta teife vasii az khanandegan sitha maj-
zoobe kare shoma beshan sai konid ziyad be tablighat roi nayarid
chinke tablighat va soode oon shomaro az kare aslitoon minharef
mikone.

Nov 25, 2006 --Iraj

○ صد سال فهمیدگی را به مردم سراسر دنیا تبریک می گویم . به امید سرافرازی
هر چه بیشتر مردم دنیا.

رحیم فعله گری , Nov 26, 2006

○ سلام. همونطور که خودتون به خوبی واقفید، دقت و صحت یا همان -Accura
cy شرط اول ژورنالیسمه. این رو خصوصاً شما که با بی بی سی همکاری داشتید
بخوبی می دونید؛ چراکه اولین معیار بی بی سی، همین دقت و صحت هستش
که در فصل سوم BBC Editorial Guidelines به تفصیل شرح داده شده. این
دقت و صحت، قاعدتاً همه حوزه های اطلاعاتی رسانه رو در بر می گیره. حالا
اگه به متن اطلاعیه خودتون در مورد مسابقه دقت کنید، می بینید که در یکی از
بخش های حساس مربوط به مسابقه، یعنی روش ارسال نقدها، این دقت اعمال
نشده. کافیه به آدرس ای میل داده شده دقت کنید: شما این آدرس رو به فارسی
به صورت:

نقد@زمانه دات کام

و به انگلیسی به صورت:

naqd@radiozamaneh.com

نوشتین!! متوجه شدین؟ در آدرس فارسی، «رادیو» از قلم افتاده!!!

ایـن منـو یاد یـه تابلـوی راهنمایی رانندگـی در حوالی یاسـوج می ندازه کـه فاصله رو تـا شـیراز، بـه فارسـی و انگلیسـی نوشـته؛ امـا جالب اینـه که ایـن مسـافت در این دو زبـون، متفاوته!!!

بـه نظـر مـن دقـت و صحـت حقیقتـاً از هـر چیـزی مهم تـره. چـون این موضـوع در رسـانه های ایران یه شـکل وحشـتناکی نادیده گرفته می شـه و از شـما انتظار دارم که کارتـون متفاوت باشـه.

در پایـان امیـدوارم ایـن مسـئله رو بـا بهانـه هایـی از قبیـل اشـتباه تایپی یا کـم اهمیت بـودن موضوع مـورد مناقشـه، توجیـه نکنید.

بـا تشـکر از این کـه این امـکان رو فراهم کردین کـه بتونیم نظراتمـون رو بهتون منتقل کنیم.

کامبیز , Nov 26, 2006

....

● *از دقت نظر شما ممنون و تصحیح شد - زمانه*

....

○ اول از همه اینکه بهتر نیست آدم راحت تر بتونه کامنت فارسی بذاره؟

دوم اینکـه مـن از محیـط وبسـایت زمانـه خوشـم میـاد ولـی یک کـم توش سـردرگم میشم.شـایدم مشـکل از گیرنـده منه!شـما بـه فرسـتنده دسـت نزنید!

سوم اینکه آرشیو لطفاً!

چهارم اینکه پانته آشو بیشتر کنین!

...

...

...

...

...

...

nام!هیچـی دیگه؛پیشـاپیش ممنونـم که دعوتـم کردین بیـام آمسـتردام!البته چون خیلی
بچـه مثبتـی ام نباید آدرسـتون ازون جاهای بدبد بگذره که بخارات نشـئه آور استشـمام
کنـم یا مناظـر فجیعه ببینم!گفته باشـم!

پ.ن منظـور از پانته آ،پانته آی غربتستانه!

پ.ن منظور از پانته آی غربتستان هم اصلاًپاچه خواری نیست!

آریاخنه , Nov 26, 2006

....

سلام و خسته نباشید. کارتان در رادیو زمانه قابل تقدیر هست.
امـا جـای یـک چیـز در وب سـایت رادیـو زمانـه خالیسـت و آن هـم قسـمت بایگانی
بـرای وبلاگ خوانی سـت. پیشـنهاد میکنم قسـمت ویژه ای را به مطالبـی که از وبلاگها
اجـرا میشـود تحـت عنـوان مثلا «وبـلاگ زمانه» اختصـاص دهید.

یک وبلاگنویس ایرانی , Nov 27, 2006

....

● نظرتان تامین خواهد شد. ممنون. – زمانه

....

شـما بهتر اسـت در وبلاگ خویش بخشـی به عنوان دریافت و عضویت در سـایت
بزنید .

Nov 27, 2006 --sohi

....

salam wa droud be shoma dastandar karane radio zamaneh
Man pesari irani hastam keh 14 sal ast dar Holand zendegi mikon-

am wa zabane Farsi ra nemitawanam bekhanam. Man besiar doust daram keh akhbare radio zamaneh ra be Englisi ham benewisid ta ma javanane kharej az iran ham betawanim az in radio keh kheyli motenavea wa jaleb ast estefadeh bekonim.
Ba tashakor wa ghadrdani az zahamate shoma iraniane aziz.

Nov 27, 2006 --m_persia@hotmail.com

....

Faramoush kardam esmam ra dar email ghabli benewisam.
man Milad hastam

Nov 27, 2006 --m_persia@hotmail.com

....

چرا پیام من رو حذف کردید؟!!

کامبیز , Nov 27, 2006

....

چرا پیامها را نمی بینید؟ نگاه کنید به دو سه پیام قبلی. - زمانه

....

سلام !

ممنون از رادیوی بسیار زیباتون .

من از شیراز رادیو شما رو گوش می دم و یه برنامه نویس هستم و با رادیو شما جون تازه ای می گیرم چون بر عکس رادیو های دیگه که اکثرا تعصبی کار می کنن رادیو شما این طور نیست .

از موسیقی های بسیار خوبی که می زارین مخصوصا بی کلام و سنتی بسیار ممنونم .

من حدود یک ماه برنامه هاتون رو گوش می دم اما کاش برنامه هاتون رو دقیق توی سایت میذاشتین با ساعت gmt؛ که همه بتونن ازش استفاده کنن.

و می خواستم بدونم آیا برنامه های شما روی رادیو هم قابل گرفتن و اگه هست لطفا فرکانسش رو واسم بفرستید .

آخه خیلی از دوستام که رادیو شما رو معرفی کردم واسشون ، خیلی دوست دارن

این رادیو رو داشته باشن . ممنون .

از اینکه وقتتون رو به ماها می دین ، متشکریم.

ببخشید از پر چونگی من . موفق باشد

امیرگل , Nov 28, 2006

....

○ به نظرم مجریان پیشین (آزاده و حسن شکیبا) خیلی خیلی بهتر بودند.

لطفا آرشیو بگذارید.

مهیار , Nov 28, 2006

....

● *آزاده و حسن هنوز هم مجری زمانه اند و پیشین نشده اند! ولی برنامه ها رو به گسترش است و مجری تازه هم نیاز داریم. – زمانه*

....

○ آنچه مسلم است این که در تمامی رسانه هدف اول هوشیار کردن مردم و رساندن اخبار و گزارش سریع و سالم به مردم است و در کل یعنی انتقال حوادث از هر نوع به مردم برای ایجاد راهی روشن

اما بعضی از رسانه ها نه تنها این کار را انجام نمی دهند بلکه سدی در این راه هستند

به نظر بنده به عنوان یک خبرنگار زمانه در این راه موفق بوده ولی معمولا به کسی که به مدرسه می رود و نمره بالای ده می گیرد و قبول می شود جایزه نمی دهند و فقط به شاگرد اول که ۲۰ گرفته جایزه تعلق می گیرد برای اینکه زمانه بتواند ۲۰ بگیرد می بایستی دو کار مهم را انجام دهد ۱ـ اخبار بدون سانسور به مردم برساند ۲ـ به موقع و سر وقت برساند که در هر دو کار تا حدودی موفق بوده ولی زمانی شما می توانید همه جا این ادعا را داشته باشید که حتی کسی که با عناد به زمانه نگاه می کند دیگری جای صحبت باقی نمانده باشد

در هر صورت بسیار از سایت شما و رادیو زمانه تشکر می کنم

اکبر , Nov 29, 2006

○ بـا توجـه بـه تپق های مکـرر گوینـدگان اخباررادیو زمانه ، پیشـنهاد میکنـم که چند دورهً مجـری گـری برای این دوسـتان در نظـر بگیرید.
از مجریان خوب رادیو زمانه میشـود از خانم پانته آ ، حسـن شـکیبا و علیرضا افزودی نام برد . میشـود از چنین افراد با سـابقه در کارهای رادیو ، بیشـتر بهره برد . موفق باشـید .
Nov 29, 2006 --Roksana Saremi

....

○ راسـت‌اش را بخواهیـد، جایـزه «آمسـتردام» منـو نکشـوند این‌جـا! چـون بـرای «آمسـتردام» نرفتـن‌ام کلـی دلایـل عمومـی و خصوصـی دارم:
- عاقبـت سـفر تعـدادی از همـکاران روزنامه‌نـگار وطنـی (که به آمسـتردام هلند سـفر کـرده بودنـد)، بـرای مـن یکی که بدجـوری درس عبرت شـد.
ـ وقتـی «سیاسـت روز »(کـه مدیـر مسـوولی آن بـر عهده علی یوسـف پور سرپرسـت سـابق وزارت رفـاه و تامیـن اجتماعی و معاون فعلی یکی از وزیران قرار دارد) نوشـت: « روزنامه‌نـگاران ایرانـی در فاحشـه خانه‌هـای هلند! » تـن‌ام لرزید!
پرانتـز: البتـه قبـل از انتشـار ایـن خبـر وقتـی شـنیدم همیـن روزنامـه نـگاران هنـگام بازگشـت دسـتگیر شـدند، حسـابی هـم لرزیـده و هـم ترسـیده بـودم!
- حـالا چـه قـدر خوش‌حالـم(!) کـه آثـار تصویـری مـن هیـچ‌گاه در World Press Photo مقامـی نیـاورد!!
دوستان عزیز!
ارتفـاع صفحـه‌ی اول شـما بسـیار زیـاد اسـت. اگـر بـه سـایت‌های مشـابه (والبتـه اسـتاندارد) سـری بزنیم،متوجـه خواهیم شـد که جذابیـت تصویری را به اندازه‌ی سـایز صفحـه مانیتـور طراحـی می‌کننـد.
مطالـب و اخبـار شـما هـم (البتـه کمـی تـا قسـمتی)، مشـابه روزنامه‌هـا و سـایت‌های اپوزوسـیون داخل کشـور اسـت!
تا بعد
ح.ش , Nov 29, 2006

فکـر کنـم نقـد از خـود که باشـه خیلـی جالب تـر خواهد شـد. برای اینکار هر کی از خـودش شـروع کنه، ایـن کارآمدترین راهه

من در اشتباه بودم

http://1shooreshi.blogspot.com/2006/11/blog-post_29.html#links

یه شورشی , Nov 29, 2006

....

⊙ vala che arz konam faghat mitoonam begam in akse قریب سـی نفر از همکلاسـی هـای «اندرو» که به علت بیماری سـرطان و شـیمی درمانـی دچار ریزش مو شـده ، به نشـانه دوسـتی و حمایت موی سـر خود را تراشـیده اند -badjoori tab- lo montazh shode hala bazam khodetoon bebinino ghezavat konin

Nov 29, 2006 --khengool

....

⊙ بـه نظر مـن رادیو زمانـه رادیویـی اسـت در جهت رادیـوی فردا و رادیوهـای بیگانه دیگـر کـه بـا پولهای کلان کشـورهایی که خواهان ضربه زدن به اسـتقلال ایران هسـتند اداره میشـه.واکثر خبرهای آن کپی برداری شـده از بی بی سـی میباشـد.

و جایی برای فعالیت خائنین به مملکت است.

افکار نوشت , Nov 30, 2006

....

⊙ همینجـوری زمانـه از خیلـی از رسـانههای دیگـه بازتـره ولـی وقتی دریچـه رو باز میکنـی بایـد بـرای ایـن کار سیاسـتی مشـخص داشـته باشـی کـه علنـی باشـه و دقیقا اجرا بشـه.

مثـلا در زمانـه بـه تعـدادی وبلاگ لینک داده شـده. این بـر چه مبنایی بـوده؟ هر مبنایی داره دقیقـا بیان کنید.

یـا وقتی اخبار وبلاگسـتان رو میخونیـد مبنـای انتخابتون چیـه. لااقل در ایمن مورد شـفاف باشـید. نمیگـم سـلیقهی خودتـون رو کنار بذاریند. میگـم شـفاف سـلیقهی

خودتـون رو بیـان کنیـد و بعـد بـر اسـاس اون عمـل کنید.

حسین, Dec 1, 2006

....

● *سیاسـت مـا همـان معرفـی و تقویت مفهوم شـهروند روزنامـه نگار اسـت. لینک به وبلاگهـا هـم بـر اسـاس کیفیـت و نیز تقاضـای آنهاسـت و سیسـتم در این جـا هم باز اسـت و مـی تـوان لینکهـای تازه ای را پیشـنهاد کـرد تا به بـلاگ چرخان اضافه شـود. در مـورد اخبـار و گزینـه هـای وبلاگـی هـم مجموعه یـا هر یک از دسـت انـدرکاران رادیـو تصمیـم مـی گیرنـد و در این مورد هـم اگر خواننـدگان بخواهنـد میتوانند لینک پیشـنهاد دهنـد. - زمانه*

....

○ مرکز بزرگ اینترنتی حمایت از عشاق ایران

www.oshagheiran.com

رئوف, Dec 2, 2006

....

○ بـه نظـر مـن رادیـو زمانـه بـا وجـود متفـاوت بـودن امـا در پوشـش خبـری وقایع فرهنگـی و اجتماعی نظم مشـخصی ندارد و از داشـتن برنامه سـاز و برنامـه ده رنج می بـرد. طبقـه بنـدی رویدادهـای فرهنگی اجتماعـی و پرداختن بـه خبرها با سـرعت بالا باعـث مـی شـود که مخاطـب علاقمنـد به پیگیری شـود.

موضـوع بعـدی بخـش خبـری رادیـو اسـت کـه چنـدان توانمند نیسـت و بـه نظر من بایـد چنـد صدایـی باشـد، گـزارش هـا از زبـان گزارشـگران رادیو و نـه گوینـده ارایه شـود، حجـم خبرهـا بیشـتر شـود و مسـایل حقوق بشـری بیشـتر مـورد توجه باشـد. رادیـو زمانـه در منشـور خـود حقوق انسـانها را مطـرح کرده امـا در عمل بـه آن خیلی کـم می پـردازد.

و مطلـب آخـر مـن، سـایت رادیـو زمانـه بایـد اکثریـت و یـا همـه مطالـب رادیویی را داشـته باشـد. یعنـی هـم آنلاین می شـوید و هم کلیـه مطالـب را به عنوان منبع آرشـیو

میکنیــد. دیگــر نیــازی به ســایت مســتقل مانند رادیــو های دیگــر نخواهد بــود و همین مطالــب بــا هزینه کمتــر در ســایت ارایه می شــود.

شیوا , Dec 3, 2006

....

○ Ide bessiar jalebi hast, hala jayeze chi hast? mikham bedounam be zahmatesh miarze!!! shoukhi kardam

Jul 27, 2007 --Nam

پادکست و آر.اس.اس رادیو زمانه

پانزده آذر هشتاد و پنج

بالاخره زمانه پادکست‌دار شد! می‌دانم که خیلی‌ها این نکته را متذکر شده بودند و خواستار پادکست بودند اما مسائل مختلفی دست و پا گیر شده بود از جمله مساله کپی رایت.

پادکست (یا پادپخش) به معنای برنامه‌ای رادیویی یا مشابه است که به صورت دیجیتال تولید شده و جهت دانلود کردن برای پخش در دستگاه‌های شخصی پخش صدا، از طریق اینترنت در اختیار مخاطب قرار می‌گیرد.

رادیو زمانه اکنون برای گسترش فضای آزاد برای مخاطب در انتخاب برنامه مورد علاقه خود، برنامه‌های تولیدی خود را به صورت پادکست در اختیار کاربران و شنوندگان زمانه می‌گذارد.

برای استفاده از قابلیت پادکست، نرم‌افزارها و سرویس‌های بسیار زیادی وجود دارد که عموما به‌صورت مجانی در اختیار مصرف کننده قرار می گیرند. استفاده از پادکست دارای مزایای منحصر به فردی است و کاربر می‌تواند متناسب با شرایط روزانه خود به بهترین نحو وقتش را برای شنیدن رادیو تنظیم کند.

در این روش مصرف‌کننده مطالب را بر اساس نیاز خود دریافت می‌کند و

می‌تواند بر روی دستگاه‌های پخش صدای سیار در هر زمان و مکانی محتوای صوتی را گوش کند.

پادکست رادیو زمانه دارای چند گروه مجزاست تا مخاطب بر اساس سلایق شخصی بتواند از برنامه‌های رادیو استفاده کند. با مراجعه به راهنمای استفاده از پادکست رادیو (در همین پست یا در صفحه دائمی آن در پاصفحه سایت) می‌توانید در کم‌ترین زمان و مناسب‌ترین روش از رادیو زمانه بهره بگیرید.

پادکست دو-کاره

برای دریافت برنامه‌های رادیو زمانه به صورت فایل صوتی و نیز آگاهی از آخرین مطالب انتشار یافته در سایت رادیو زمانه، از خبرخوان آر اس اس استفاده کنید. با به کارگیری نرم‌افزارهای مناسب می‌توانید از خبرخوان رادیو زمانه استفاده کنید و یا در زمان متناسب با وقتتان به برنامه‌های مورد علاقه خود گوش دهید.

لیست نرم‌افزارهای موجود

راهنمای پادکست

برای اضافه کردن پادکست و مطالب رادیو زمانه به صورت اتوماتیک از طریق خبرخوان‌های زیر بر روی نام آن‌ها کلیک کنید.

Google reader , MSN ,My Yahoo , Netvibes ,Newsburst ,
Newsgator , Odeo , Pluck , Podnova ,Rojo

موضوعات مورد علاقه خود را برای دریافت از طریق آر اس اس رادیو زمانه انتخاب کنید.

آخرین مطالب   خبراوّل   خارج از سیاست

گوی سیاست   گزارش ویژه   رادیو سیتی   آهنگ زمانه

اندیشه زمانه   این سو و آنسوی متن   کلاغستون   نیلگون

گفتگوی خودمونی

این را هم اضافه می‌کنم که پادکست زمانه در حال بهسازی است پس اگر نظری دارید بنویسید یا با ایمیل زمانه و دست‌اندرکاران بخش فنی را بی‌خبر نگذارید. یک دست مریزاد هم به «سی توره» که بالاخره زمانه را پادکست‌دار کرد.

....

* برای اینکه بدانید سی توره کیست باید تا روز ۱۹ دسامبر صبر کنید که وبلاگ بر و بچه‌های زمانه اعلام می‌شود.

http://zamaaneh.com/blog/12/2006/post_27.html

○ عزیزان دست اندرکار رادیو «زمانه» سلام.

پیش از آن که آرزوی خودم را، برای شما نازنینان، یک بار دیگر تکرار کنم، اجازه می خواهم که بگویم :

«خسته تباشد و دستان درد نکند.»

و اما آرزوی من !

خواهش کرده بودم که اگر از نظر فنی امکان دارد، فایل صدای سرکار خانم شهرنوش پارسی پور را، برای Download کردن در اختیار بگذارید.

دست توانای شما را، به گرمی می فشارم.

Dec 6, 2006 -- chakameh

● *با وجود داشتن امکان پادکست شما حالا به همه برنامه ای که فایل صوتی آنها روی سایت هست دسترسی خواهید داشت از جمله برنامه خانم پارسی پور - زمانه*

....

○ با درود و سپاس فراوان از کوشش و تلاش مثال زدنی هموطنان صاحب ذوقم که لحظاتی بیاد ماندنی در ذهن اتاق تنهایی هایم بیادگار گذاشتند.

پیشنهاد های بنده در برگیرنده آرایش صفحه تارنمای خانه و چیدمان مطلب هاست.

۱. در حالت نمایش ۱۰۲۴*۷٦۸ که هم اکنون تقریبا گونه استاندارد نمایش است و بیشتر رایانه ها با سامانه نمایشگر موجود دارای قابلیت همخوانی با این حالت میباشند لذا رواست که از دو کناره به کار گرفته نشده تارنما نیز به کار آید و آرایش کنونی با گزینه‌ای

(**link**)برای کاربران دارای نمایش ۸۰۰*٦۰۰ ارایه شود.

۲. در نمایه (شاخص) فرهنگی* ما (در مشرق زمین و عرض های جنوبی به طور کلی) گرایش به استفاده از نگاره های نمادین بیش از نوشته است. این حقیقت ایجاب می کند که از بار متنی صفحه کاسته و به بار نگاره ای آن افزوده گردد. (با در نظر قرار دادن نمایش با سرعت اینترنت پایین)

۳. شایسته است که از گزاردن آرشیو هفتگی خبر در «خانه» پرهیز کرده و با گزاردن گزینه انباره (آرشیو) آن را در صفحه دیگری به نمایش در آورید.

٤. مورد بالا در خصوص وب نوشت های دوستان نیز صادق است.

۵. قسمت از دست ندهید با گذاشته شدن در پایین صفحه بیشتر از دست دادنی شده است... (استفاده از حاشیه بایر زمینه سفید توصیه می شود.)

ارادتمند همت بلند و فراخنای نظرتان / فاطر / دلفت

....

* در این باره پیرو مطالعات فرهنگ شناسی فرا ملی انسان شناس و جامعه شناس هلندی **geert Hofstede** و مطالعه های پسین آن دستور کار های مناسبی برای استفاده در طراحی تارنما تدوین شده است که اگر مراد «زمانه» شد آنرا به هر نشانه ای که خواسته شود می فرستم.

فاطر سعادت نیاکی , Dec 6, 2006

I recently downloaded one of your podcasts(kalageston) the problem is about the quality. live broadcast is very clear and of course in digital mode.But the podcast is not.I guess it needs to be upgraded to digital mode.Just download BBC persian podcast and compare the quality of its sound to yours.Please upgarde it to digital.

Dec 7, 2006 -- Bache Yosefabad

سالم.خسته نباشید.ممنون که این امکانات رو در اختیار ما میزارین.موفق باشید.

Dec 8, 2006 -- Hadi az Tabriz

واااااا

یه چیزی حالیم نشد، چرا لینک وبلاگ ندا دهقانی از وبلاگ چرخان برداشته شد ه ؟

سمیرا , Dec 8, 2006

دوستان وبلاگی و بلاگخوان دیگر تا به حال باید متوجه شده باشند که لیستی که می بینند فقط لیست آپدیت شده ها ست و نه لیست کامل وبلاگها. هر وقت وبلاگی آپدیت شد و در فهرست بالا نیامد می شود گفت برداشته شده. اما معمولا به این لیست اضافه می شود از آن کم نمی شود. - زمانه

خوشحالم از اینکه پادکست دار شدید و معلومه که زمانه در حال تغییر و تحول و پیشرفته. ضمنا خواهشم اینه که کمی برنامه خبری را بیشتر و چند صدایی بکنید و موارد نقض حقوق بشر را از یاد نبرید. شما رادیو زمانه هستید و باید با زمانه حرکت کنید. دنیای امروز به حقوق بشر اهمیت می دهد و این باید در زمانه پررنگ تر بشه. من ندیدم شما به غیر از یک برنامه هفتگی آقای زارع زاده برنامه دیگری داشته باشید.طوری کار کنید که مجبور نشیم رادیو های دیگر را گوش

کنیـم. وقت نمی‌شـه.

سهیل , Dec 8, 2006

....

● حقـوق بشـر در تمامـی برنامـه هـا و در ایـده هـا و انتخـاب موضوعـات بایـد مد نظر باشـد کـه تلاش مـا هـم همین اسـت. امـا اگر پیشـنهاد مشـخصی داشـته باشـید خوشحـال مـی شـویم بـا مـا در میـان بگذاریـد. – زمانه

....

◌ بـا درود خدمـت دوسـتان عزیـز در رادیـو زمانـه . بـه اعتقـاد من بهتر هسـت بخش حقـوق بشـری را بیشـتر فعـال کنیـد . از اخبار حقوق بشـری را بیشـتر حمایـت کنید و بیشـتر روی آنهـا تمرکـز کنیـد . از نقض حقوق بشـر بگوییـد. از زندانیان سیاسـی خبر بدهیـد . بـه جهانیـان بفهمانیـد در ایـران اوضـاع حقـوق بشـر وخیم اسـت . امیـدوارم زمانـه زمانـه را تغییـر دهد .

میلاد , Dec 8, 2006

....

◌ همیشه پیشرو

من که فکر نمی‌کـردم پادکست راه بنـدازید. دیگه فقط برنامه‌های شما را گوش می‌دم.

Dec 9, 2006 -- shahin

....

● چـرا فکر نمـی کردیـد؟ مـا تـلاش مـان ایـن اسـت کـه همـه پیشـنهادهای مطرح را در بهتریـن صـورت ممکـن عملـی کنیـم. اینجـا هیچ پیشـنهادی نادیـده گرفته نمی شـود. – زمانه

....

◌ Way to go Guys (and Gals). Congrats!

امـا سـی تـوره بایـد چنـد تـا کار رو همیـن الان(نه شـش روز دیگـه، نه دو مـاه دیگه) بکنـه کـه سـزاوار دسـت مریـزاد باشـه.

۱-خـط اتـم اکـس ام ال را از تمـام ایندکس اچ تـی ام ال ها بردارید کـه فایرفاکس ۲ و آی ای ۷ بتواننـد ایندکـس اکـس ام ال را راحـت ببیننـد. آی ای ۷ البتـه همـه را می بیند ولـی اتـم اکـس ام ال صفحـه نخسـت خالـی خالی اسـت. خوب، بـرش داریـد خیلی بهتـر اسـت و مـا فایرفاکسـی ها را هم خوشـحال مـی کنید.

۲- تمام صفحه های اصلی بخش های مختلف رادیو زمانه الان دارند به

http://www.radiozamaneh.com/morenews/atom.xml

برمـی گردنـد. چـرا؟ این ها را درسـت کنید، لطفاً. طـوری که مرورگرهـا بر هر صفحه ای کـه باشـیم اکس ام ال همـان صفحه را ببینند.

۳- یـک صفحـه مسـتقل درسـت کنیـد (اینـدکـس تمپلـت جدید) بـا محتویـات همین مطلـب یعنـی آدرس و عنـوان همه پادکسـت ها و بعـد دکمه پادکسـت را به آن صفحه لینـک کنید.

٤- نـام فایـل هـای ام پـی تـری بایـد بـرای همـه بخش ها هم سـاز باشـد و حتمـاً نام برنامـه (اندیشـه، نیلگـون، ...) در آن باشـد. نام مطلب هم باید باشـد! می بینـم دارید در ایـن زمینـه کار مـی کنید. انشـاالله دو ماه طول نکشـد.

فعلاً خداحافظ.

رامین , Dec 9, 2006

....

○ سلام

خسـته نباشـید. برنامـه جالبی دارید فقط نمیدونـم چرا چند وقتیه رادیوتـون کار نمیکنه بارهـا تـلاش کـردم ولـی نشـد. در ضمن در خـارج از ایران هسـتم و سـرعت اینترنت مـن هم بالا اسـت .

ممنون

وهاب , Dec 10, 2006

....

● *لطـف مـی کنیـد اگر دقیق بنویسـید صدای مـا را از کدام طریق نتوانسـتید بشـنوید.*

اگـر منظورتـان اینترنـت باشـد مشـکلی نداشـته ایم. ولـی اگر بنویسـید از چه سیسـتم و پخـش کننـده ای اسـتفاده میکنیـد و در کجـای دنیـا هسـتید بهتـر می توانیـم در رفع مشـکل کمک کنیـم. - زمانه

....

من تنها یک پرسش دارم.
چرا اسم و رسم اهنگهایی را که پخش می کنیداعلام نمی کنید.
هم ازرسم اطلاع رسانی و هم ازانصاف بدور است...
Dec 15, 2006 -- Manouchehr

....

در حـال برنامـه ریـزی هسـتیم که نام آهنگهـا همزمان بـر روی مانیتور شـنوندگانی کـه از اینترنـت مـا را گـوش مـی کنند دیده شـود اما بـرای ویرایـش ماهـواره ای طول بیشـتری مـی بـرد. در رادیـو هـم کـه همه ترانـه ها معرفـی می شـوند - زمانه

....

سلام
اولین دیکشنری فارسی به انگلیسی و انگلیسی به فارسی،
ایـن وب سـایت کاملتریـن مجموعه دیکشـنری آنلاین همراه با تلفظ کلمات می باشـد کـه در نـوع خـود منحصـر بـه فـرد و بی نظیـر می باشـد. طراحـی و برنامه نویسـی آن توسـط شـرکت ورق سـبز انجام یافته است.
یکی از کاملترین و کاربردی ترین دیکشنری آنلاین را می توانید با ما تجربه کنید
فقـط کافیـه روی لینـک زیـر کلیک کنیـد و امتحـان کنید. طراحـی و برنامه نویسـی آن توسـط شـرکت ورق سـبز انجام یافته اسـت. با تشـکر
http://www.ariadic.com
الینا , Jan 2, 2006

....

تبلیغ مجانی! - زمانه

حقــوق بشــر در زمــانه ما

نبرد با در هشتاد و پنج

نـگاه بـه جهـان از منظـر حقـوق بشـر می‌توانـد بسـیار ناامیدکننـده باشـد. از زمان تصویـب اعلامیـه جهانـی حقـوق بشـر تـا کنـون ده‌هـا جنـگ بـزرگ در جهـان اتفاق افتـاده اسـت، صدهـا هـزار نفـر در معـرض کـوچ اجبـاری قـرار گرفته‌انـد، امنیت میلیون‌هـا انسـان به خطـر افتاده اسـت، زندانیان بسـیاری در معـرض تحقیر و توهین و شـکنجه‌های روانـی و جسـمی قرارداشـته‌اند، محاکمه‌هـای ناعادلانه بی‌شـماری در کشـورهای مختلـف جهـان برپا شـده اسـت، زنان بسـیاری بـه زور شـوهر داده شـده‌اند یـا در معـرض قاچـاق و بردگـی جنسـی بوده‌انـد، میلیون‌هـا نفر از حـق تحصیـل محـروم مانده‌انـد، و نیمـی از جمعیـت جهـان از حـق حداقـل زندگی و بهداشـت هـم برخـوردار نبوده‌انـد. شـمار پناهجویـان از سـال‌های تصویب حقوق بشـر کم‌تـر نشـده اسـت و سـطح مهاجرت غیرقانونـی به دنبـال زندگی بهتـر و یا حتـی بـرای گریـز از گرسـنگی و بی‌کاری بالاتـر رفته اسـت.

بـا ایـن همـه، جهـان پـس از تصویـب حقـوق بشـر جهانـی روادارتر و انسـانی‌تر شـده اسـت. بسـیاری از ایـن اصـول یا اصولـی ملهم از آن در قوانین اساسـی کشـورها راه یافتـه اسـت. تبعیـض نـژادی به صـورت عریـان و گسـترده خود فاقد مشـروعیت

شده و محدوده آپارتاید بسیار تنگ شده است. شناخت حقوق مردم در کار و تعطیلات و بازنشستگی و تامین اجتماعی پایه نظام اداری را ساخته است و نظام قاهری که حق مالکیت را از آدمی سلب کرده بود به تاریخ پیوسته است. در زمان تصویب این اعلامیه هنوز در شماری از کشورهای اروپایی هم زنان حق رای نداشتند اما امروز کشورهایی که زنانشان از چنین حقی برخوردار نباشند در سراسر جهان معدودند.

در طول نیم قرن گذشته بسیاری از دول تصویب‌کننده اعلامیه، خود در مقام ناقضان آن عمل کرده و برای نمونه از رژیم‌های خودکامه حمایت کرده‌اند و یا در مورد زیاده‌روی‌های دوستان خود در نقض حقوق بشر سکوت و مماشات اختیار کرده‌اند. با این همه حقوق بشر امروزه علیرغم همه ناقضان و دشمنان خود گسترش یافته است و به نشانه‌ای برای توسعه‌یافتگی و مدنیت تبدیل شده است. گرچه با وجود استقرار مساله حق فردی و اجتماعی در جوامع رشدیافته هنوز حتی همین جوامع نیز دچار تقسیم‌بندی‌های درجه یک و درجه دو بین شهروندان خود هستند و یا دولت‌های آن‌ها می‌توانند برای حفظ حقوق خود حقوق مردمان دیگر را زیر پا بگذارند.

در نقشه تاریخی و امروزین حقوق بشر ایران نیز موقعیت خاص خود را دارد. توجه به حقوق بشر در ایران جوان است زیرا تا زمان انقلاب کم‌تر کسی از این منظر به منافع و حقوق اجتماعی می‌اندیشید. اما در سال‌های اخیر گروه‌ها و نهادهای بسیاری به وجود آمده است که به این یا آن صورت مستقیم و غیرمستقیم به گسترش حقوق بشر می‌اندیشند. ولی جای آن است که موضوع فعالیت‌های حقوق بشری از سر تا پا بار دیگر مورد بررسی و بازنگری قرار گیرد. روش‌های کهنه‌شده تجدید نظر شود و روش‌های نو و کارآمد به کار گرفته شود.

محدود کردن حقوق بشر به حقوق سیاسی نیز محدود کردن گستره عام حقوق بشر است. حقوق بشر باید حقوق همه بشر باشد و نه نخبگان سیاسی. و تا زمانی که همه افراد و خاصه عامه مردم زیر چتر حقوق بشر خود را نیابند کم‌تر می‌توان امید داشت

که مفاهیم حقوق بشری عمومیت پیدا کند و این عمومیت و آگاهی به نوبه خود دست ناقضان را برای زیر پا گذاشتن حق مردم ببندد.

در بازنگری روش‌های آموزش و حمایت از حقوق بشر باید نقش بیش‌تری نیز برای رسانه‌های آزاد و مستقل قائل شد و نیز اندیشمندانی که بدون آنکه فعال حقوق بشر شناخته شوند قادر بوده‌اند به مردم کمک کنند درک بهتری از مقوله حق و حقوق خود پیدا کنند. چنانکه دکتر عبدالکریم سروش با بحث حق و تکلیف خود نقش مهمی در تغییر اذهان ایرانیان مذهبی داشته و زمینه فکری مهمی را در مطالبه حقوق فردی بنیان گذاشته است. گروه‌های چپ نیز تحول فکری خود به سمت دفاع از حقوق بشری را وامدار تجدیدنظرطلبان خود هستند که این گام بزرگ را در جدا شدن از گفتمان‌های انقلابی گذشته برداشته‌اند.

در عین حال به دلیل جوانی اندیشه دفاع از حقوق بشر در ایران و هم‌زمانی آن با اندیشه‌های بازمانده از انقلاب یا اصولا به دلیل آنکه گروه بزرگی از مدافعان امروز همان انقلابیون دیروزند، دفاع از حقوق بشر در ایران نیاز به خانه‌تکانی از روش‌های انقلابی دارد تا هر چه بیش‌تر به یک جنبش اجتماعی تبدیل شود.

رسانه‌ها و اندیشمندان مستقل در کنار فعالان و نهادهای حقوق بشری می‌توانند به نتیجه بهتر و فراگیرتری برسند. اما خطا خواهد بود که استقلال رسانه‌ای و فردی را با دنباله‌رو خواستن رسانه و فرد از فعالیت‌های حقوق بشری گروه‌های معینی مخدوش کنیم. حقوق بشر تنها از راه کمپین یا بسیجگری سیاسی تامین نمی‌شود. کافی است نگاه کنیم که عرف‌های اجتماعی حتی اگر دولت‌ها موافق تغییر آن به سوی حقوق بشر باشند به این آسانی تن به تغییر نمی‌دهد – مثلا قتل‌های ناموسی یا ازدواج‌های اجباری و ختنه دختران که حتی در اروپا هم با وجود قوانین سخت حمایتی اتفاق می‌افتد. مساله دولت و همسویی آن در حمایت از حقوق بشر البته بسیار مهم است اما مثلا در خشونت خانوادگی علیه زنان چه بسا زنان بزرگ‌تر فامیل نقش مهم‌تری داشته باشند تا فلان دستور و بخشنامه دولتی یا قانونی که روی کاغذ مانده است.

هـر نـوع تـلاش بـرای گسـترش حـوزه آگاهـی عمومـی از حقـوق اجتماعـی در قالـب حقهـای عـام بشـری نیازمنـد نوعـی تجدیـد نظـر در اسـتراتژی و تاکتیـک اسـت. اگر حقوق بشـر حقوق همه بشـر باشـد درستتـر آن اسـت که موضوعاتـی از ایـن حقـوق کـه بـه بیشتریـن افـراد جامعه مربوط میشـود در اولویت قرار گیرد و بهبـود شـرایط در آن زمینههـا بـه هـدف اصلـی تبدیـل شـود. از همیـن منظـر اسـت کـه مبـارزه بـا فقـر بـه عنـوان عامتریـن مسـاله جهانـی به دسـتور کار حقوق بشـری سـازمان ملـل متحـد تبدیـل شـده اسـت. مبـارزهای کـه نشـان میدهد تبعیـض، به عنـوان ریشـه فقـر، هنـوز مهمتریـن مسـاله حقـوق بشـری اسـت - امـری که تنها یک بخـش از آن تقریبـا حـل شـده اسـت: تبعیـض نـژادی.

رفـع تبعیـض نقطـه مشـترک حقوق بشـر و دموکراسـی اسـت. جایـی که رسـانه میتوانـد از راههـای مختلـف بـه آن نزدیـک شـود بـدون آنکـه کار رسـانهای را با اکتیویسـم سیاسـی آمیخته باشـد.

http://zamaaneh.com/blog/12/2006/post_28.html

○ با سلام

شاید جای نا مناسبی نباشد برای طرح سوالی

چقـدر رادیـو زمانـه بازدیـد کننـده دارد. و چنـد درصـد آنهـا بـه گذاشـتن کامنتـی در قسـمتهای متفـاوت میپردازنـد؟ ایا ایـن تعداد کمنت که دیده میشـود برای سـایتی که در دیـد عمومـی قـرار دارد کمـی عجیـب نمینمایـد.

سوالی را در قسمت گزارش ویژه مطلب / توهین انکار ناپذیر / گذاشته بودم که هنوز بعد چند روز دیده نشده است.
اول میخواستم بپرسم وقتی مقاله ا ی نگاشته میشود نام نویسنده بنام تیتر ان سایت به نمایش گذاشته میشود؟ و میخواستم بپرسم درین مورد خاص معنی و علت ان چیست؟و ایا این به معنی تایید نظر همه ی نویسندگان رادیو زمانه با مطلبی که تحت نام زمانه منتشر میگردد است؟
سواال سوم اینکه این توصیف نویسنده (ی پنهان شده) را نفهمیدم / در موضعگیری حاد در مقابل یک رویداد/ منظور نویسنده از حاد بودن و قرار دادن ان کنار یک رویداد چگونه بوده این درحالیستکه مقاله مذکور بیشتر به باز کردن و دید واقعگرایانه ی رویداد مذکور پرداخته است و دوم اینکه نویسنده چه منظور و انتظار ی از این توصیف خود در / اعتدال در روش و موضعگیری و داشتن روحیه انتقادی همه جانبه نگر/ در ان نوشته داشته اند و مقاله نویس گاردین باید در کجای ان اعتدال دلخواه نویسده ی زمانه می ایستاد؟
موفق باشید

Dec 15, 2006 -- Alireza

....

● *سایت زمانه حدود ۴۰۰ هزار بازدید کننده در ماه دارد. در مورد کامنت این به خوانندگان بستگی دارد که مایل به گذاشتن کامنت باشند یا نه ولی معمولا همین وبلاگ و بخش کلاغستون و همچنین خارج از سیاست و خبر اول بیشترین کامنت ها را می گیرند. در باقی بخش ها هم کامنت به نوع خواننده ای که مراجعه می کند بستگی دارد مثلا مقایسه کنید محتوای کامنتهای نیلگون و اندیشه زمانه را با سایر بخش ها. آنجا بحث بیشتر در می گیرد. در باره مطلب گاردین هم ما کار خود را که اطلاع رسانی است انجام داده ایم و نمونه ای از افکار عمومی اروپا را به نمایش گذاشته ایم. هیچ مطلبی نظر زمانه نیست مگر در وبلاگ زمانه بیاید و یا به آن تصریح شود. نهایتا اینکه انتشار کامنت ها زمان می برد چون در حال*

حاضـر نیـروی مـا بیشـتر صرف رادیـو می شـود و آنلاین زمانـه با تلاش یکـی دو نفر اداره مـی شـود کـه بـه همه کارهـا نمی رسـند. ولـی انتقاد شـما به جای خود درسـت اسـت. امیدواریـم در سـال بعـد میـلادی نظم دلخـواه در آنلایـن و در تمـاس متقابل با کاربران بیشـتر شـود. - زمانه

....

○ ممنون از توضیح‌تان.

شـاید بهرحـال مـن بـد فهمیده باشـم . نظـر شـخصیم را اینجا میـاورم و امیدوارم منتشـر گردد./

در خصـوص مطلـب مذکـور پاسـخ شـما کامـلا پارادکـس دارد و ابزار سـاز اسـت. با توجـه بـه سـخن خود شـما /

هیچ مطلبی نظر زمانه نیست مگر در وبلاگ زمانه بیاید و یا به آن تصریح شود./

اولا مطلـب مذکـور در قسـمت وبـلاگ زمانـه نیامده اسـت ولی نـام زمانه انجا ذکر شـده اسـت . دوم اینکـه چگونـه میتوانیـد یک تحلیل شـخصی را زیر برچسـب اطلاع رسـانی بیاوریـد. مـن فکر میکنم اطلاع رسـانی توصیف خـاص خـود را دارد و هنگامی مطلبی با تحلیل و دید فردی شـخصی شـروع میشـود و اسـت از ان چهارچوب خارج میشـود. و چگونـه انـرا بـا /ما /و فعـل/ کردیم/ میاوریـد درحالیکه نه جـای ان در وبـلاگ زمانه بوده و مطلـب ان کامـلا با تحلیل فردی شـروع شـده و فقـط ترجمه خالص انجا قـرار ندارد. و پذیـرش ان تحلیـل یـا عدم تایید و نقد ان هـم ازادی فردی هر خواننده ایسـت. مگر اینکه بگوییـم خوانـنده باید پاسـخ شـما به کمنـت اولیه مرا دریـن خصوص دربسـت بپذیرد و گفته شـود چـرا اینقدر دریـن مورد اصرار میشـود؟

انچه اکنون انیجا نوشـتم فقط اشـار ه به تضاد اشـکار موجود در پاسـخ شـما میباشـد و نه اصراری اسـت و غرضی درین باره . امیدوارم انچه بصورت تئوری در قسـمت اندیشـه‌ی زمانـه مدتیسـت بـه درسـتی تدریـس میگـردد در رادیـو زمانـه در عمـل قابل مشـاهده و پذیرش باشـد.

Dec 15, 2006 -- Alireza

◎ man mikhastem begam ke in radiozamaneh tanha radioist ke rooye internet man goosh mikonam khesh khesh dare hala nemi-donam irad az koja ast barnamehatoon kheili khoobe va muzikhaye kheili khoobi dar radiozamaneh migzarid vali badbaztaneh in moshkel niz hast.

Dec 17, 2006 -- mohsen

شخصیت سال ۲۰۰۶ «شما» هستید!

برگرفته از وبلاگ **یک پزشک** ● منبع اصلی: TIME

بیست‌وشش آذر هشتاد و پنج

تغییر مفاهیم رسانه‌ای - *ایده جدید رسانه به سرعت در حال گسترش است. اینکه عصر قهرمانان و شخصیت‌های بزرگ گذشته است و تک تک مردم به نسبت ورود به رسانه‌های مدرن اهمیت می‌یابند. ایده مرکزی زمانه معرفی و آزمون شهروند روزنامه‌نگار است. گروه‌هایی از روزنامه‌نگاران به این موضوع توجه دارند چنانکه در همین چند ماهه اخیر این ایده در محافل رسانه‌ای در تهران نیز مطرح شده است. تراست بی بی سی هم سایت تعاملی* **زیگ زاگ** *را به فارسی راه‌اندازی کرده است و پیش‌بینی من این است که این ایده به سرعت جای خود را در میان ایرانیان باز خواهد کرد. اما این ایده در سطح جهانی نیز تازه دارد جا می‌افتد و مورد بحث قرار می‌گیرد. ولی همانطور که در ترجمه مقاله تایم می‌خوانید لوازم تکنولوژیک تاسیس این ایده از مدتی پیش فراهم شده بود. در واقع مردمی/خودمانی شدن تکنولوژی راه را برای شکل‌گیری این ایده هموار ساخت و اکنون از فضاهای نخبگانی خارج شده و دارد شناخته می‌شود و مفاهیم را تغییر می‌دهد. مقاله تایم نیز خود نمونه‌ای از این تغییر مفاهیم است. ترجمه و نقل آن در یک وبلاگ فارسی هم نشان می‌دهد وبلاگ‌ها به عنوان رسانه‌های مردمی و خودمانی به این تحولات توجه ویژه دارند.*

مهدی جامی

تئوری «مرد بزرگ» در تاریخ به «توماس کارلایل» - فیلسوف اسکاتلندی - نسبت داده می‌شود ، وی عقیده داشت که «تاریخ جهان، بیوگرافی افراد بزرگ است.» وی باور داشت که عده کمی از اشخاص قدرتمند و مشهور هستند که به سرنوشت جمعی ما را به عنوان نوع بشر شکل می‌دهند. امسال این تئوری با چالش جدی مواجه شد.

مطمئنا کسانی هستند که می‌توانند آن‌ها را در مورد حوادث دردناک و آشفتگی‌های سال ۲۰۰۶ ، مقصر قلمداد کرد. کشمکش‌ها در عراق هر روز خونین‌تر و دفاعی‌تر می‌شوند. یک مجادله نادرست بین اسرائیل و لبنان به وقوع پیوست. جنگی در سودان درگرفت. یک دیکتاتور در کره شمالی به بمب رسید و (...). این در حالی بود که هیچ کس به فکر گرم شدن جهانی هوا نبود و شرکت سونی به تعداد کافی پلی‌استیشن نسل سوم نساخت.

ولی اگر از دریچه دیگری به سال ۲۰۰۶ نگاه کنیم، داستان دیگری را شاهد خواهیم بود؛ داستانی که درباره مجادله‌ها و مردان بزرگ نیست، داستانی که درباره جامعه است و مشارکت در ابعادی که قبل از آن دیده نشده. این داستان درباره دانشنامه جهانی ویکی‌پدیا، شبکه چند میلیون کانالی آدمیان به نام یوتیوب و کلان‌شهری به نام MySpace است. این داستان درباره قدرت اقلیت و یاری رساندن به یکدیگر بدون چشم‌داشت، است، رخدادی است که نه تنها جهان ما را تغییر می‌دهد بلکه به تغییر راه و روش این تغییر هم می‌انجامد.

وب ۲,۰ انقلاب است

ابزاری که همه این‌ها را ممکن می‌سازد، شبکه جهانی اینترنت است. این شبکه گسترده دیگر نسبتی با شبکه‌ای که Tim Berners و Lee برای به اشتراک گذاشتن پژوهش‌ها (۱۵ سال پیش بنا به اطلاعات ویکی‌دیا)، ایجاد کردند، ندارد. همچنین این شبکه مشابهتی با وب و دات کامی که در سال‌های پایانی دهه ۹۰ میلادی می‌شناختیم ندارد. وب جدید چیز کاملا متفاوتی است، ابزاری است که به هر شخص سهم کوچکی در میان میلیون‌ها فرد

می‌دهد و هر شخص را مهم می‌سازد. کارشناسان دره سیلیکان آن را وب ۲,۰ می‌نامند، گویی وب جدید نسخه جدیدی از چند نرم‌افزار قدیمی است. ولی وب ۲,۰ در حقیقت یک انقلاب است.

ما خود را آماده پذیرش آن کرده‌ایم. ما آماده‌ایم که سهم خود را از اخبار پیش‌پردازش‌شده را با خبرهای خامی از بغداد و بوستون و پکن، متعادل کنیم. تماشای ویدئوهای یوتیوب اطلاعات بیش‌تری نسبت به تماشای هزاران ساعت برنامه تلویزیونی، در مورد زندگی آمریکایی‌ها به شما می‌دهد.

ما فقط تماشا نمی‌کنیم تولید هم می‌کنیم

ما فقط تماشا نمی‌کنیم، بلکه محتوا هم می‌سازیم. مانند دیوانگان، پروفایل Facebook می‌سازیم، آواتورهای Second Life درست می‌کنیم، کتاب‌ها را در «آمازون» مرور می‌کنیم و پادکست ضبط می‌کنیم. ما در وبلاگ‌هایمان درباره نامزدهای انتخابی‌مان که رقابت را باخته‌اند می‌نویسیم و ترانه‌هایی در مورد خیالاتمان در وبلاگ‌ها قرار می‌دهیم. ما از انفجار بمب‌ها فیلمبرداری می‌کنیم و نرم‌افزارهای کد باز می‌سازیم.

آمریکا نابغه‌های منزوی‌اش را مانند اینشتین، ادیسون و Jobses دوست دارد ولی این رؤیاپردازان تنها، ممکن است این روزها به آموختن راه و روش همکاری با دیگران نیاز پیدا کنند. کمپانی‌های اتوموبیل‌سازی رقابت‌های آزاد طراحی راه می‌اندازند. خبرگزاری رویترز پست‌های وبلاگ‌ها را در کنار اخبار معمولش قرار می‌دهد. مایکروسافت اضافه کاری می‌کند تا بر سیستم عامل به وجود آمده توسط کاربران یعنی لینوکس، فائق آید. ما با انفجار خلاقیت و نوآوری مواجه هستیم و همه این‌ها تازه شروع شده است.

دموکراسی دیجیتالی نوین

این افراد چه کسانی هستند؟ آیا این‌ها کسانی هستند که بعد از یک کار

طولانـی روزانه با خودشـان می‌گویند، نمی‌خواهم برنامه Lost tonight را تماشـا کنـم، می‌خواهـم کامپیوترم را روشـن کنم و فیلمی با هنرنمایی سوسـمار درختی دست‌آموزم بسـازم؟ آیـا این‌ها کسـانی هسـتند که کـه می‌خواهند صـدای گروه موسـیقی ۵۰ Cent را بـا Queen در هـم بیامیزنـد؟ آیـا این‌ها کسـانی هسـتند که می‌خواهنـد دربـاره حـال و هـوای خـود یـا جامعـه یـا غذاهـای اغذیه‌فروشـی پاییـن خیابـان وبـلاگ بنویسـند؟ این‌ها چه کسـانی هسـتند کـه وقـت و انرژی چنین کارهایـی را دارند؟

پاسخ این است: شما. شما به خاطر تصرف جایگاه‌های قدرت رسانه‌های جهانی، برای یافتن قواعد دموکراسی دیجیتال نوین، برای کار بدون چشم‌داشت و برای پیروز شدن بر حرفه‌ای‌ها در زمینه کاری خودشان، به انتخاب مجله تایم به عنوان شخصیت سال ۲۰۰۶ میلادی انتخاب می‌شوید.

مطمئنا اشتباه است این قضایا را بیش از آنچه مورد نیاز است، بااهمیت جلوه دهیم. وب ۲٫۰ همانطور که خرد جمعی را تحت کنترل در می‌آورد، مهاری بر بی‌خردی جمعی است. خواندن بعضی از کامنت‌ها در یوتیوب باعث می‌شود که برای آینده انسانیت تنها به خاطر تنهایی‌اش گریه کنید، حتی اگر اهمیتی برای زشتی و برهنگی دشمنی بین مردم قائل نباشید.

ولی چه چیز باعث می‌شود همه این‌ها جالب باشند. وب ۲٫۰ یک تجربه اجتماعی بزرگ است، و مانند هر تجربه دیگری اگر به طور غلط از آن استفاده شود، ممکن است با شکست مواجه شود. هیچ نقشه‌ای برای فهم چگونگی کار و تعامل ارگانیسم‌هایی به تعداد ۶ میلیارد نفر که روی این کره خاکی زندگی می‌کنند و به سادگی یک باکتری نیستند، وجود ندارد. ولی سال ۲۰۰۶ به ما ایده‌هایی داد. ایده‌هایی که به ما فرصت بنا نهادن جهانی با فهم بین‌المللی بدهد. شناخت و فهمی که دیگر تنها بین سیاست‌مداران یا بین افراد قدرتمند نباشد، بلکه بین شهروندان و اشخاص صورت بگیرد. این فرصتی است برای مردم که به صفحه‌های کامپیوترشان نگاه کنند و واقعا از اینکه شخصی که در صفحه می‌بینند

هم به آن‌ها نگاه می‌کند، شگفت‌زده شوند. به کارتان ادامه بدهید. به ما بگویید که شما چیزی بیش‌تر از یک فرد کنجکاو بی‌اهمیت هستید.

In Brief:
The person of year 2006 is 'You'!
A shift in the media concepts
The idea of new media is rapidly expanding; the idea that the era of champions and great personalities is gone and each and every individual finds importance as one enters the modern media. The central idea of Radio Zamaneh is the introduction of citizen-jour- nalism to the Persian media. Some groups of Iranian journalists have already noticed this issue to the extent that in the past few months, this idea has also been mentioned in media circles in Tehran. Also, The BBCTrust has launched Zig Zag a participatory website in Persian. I can predict that this idea will rapidly find its own place among Iranians. However, this idea is very new at the global level and is being debated quite recently. But as you will find in the articles of the Time, the technological accommoda- tions for the creation of this idea has been there for quite some time. In fact, popularization/amateurization of technology has paved the way for the creation of this idea and has now stepped out of the elite milieu, is being better known by the public and is shaping and changing ideas. The Time article - tranlated here by an Iranian blogger- is an example of this change of concepts. The translation/quotation of these articles in a Persian weblog shows that the blogosphere as popular/amateur media are paying par- ticular attention to these changes.

Mehdi Jami

http://zamaaneh.com/blog/2006_/12/2006.html

نظــرهای خـــواننـدگـــان

saslam,
ghesmate commnet box haaye shomaa dar bakhshhaaye mote-
faavet amalan comment haa raa mshmule morur zamaan mikonad,
yani commente zaaher shodeh dar matlabi zaaaher migardad ke
khaandegaan soraaghash nemiravand,
azaanjaa ke taide commenti zamaani nemigirad va tedaad com-
menthaay taakonun montasher shodeh besyaar andak ast zyaad
beharhaal jaaleb nist
khosh baashid

بدون نام , Dec 18, 2006

وقت رسانه خودمانی است

بیست و هشت آذر هشتاد و پنج

۱. مصادف شدن ۱۰۰ روزگی تولید رادیو زمانه با انتشار آخرین شماره سال ۲۰۰٦ مجله تایم که شخصیت سال را معرفی می‌کند تقارن جالبی است. برای ما که با ایده گسترش رسانه خودمانی (بر پایه مشارکت شهروندان روزنامه‌نگار) آغاز کرده‌ایم و به عصر تازه‌ای در کار رسانه‌ای اعتقاد داریم انتخاب رسانه‌پردازان خودمانی به عنوان شخصیت‌های سال از سوی مجله تایم سخت به‌هنگام و اسباب خوشنودی است. در دنیای رسانه‌ای فارسی، زمانه تا کنون خود را تنها می‌دیده است. انتخاب بامعنای تایم نشان می‌دهد که زمانه‌ای‌ها در انتخاب ایده خود به‌هنگام رفتار کرده‌اند و ممکن است بتوانند در گسترش این ایده در دنیای فارسی‌زبان نقشی تاریخی بر عهده گیرند. ایده‌ای که پیشرو است و نبض رسانه در قرن بیست و یکم با آن می‌زند.

۲. با وارد شدن مردم به عرصه تولید خودمانی و اغلب بی‌چشم‌داشت رسانه‌ای نظم تازه‌ای جانشین نظم‌های کهنه خواهد شد که دیر یا زود تمامی رسانه‌ها را فرا خواهد گرفت. گروه‌های محافظه‌کارتر این نظم جدید را برای مدتی به مثابه آشوب ارزیابی خواهند کرد. اما کدام کار و ایده جدید هست

که در آغاز آشوبگر معرفی نشده باشد؟ مثال روشنش داستان شعرنو در زبان فارسی است. اگر امروز داستان زندگی نیما را ورق بزنیم در شگفت خواهیم شد از تعدد انتسابهایی که این مرد بزرگ را دیوانه می‌خواندند.

اما خوشبختانه قرن بیستم آنقدر با هنجارشکنی‌های پیاپی همراه بوده است که امروزه رفتار عمومی در قبال صاحبان ایده‌های جدید تا مرز دیوانه خواندن ایشان پیش نمی‌رود. میزان تحمل عمومی برای دریافت ایده‌های تازه بالاتر رفته است. راهی که نیما رفت به معنای دقیق کلمه دموکراتیزه کردن زبان شعر بود. از آن زمان تا کنون این ایده مرکزی - که ایده جهان مدرن بود- همه جا دامن گسترده و حال به رسانه رسیده است. رسانه خودمانی رسانه دموکراتیزه شده است و نتیجه قهری روندی که با گسترش سواد همگانی از آغاز قرن بیستم شروع شد.

میزان گرایش ایرانیان به مهم‌ترین و دستیاب‌ترین رسانه خودمانی یعنی وبلاگ که ایشان را در رده چهارم جهان قرار داده است نشان از پتانسیل شگفت‌انگیز ایرانی برای استقبال از روند دموکراتیزاسیون دارد. زمانه محصول این گرایش در عرصه رادیو است. به همین جهت هم هست که می‌گوییم این رادیویی است که از وبلاگ می‌آموزد.

۳. زمانه در طول ۱۰۰ روز تولید خود عملا نشان داده است که می‌توان با سیستم باز دست به تولید رادیویی زد. ما بیش از نیمی از همکارانمان را هرگز ندیده‌ایم و تنها بر اساس ارزش رسانه‌ای کارهایشان به پخش گزارش‌ها و برنامه‌های آنان پرداخته‌ایم. اما بهدرستی باید گفت که از آنچه زمانه در سر و در توان دارد هنوز چیز زیادی عرضه نشده است. واقع این است که ما هنوز در اول راهیم و برای عملیاتی کردن ایده‌هامان نیازمند همفکری و همگامی کسانی هستیم که به ایده رادیوی خودمانی باور دارند و به تقسیم‌بندی رادیوی خارجی و داخلی و نگاه بیگانه به آنچه خارجی است بی‌باورند. چه بسیار از آنچه در داخل است با ما بیگانه افتاده است و چه بسا آشنای نزدیک که در جغرافیایی خارج از مرز مسکن دارد.

من برای نمونه مایلم تنها به یک نکته اشاره کنم: «**موسیقی نشانه**» زمانه (با کلیک روی عبارت آن را گوش کنید). موسیقی نشانه ما که در آغاز و پایان برنامه‌ها به همراه نام زمانه یا بدون آن می‌آید موسیقی یگانه‌ای است که مانند بسیاری از ویژگی‌های دیگر زمانه از یک مجموعه ایده متولد شده است. از جمله اینکه این موسیقی تا آنجا که من می‌دانم تنها موسیقی نشانه یک رادیوی فارسی‌زبان است که بر اساس عناصر مدرن اما با سازهای ایرانی نوشته و اجرا شده است. چرا که ما می‌خواستیم نشانه زمانه هم مدرن و هم ایرانی باشد.

در این مدت صفحات زمانه در پخش و در همزاد آنلاینش در اختیار افراد به‌نام و گمنام بسیاری بوده است. آن‌ها که بنام‌اند به زمانه اعتباری داده‌اند که رسانه‌ای که از مرز می‌گذرد به آن نیازمند است. آن‌ها که گمنام‌اند زمانه رادیوی آن‌هاست تا به خودمانی‌ترین شیوه کار خود را عرضه دارند. هیچکس از آغاز به نام نبوده است. هیچکس هم تا پایان گمنام نمی‌ماند. راست این است که گمنامان از پراکندگی است که گمنام‌اند. این است که زمانه مرکزی است برای جمع آمدن ایشان تا نام سزاوار خویش را بیابند. مانند آن گروه از آدم‌های گمنام که در این شماره مجله تایم به عنوان نمونه‌ای از «شما» معرفی شده‌اند. زمانه عرصه‌ای باز است برای پذیرفتن استعدادهای تازه و حرف‌های تازه. یا حرفه‌ای‌هایی که به هر دلیلی دستشان از رادیو کوتاه مانده بوده است.

شماری از همین دوستان برنامه‌های زمستانی ما را ساخته‌اند که به زودی صدای آن‌ها را خواهید شنید. من در یادداشتی جداگانه این برنامه‌ها را معرفی خواهم کرد.

http://zamaaneh.com/blog/12/2006/post_14.html

نظـــرهای خـــواننـدگـــان

○ می شه این موسیقی نشانه رو توی وبلاگ هم بذارین؟
مـن نمـی تونـم رادیـوی شـما رو بگیـرم و خیلی دلم مـی خواد این نشـانه رو بشـنوم.
بـد نبـود همیـن جا لینـک اش رو مـی دادین.
بدون نام , Dec 20, 2006

....

● پیشنهاد خوبی است و حتما این کار را انجام می دهیم – زمانه

....

○ فلسـفه پخـش اینهمـه آهنـگ عربـی چیـه؟ مـی دونیـن کـه مـا ایرانـی هسـتیم و از
خودمـون هـم بدمـون مـی آد چـه برسـه بـه عربا!
بابک , Dec 22, 2006

....

● فلسـفه اش ایـن اسـت کـه ایـن هـا ترانـه هـای همسـایگان مـا هسـتند و در برنامـه
موسـیقی همسـایگان پخـش می شـوند و دیگر اینکه خواسـتاران زیادی در میان ایرانیان
دارد. در ضمن در جنوب ایران عربی زبان مشـترک با همسـایه هاسـت. زمانه هم برای
همـه ایـران اسـت. ایـن ترانـه هـا بـرای کسـانی اسـت کـه هم خودشـان را دوسـت دارند
و هـم دیگـران را. مهدی جامی

یلدا، تلنگری بر وبلاگستان فارسی

دوم دی هشتاد و پنج

کلاغ سیاه در مطلبی که برای زمانه فرستاده به رفتارشناسی وبلاگ‌نویسان در بازی شب یلدا پرداخته است. کاری ارزشمند که امیدواریم هم او و هم دیگر دوستان وبلاگی دنبال کنند و زمانه را تریبونی برای تحلیل‌های وبلاگستانی ببینند. او در یادداشت کوتاهی که در وبلاگ خودش هم آورده بود به نکته ارزشمندی اشاره کرده بود: رابطه راز و سکس – زیرا شماری معنادار از آن‌ها که نوشتند پرده از رازهای رفتار جنسی خود برداشتند. به قول او این نشان می‌دهد که در فرهنگ ما تا چه حد راز، معنا و محتوایی جنسی دارد. از او که از منتقدان زمانه است ممنونم که با وجود انتقادهایش – که باید در فرصتی به آن‌ها پاسخ داد و با او به گفت و شنود پرداخت – در وبلاگی ساختن هر چه بیش‌تر زمانه قدم برداشته و تحلیلی درباره یک جریان وبلاگی فرستاده است. فهرست ناکاملی از وبلاگ‌هایی که در این بازی شرکت کردند در بالاترین آمده است و آخرین وبلاگ‌نویسی که تا اینجا وارد بازی شده محمدعلی ابطحی است.

مهدی جامی

راز، خــاطـره، رفتـار

آهای ملت، بر حسب تجربه بدنه وبلاگستان تنها به تلنگری نیازمند است تا به ارتعاش درآید. گاه تلنگری سیاسی، گاه اجتماعی، گاه اخلاقی و گاه «رفتاری برای بازشناسی خود» به بهانه شب یلدا.

«بلاگ تگ»، یا نوشتاری که در روزهای اخیر با نام «بازی شب یلدا» در بین وبلاگ‌نویسان فارسی‌زبان رواج گرفته از همان تلنگرهایی است که کافی است در زمان مناسب‌زده شود تا نتیجه خود را آشکار کند. ایده به ظاهر بسیار ساده است. بیان «پنج نکته درباره من که نمیدانی» برای «تویی که نمی‌شناسمت» و درخواست از پنج نفر برای رفتار مشابه برای «آشنا شدن».

سادگی ایده بر اساس سهولت ایجاد ارتباط است با توسل به اشتراک گذاشتن موضوعاتی که عموما برای «ناشناس‌ها» بیان نمی‌کنیم. تا بدین وسیله از آن‌ها «دوستانی» تازه بیابیم که ما را می‌شناسند. ظاهرا وبلاگ‌نویسان ساکن جزایر پراکنده وبلاگی در اقیانوس ارتباطات از استقلال و «تنها بودن» خسته شده‌اند و به دنبال «آشنایانی» هستند که بر اساس «شناخت» با آن‌ها رابطه درست کنند.

اما ساده‌ترین راه‌ها همیشه سهل‌ترین ابزارها را در اختیار نمی‌گذارند. بیان «پنج نکته پنهان» که بتواند به نزدیک شدن کمک کند اگر به اشتباه تصور شود باعث دوری بیش‌تر خواهد شد . نوشته‌های وبلاگ‌نویسان در روزهای اخیر شامل سه گروه عمده مطالبی بود که به نیت آشنا کردن ناشناسان نوشته شدند. یک گروه بر «رازهای شخصی» تکیه کرده‌اند، گروهی بر «خاطرتشان» تکیه کرده‌اند و گروهی بر «رفتار شخصی». برخی نیز به صورت ترکیبی از این عناصر استفاده کرده‌اند.

«راز گشـایی»، یکـی از ابتدایی‌تریـن روش‌هـای ایجـاد فضـای دوسـتی اسـت. کـودکان بـرای تاکیـد بـر اعتمـاد و دوسـتی بـا دیگـران رازهـای کوچـک خـود را برایشـان نقـل می‌کننـد. موضـوع رازهـای کودکانـه چنـدان اهمیتـی نـدارد بلکـه تنهـا معیـاری اسـت بـرای «دوست‌سـازی». عمومـا دختران بیش‌تـر از پسـران از این روش بـرای دوست‌سـازی استفاده می‌کننـد. بـا ایـن نگـاه، بازی شب یلـدای وبلاگ‌هایی

با نویســندگان مونـث، سرشـار از رازهای کودکانه اسـت.

«بازگویی خاطره» به معنای بیان آنچه سپری شده عموما به عنوان ابزاری برای «شناساندن» و معرفی شخصیت گوینده به کار می‌رود. در چنین رفتاری گوینده به لحاظ روانی از «وضعیت حال» خود راضی نیست و شخصیت ایده‌آلش را در گذشته می‌بیند و با ابزار خاطره‌گویی تلاش در زنده نگه داشتن آن دارد. عموم ترین مثال چنین رفتاری «گفتگوهای پارکی» افراد مسن است. کسانی که از نظر روحی به میانسالی رسیده باشند برای بازتعریف خود و ایجاد رابطه دوستی به خاطره پناه میبرند تا فصل مشترک رابطه را از گذشته به حال بیاورند. با چنین معیاری می‌توانید میانسالان بازی شب یلدا در وبلاگستان را به سادگی پیدا کنید.

بیان «رفتار و خصویت‌های فردی» برای شناساندن خود عموما منتسب به افرادی است با درجه اعتماد به نفس بالا، فعال و تاثیر گذار. چنین رفتاری که به عنوان «سالارمنشی» از آن یاد می‌شود در هر جامعه متفاوت است. بیان رفتار برای شناساندن خود در ایران یک رفتار کاملا مردسالارانه است. شرط و شروط مردها بر مبنای «دوست داشتن» و یا «دوست نداشتن» در محیط خانوادگی و اجتماعی بر همین اساس است. پیدا کردن «سالارمنشان» وبلاگ‌نویس از دریچه بازی وبلاگی شب یلدا چندان سخت نیست.

راز، خاطره و رفتار، تمام آن چیزی نیست که ما بتوانیم برای بیان خود بدان متوسل شویم اما عمومی‌ترین روشهایی است که از نیاکان به ما به ارث رسیده. در دورانی که عبارت دیجیتال وجود نداشت نیز چنین رفتاری شایع بود. زنان و مردانی که در دل کوه و در غار زندگی می‌کردند زمانی که از تنهایی به ستوه آمدند به دشت سرازیر شدند تا در کنار دیگران زندگی جمعی را آغاز کنند. اما آنان پیش از رازگویی و خاطره‌نگاری و سالارمنشی به «اشتراک تجربه» پناه بردند. چیزی که امروز در بازی شب یلدای وبلاگ‌های فارسی غایب است.

http://zamaaneh.com/blog/12/2006/post_29.html

چگونه می‌توان همه را صاحب رسانه کرد؟

چهار دی هشتاد و پنج

در فلسفه شماری از برنامه‌های زمستانی زمانه

ساختن برنامه مشغولیت اساسی ما در رادیو زمانه است. شوق ساختن منحصر به فرد است. هیجانی دارد که با کم‌تر چیزی قابل مقایسه است. همین حالا داشتم به داستانی گوش می‌کردم که در مجموعه تازه زمانه امیرحسن چهلتن خوانده است. مجموعه‌ای که عمدتا با یاری عباس معروفی و حسین آبکنار و حسین نوش‌آذر فراهم آمده است و در دست تدوین نهایی است. شوق کاری که به نویسندگان ایرانی امکان می‌دهد مستقیم کار خود را با صدای خود ارائه کنند و به مخاطبان و دوستداران ایشان امکان می‌دهد داستانی را با صدای نویسنده مورد علاقه‌شان بشنوند و نه یک مجری و راوی حتی خوب. حس می‌کنم کاری مهم انجام شده است و ادای دینی به نویسنده و خواننده و رسانه رادیو. گامی هر چند کوچک اما نمونه‌ای از کارهایی است که زمانه می‌پسندد و گام‌های بزرگ‌تری که می‌تواند بردارد. کاری که با شوق دوستان و زحمت و پیگیری ایشان فراهم آمده است و همیاری نویسندگانی که در این کار مشارکت کرده‌اند.

به شهرنوش پارسی‌پور فکر می‌کنم که دارد به سفارش زمانه خاطرات خود

را می‌نویسد وچندین قسمتش را هم نوشته و آماده انتشار شده است. اینکه زمانه می‌تواند زمینه‌ای برای خاطره‌نویسی نویسندگانی چون او فراهم کند برای من شخصا اسباب شادمانی است. گام کوچکی است. می‌دانم. به خصوص وقتی کتابفروشی‌های اروپایی را در نظر می‌آورم که بخش بزرگی از بیوگرافی دارند و در آن می‌توانی خاطرات بسیاری از شخصیت‌های درجه اول ادبی وسیاسی تا خوانندگان و ورزشکاران و حتی آشپزهای مشهور تلویزیونی را بیابی - حال آنکه خاطره‌نویسی ایرانی فقیر است و معدود، و هنوز بسیاری از چهره‌های شاخص ما صاحب اثری در این زمینه نیستند.

برای خاطره‌نویسی مردمان ناشناخته هم برنامه‌ای به پیشنهاد رضا دانشور در دست داریم. برای ما مهم است که روایت‌های شخصی را انتشار دهیم. چه این روایت بزرگان و چهره‌های شاخص فرهنگ ما باشد و چه مردمی که زندگی‌های غنی و رنگارنگی دارند ولی تا حال فرصتی برای انتقالش به دیگران نداشته‌اند. ما از راه وبلاگ‌خوانی هم (مثلا در برنامه جدید **یک سر و هزار سودا**) می‌خواهیم همین تجربه رنگارنگ را منتقل کنیم. یک سر و هزار سودا خط کشیدن زیر جمله‌های شنیدنی مردم ما و جوان‌های ما و برجسته ساختن آن‌هاست.

این‌ها گوشه‌ای از برنامه‌های ماست. چند شبی است که **مزرعه سبز** را هم می‌شنوید. برنامه‌ای که با همه خردی خود نشان از توان بزرگی دارد که در پیچ و خم دالان‌های مهاجرت گم شده است. مزرعه سبز از سویی به مخاطبان فراموش شده رسانه‌ها که کودکان‌اند باز می‌گردد و از سویی فرصتی را در اختیار گروهی از هنرمندان رادیویی آماتور و حرفه‌ای می‌گذارد تا از کارهای متفرقه‌ای که می‌کنند هفته‌ای یکی دو بار هم شده دست بکشند و خود را با شوق به استودیوی رادیو برسانند و کاری کنند که دوست می‌دارند اما زمینه‌ای برای آن نمی‌یافته‌اند.

روز شنبه اولین پخش همزمان **رادیو قاصدک** را هم از رادیو زمانه شنیدید. رادیویی که فقط با همت عالی همکارانش اداره می‌شود تا فرصتی فرهنگی

بـرای شـنوندگانش فراهـم کنـد. زمانـه از امروز امکانـات پخش خـود را در اختیار قاصـدک نهـاده اسـت تـا نشـان دهد کـه به دیگـر گروه‌های رسـانه‌ای فارسـی هم فکـر می‌کنـد و امکاناتـی را کـه دارد صرفا به گـروه معدود و محـدودی اختصاص نمی‌دهـد. زمانه آماده اسـت تا بـه حمایت از گروه‌های کوچک‌تر رسـانه‌ای برخیزد و کمـک کنـد صـدای آن‌ها بـه مخاطبان بیش‌تری برسـد.

همـه شـوق کار و برنامه‌ریـزی در کنـار نگرانـی از نقدهایـی اسـت کـه زمانه را بـه گونـه‌ای ارزیابـی می‌کنـد کـه گویـا کار مهمی انجـام نمی‌دهـد و چیز تـازه‌ای نیـاورده اسـت. نمی‌گویـم آنچـه می‌کنیـم اهمیت فـوق العـاده دارد امـا معتقدم که اهمیـت دارد. هـر کـدام از این دسـت کارها به نحوی در جهت تصحیح مسـیرهای رسـانه‌ای پیشـین اسـت به ویـژه از نـگاه فراگیر بودن (کـه اصل اصیل دموکراسـی اسـت). مـا از دیگـر رسـانه‌ها بسـیار آموخته‌ایـم ولـی فکـر می‌کنیـم قدرت‌هـای رسـانه‌ای هنوز در جهان فارسـی‌زبان شـناخته نشده اسـت. ما رسانه بزرگی نیستیم امـا اگـر مسـیر تـازه‌ای را نشـان دهیم شـاید گام‌هـا و آزمون‌هـای کوچک مـا مبدا تحـولات تـازه‌ای در چشـم‌انداز رسـانه‌ای فارسـی شـود. زیـرا اگر امـروز ابداعات این یا آن وبلاگ‌نویس می‌تواند انعکاسـی در وبلاگسـتان فارسـی داشـته باشـد کار جمعـی زمانـه نیـز باید بتواند جـای خـود را در تحولات رسـانه‌ای پیدا کنـد. تمام تـلاش مـن و همیـاران و همـکاران زمانـه همین اسـت که نشـان دهنـد زاویه‌های تـازه‌ای هسـت کـه کم‌تر شـناخته شـده اسـت یـا کم‌تر به چشـم آمده اسـت.

من از اینکه زمانه نقد می‌شود بسیار خرسندم. زیرا رسانه‌ای که دیده نشود نقد نمی‌شود. نقدها نشانه توجه به زمانه است. انتظار ستایش منتقدان را هم ندارم اما انتظار دارم که بگویند آنچه در این تجربه، خطا(ی تحلیل یا عمل) می‌یابند کجاست. شماری از منتقدان زمانه را با آنچه خود در سر دارند می‌سنجند. اما نقد می‌تواند به ما کمک کند از آنچه در سر داریم طرح عملیاتی بهتری ارائه کنیم.

مـا می‌کوشـیم نخسـت آنچـه زمیـن مانـده را از زمیـن برداریـم. تنها بعـد از آن اسـت کـه می‌توانیـم بـه کارهای کامـلا تازه برسـیم. اما نخسـت باید تمام کسـانی

را کـه از رسـانه محـروم بوده‌انـد در حـد امـکان صاحب رسـانه کرد. طبعـا ما تنها می‌توانیـم نمونه‌هایـی را نشـان بدهیـم و از جایی آغاز کنیم (مثـلا از قصه و روایت و خاطـره و وبـلاگ). اما اگر موفق شـویم کسـانی دیگر و رسـانه‌هایی دیگر هم به این اندیشـه خواهند پیوسـت. مـا برای کارها و پیشـنهادهامان کپـی رایت هم قائل نیسـتیم. مهم انتشـار این اندیشـه اسـت که هر رسـانه باید توانسـته باشـد فرصتی بـرای کسـانی ایجاد کند که رسـانه نداشـته‌اند.

مـا راه را بـه پای شـوق می‌رویم. سـخن منتقد شـوقمند را نیز به جـان می‌خریم. زمانـه یـک فرصـت جمعـی اسـت. تـا اینجا هـم ده‌هـا نفـر در شـکل‌گیری زمانه مشـارکت کرده‌انـد. مـا مرتبا در جسـتجو هسـتیم. اگر شـما هـم می‌توانیـد در این جسـتجوگری اهـل زمانـه را یاری کنید، منتقد باشـید یا پیشـنهاددهنده طرحی تازه یـا هـر دو، از اهـل زمانـه هسـتید. امـا زمانه نمی‌تواند به شـکل طرح‌هـای مختلف منتقدانـش درآیـد چـون چنیـن امـری محـال اسـت کـه همـه آن طرح‌هـا در یک ظـرف واحـد قابـل عمـل باشـد. اما بـه زمانه می‌تـوان کمک کـرد آن چیزی باشـد که ادعایـش را دارد. توانـش را دارد.

http://zamaaneh.com/blog/12/2006/post_30.html

جالبه! الان مدتیه که برنامه هاتون رو از طریق اینترنت گوش می کنم جذابیت و آرامش خاصی داره

در ضمن از اینکه سیستم آر اس اس رو برای سایت قرار دادید ممنونم

رضا غبیشاوی , Dec 25, 2006

○ ایـن حـرف شـما مثـل اینـه کـه بگیم همـه بایـد صاحب کتـاب باشـن. سئوال اینه کـه چـرا. چـرا همـه باید صاحب رسـانه باشـن. مگر رسـانه چیـه؟ این که شـما تو کار رسـانه هسـتین دلیـل نمی شـه که همـه ایـن کار رو بخوان انجام بـدن. در ضمن اصلا معلـوم نیـس کـه اگـر همه صاحـب رسـانه باشـن مطبوعـات بهتـر و متنوع تر باشـن. مهـم ایـن نیـس کـه همـه صاحب رسـانه باشـن. مهم اینه کـه در یـک جامعـه روزنامه هـای مسـتقل و قابل اعتماد وجود داشـته باشـه. مهم اینه کـه روزنامه نـگارای ما بتونن کارشـون رو خـوب انجـام بـدن. یعنـی اگر یه بنـا به کارش برسـه و خونـه های خوب و محکـم بسـازه خیلـی بهتـر از اینه که یه بنـا بخواد یـه روزنامه نگار بد و یـه روزنگار خـوب یـه بنـای بـد باشـه. بـه نظر من شـما تـوی یـه دنیـای مجـازی بیـش از حد به خودتـون مبتـلا هسـتین. یعنـی ایـن فکـر کـه ادم فکر کنـه که خوبـه همـه صاحب یه رسـانه باشـن، نشـون دهنده ی اینه که ادم فکر می کنه چون کارش رسـانه سـت، پس دمـش خیلـی گرمـه و همـه دوس دارن ایـن کاره باشـن. در صورتـی که ممکنه کسـی اصلا دوس نداشـته باشـه توی کار رسـانه باشـه، همینطور شـاید کسـی دوس نداشـته باشـه بنـا یا صحـاف یا نونوا باشـه.

محمد نیازی , Dec 25, 2006

....

● *صحبـت بـر سـر این نیسـت که همـه را بـه زور صاحب رسـانه کنیـم! صحبت این اسـت کـه همه کسـانی کـه نیاز به رسـانه دارند ولـی از آن بـه دلایل اجتماعـی محروم اند رسـانه مناسـب داشـته باشـند. با اسـتفاده از مثال شـما می توان گفت همه کسـانی کـه کتابـی بـرای انتشـار دارنـد بایـد بتوانند کتـاب خود را منتشـر کننـد. بـرای آنها هم کـه ندارنـد آمـوزش در دسـترس باشـد کـه اگـر توانایـی اش را دارنـد صاحـب کتاب شـوند. - مهـدی جامی*

....

○ ممنونـم آقـای جامـی کـه کامنتـم رو منتشـر کردیـن و زودم جـواب دادیـن. ایـن نشـوندهنده اینـه که تو کار شـما ظاهراً می‌شـه انتقاد کـردش. ولی مثل این که نتونسـته

بــودم حرفــم رو درســت بگــم. حرف من اینه که شــما با ایــن امکاناتی کــه دارین، توی اینترنــت نمــی تونیــن جــای مطبوعات خبررســون و مســتقل رو تــوی جامعه پــر کنین. شــما خبراتونــو از کجــا تهیــه مــی کنیــن؟ چند تــا خبرنــگار دارین تــو دنیا؟ شــاید مثلا اینجــوری باشــه کــه چــار تــا پنج تا ســایت مهــم خبــر مثــل ایلنــا و ایســنا و نیویورک تایمــز دم دســتتون هــس، بــه همونــا مراجعه می کنیــن و خبرهایــی رو که اونا ســاختن و منتشــر کردن، شــما تو ســایتتون می ذارید. این کار رســانه نیســت. رســانه باید بتونه خبــر بســازه. شــما مــی گین همــه مردم بایــد بتونــن صاحب رســانه باشــن. در صورتی کــه خودتــون بــه کار رســانه کــه تولید خبر و انتشــارش باشــه نمی تونین درســت عمل کنیــن. یعنــی خبراتونــو از جاهــای دیگه مــی گیرین. حتــی در حد یه رســانه محلی هم امکانــات خبرســازیتون جــواب نمیــده. حــالا چطور فکــر میکنیــن با بحثهــای تئوریک مثــلا مــی تونیــن همــه رو صاحب رســانه کنیــن یا فرهنــگ رســانه ای رو تــوی جامعه شــیوع بدیــن. اصــلاً چــرا بایــد ایــن فرهنگ شــایع بشــه؟ ببینین آقــای جامی! کار شــما مــث ایــن میمونه کــه آدم بخواد با تئوریهای شــیمی جــای خالی صابون رو مثــلاً پرکنه. یعنــی فکرشــو کنیــن صبــح از خــواب بیــدار میشــین و میخوایــن دســت و روتــون رو بشــورین و میبینــی کــه صابون ندارین. اما فرمول ســاختن صابون رو یــه جایی خوندین یــا اصــلاً اون فرمول رو از بر هســتین. به نظر من بهتره شــما و همکارانتــون اول صابون رو درســت کنیــن، بعــد تئوریــش رو بــه مــردم یــاد بدیــن. حرف مــن اینه که اگه شــما بتونیــن صابــون خــوب درس کنین، شــاید کســی دیگه نخــواد به خــودش زحمت بده، فرمــول صابــون ســازی رو یــاد بگیره. امــا در عمل اینجوریه کــه تو زمانه شــما به جای اینکــه کارتــون رو انجــام بدیــن هــی رســانه رســانه می کنیــن. بــرای همینه کــه می گم بــه خودتــون مبتــلا هســین. مــث کســی کــه هــر روز دســت و روش رو نشســته چــون صابــون نــداره، امــا خودشــو کــه تو آینــه که نگا مــی کنه، می گــه من چقده دمــم گرمه، والا. شــما بــه وظیفــه خودتــون در حــد امکاناتتون درســت عمــل نمیکنین بعد رســالت رســانه ای کــردن جامعــه رو بــرای خودتــون قائــل هســتین؟ و اصلا از کجا معلوم بشــه تــو جامعــه‌ای کــه چار تا مطبوعات درســت و حســابی نمی تونه داشــته باشــه، از هلند،

بـا بودجـه یه کشـور دیگه تو ایـران فرهنگ مثـلا رسـانه ای رو آورد؟ اینا سـوالای منه از شما

محمد نیازی , Dec 25, 2006

....

● دوست عزیز

توجـه کنیـد کـه بحث مـن در تئـوری ماکزیمـال اسـت و در عمـل مینیمال. نوشـته ام کـه مـا در زمانـه مـی توانیم تنهـا نمونه هایـی را ارائـه کنیم. یعنـی قرار نیسـت ما همه را صاحـب رسـانه کنیـم –ایـن از تـوان ما خارج اسـت– امـا با این فـرض حرکت می کنیـم تـا بتوانیـم از میـان همه کسـانی کـه صدای ما به گوش شـان می رسـد بـه اندازه امـکان و تـوان تریبـون بدهیـم. یعنی واقعا رسـانه باشـیم و ایـن فکر را در رسـانه های دیگـر نیز مطرح سـازیم.

ضمنـا صاحـب رسـانه شـدن بـه ایـن معنـا نیسـت کـه هـر کسـی رسـانه خـود را راه بینـدازد. بـه ایـن معنـی اسـت کـه بـه رسـانه دسترسـی آزاد داشـته باشـد.

دیگـر اینکـه مـا ادعـای کاری را کـه نکرده ایـم نمی کنیـم. از آنچه می گوییم که کرده ایـم. یعنـی مثـلا همیـن برنامه هایـی که در این یادداشـت به آن اشـاره کـرده ام. تفاوت در ایـن اسـت کـه می خواهیم به فلسـفه کار خـود و برنامه هـای خود نیز اشـاره کنیم. تـا شـنوندگان مثـلا فکـر نکنند انگیخته مشـابه بـه دلیل انگیزه مشـابه اسـت. ما ممکن اسـت برنامـه کودک بسـازیم ولـی انگیزه ما متفاوت اسـت.

در بـاره خبـر هم کار شـدنی این اسـت که دسـت بـه انتخاب بزنیم. درسـت اسـت که خبـر تولیـد نمی کنیـم ولی در انتخاب خبـر و پروردن آن راه متناسـب با اهـداف زمانه را مـی رویـم و می کوشـیم مثلا از رسـانه های اصلـی تقلید نکنیم و اولویـت خبرها را خـود تعییـن کنیـم. امـا مـا ادعـای تولید خبر بـه معنای مـورد نظر شـما نداریم. رسـانه هـم فقـط خبر نیسـت. وگرنه وجـود اینهمه سـایت غیرخبـری و مجله هـای اجتماعی و فرهنگـی لغو مـی بود.

مـا در زمانـه علاقـه مندیم امکانـات محدود خـود را صرف اموری کنیم کـه زمین مانده

است. خبر از آن دست امور نیست. بخصوص خبر سیاسی که ظاهرا منظور شما ست و صدها تریبون دارد. ما به دنبال اشاعه رسانه خودمانی هستیم. این راهی است که هم شناخته است و هم ناشناخته. منتقدان می توانند کمک کنند ما در این جهت پیش برویم تا اینکه بخواهند ما شبیه دیگر رسانه ها شویم. - مهدی جامی

....

○ بازم ممنونم که وقت می‌ذارین. ببین آقای جامی، منظور من خبر فقط به معنی خبر سیاسی نیست. خبر فرهنگی. خبر اجتماعی، ورزشی یا هر جور خبری که فکرشو می شه کرد. شما می خواین متفاوت باشین؟ بسیار خوب. اما خبر بسازین. خبر فرهنگی مثلن. چه کتابایی از چه نویسنده هایی زیر چاپن. ناشرا چه مشکلاتی دارن. با دو تا نویسنده با چار تا فیلمساز با یه هنرپیشه صحبت کنین. نترسین. خیال نکنین دارین خیلی حال می دین به دیگران. رادیو مثل قیفه. امروز یه چیزی می گی، فردا همه یادشون رفته. اگه راس می گین و خیلی دوس دارین رسانه باشین برین توی دانشجویایی مثل من. آمار بگیرین. ببینین عادت کتاب خوندن ماها چقدر تغییر کرده یا تغییر نکرده. ازمون بپرسین که به چه چیزایی علاقه داریم. به همکاراتون بگین که تحقیق کنن. نه این که چار تا خبر از چار جا دستچین کنین و بگین این خبر ماست. بعدشم بقیه برنامه تون رو با برنامه هایی که هیچ ربطی به هم نداره پر کنین. این کار مثل وبلاگ نویسی دست جمعی می مونه. ببینین آقای جامی، خیلی معذرت می خوام اگه لحنم اینجوریه، اما بی تعارف می گم: شما به جای این که زحمت بکشین و از ساختون رادیوتون توی آمستردام بیرون بیاین، و مثلا بپرسین که از بین قشر دانشجوها یا وبلاگ نویسا یا هر کی، کی زمانه رو می شناسه بعد از صد روز مثلا، می شینین تو استودیوتون و خودتون با خودتون مصاحبه می کنین. که چی بشه؟ مثل این می مونه که من هر روز به سلامتی خودم یه پیک عرق بخورم و بگم: ممد نیازی دمت گرمه تو واقعاً. مگه نه؟ بعدش به خودم بگم: ایوالا ممد. تو اینجوری هستی. خیلی باحالی. خیلی آقایی. اما در همون حال از همسایه هام بی خبر باشم. از خونه مم بیرون نیام. چون از دیدن واقعیت ها حال نکنم. بعدشم هر روز برم تو وبلاگم بنویسم

همسایه هام چقدر آدمای باحالی ان. چقدرم منو دوس دارن. بعدشم برم تو سایت محلمون. چار تا خبر جمع کنم که نشون بدم چقدر اهلیت اون محل رو دارم. بعدشم بگم من رسانه این محلم و شهروند - خبرنگار این محلم و خیلی هم ایده ام ماکزیممه، هرچند که حاصل کارم خیلی هم مینیممه. برای همینم، بله دیگه، یه محل هست و یه ممد نیازی که هر روز به یه بهانه ای واسه خودش جشن می گیره. خاطره نویسی چی شد؟ نتیجه نقد زمانه چی شد؟ کی نقد کرد، کی برنده شد؟ کی خاطره ش رو نوشت؟ ببین آقای جامی، چهل تن دمش گرم، نویسنده خیلی خوب، اون آقایونم که اسم آورده بودین، دم اونام گرم. اما رادیویی که همه ش دو ساعت و خرده ای برنامه داره مگه جای این حرفاس؟ این یعنی تولید مفت و مسلم. خیلی خیلی ببخشین. من امشب راستش یه خورده سرم گرمه، بی پرده حرف می زنم. خیلیم مخلص شما که لااقل این قدر مرام دارین که حرف منو منتشر کنین توی این صفحه. داشتم چی می گفتم؟ بله. این یعنی به حساب دیگرون دوماد شدن دیگه. که چی بشه؟ داستان چهل تن یا هر کس دیگه ای به چه درد من می خوره؟ چرا من باید به خودم زحمت بدم مزرعه سبز بشنوم؟ این چه جور کار رسانه ایه؟ این چه ایده ماکزیممیه که به این حد از مینیمم می رسه. شایدم من ریاضیاتم ضعیفه. شاید از ضعف ریاضی ماکزیمم رو با مینیمم اشتباه گرفتم. یا سینما. الان مثلا کافه ستاره رو دارن تو سینماهای ایران نمایش می دن. تقاطع هم همینطور. کو خبری، گزارشی، مصاحبه ای از این دو تا فیلم؟ به جاش فستیوال نمی دونم چی توی نمی دونم کجا که یه آقایی رفته اونجا به خرج شما فیلم دیده و حالا ما باید بشینیم پای صحبت های ایشون. که چی بشه؟ که از ماکزیمم توقع برسیم به یه مینیمم کار رسانه ای مثلاً؟ ببخشین. پرچونگی کردم.

محمد نیازی , Dec 25, 2006

....

● *آقای نیازی عزیز،*

گرچه به نظر می رسد بر سر مفاهیم با هم توافقی نداریم من یک بار دیگر می کوشم با نادیده گرفتن لحن شما دست کم برای فایدت عمومی این چالش نکاتی

را توضیح دهم.

همین برنامه امشب را در نظر بگیرید: گفتگو با فرزانه طاهری تولید است و یا توجه به مساله زلزله بم و پیامدهایش و گفتگو با بچه های بم و یکی از دست اندرکاران و مددکاران اجتماعی در بم تولید است. گفتار بیژن روحانی در باره ارگ بم هم. گفتگو با آرش سیگارچی نیز همچنین. مزرعه سبز هم گرچه به نظر شما بی ارزش می نماید از تولیداتی است که ما به آن افتخار می کنیم و تا کنون شنوندگان بسیاری تقاضای سی دی های آن را کرده اند. تولیدات هفتگی هم که سر جای خود.

در باره گزارشهایی که پیشنهاد کرده اید هم گرچه موضوعات بسیار-گفته-شده ای هستند مساله این است که تا کنون کسی پیشنهاد مشابه برای تولید و گزارش در این زمینه ها نداشته است. زمانه عمدتا یک واحد رسانه ای سفارش دهنده است. سفارش ها هم به علاقه مندان و پیشنهاد دهندگان داده می شود. اگر شما هم مایلید در این زمینه ها حرفی بزنید چرا پیشنهاد نمی دهید؟ سیستم ما که باز است و بسیاری از همکاران و همیاران ما مانند خود شما برای ما ناشناس اند. پس چرا شما که ظاهرا صاحب رسانه و تریبونی نیستید به جای طعنه زدن به شیوه کار ما از تریبون زمانه به انعکاس علایق و نیازهای خود نمی پردازید - مثلا در حوزه مسائل دانشجویی؟

در باره مسابقه نقد هم من در همان برنامه روز صدم گفتم که دو نامزد بالاترین امتیاز را دارند که به آنها خبر داده ایم. چرا نام آنها را اعلام نمی کنیم؟ این را بگذارید به حساب انتخاب و درخواست آن افراد. اما از هر دوی آنها برای سفر به آمستردام دعوت شده است.

ما در پوشش دادن به جشنواره ها و همایش ها انتخاب خود را داریم و توانایی ها و محدودیت های خود را. اما تاکید و تکرار کنم که مانعی نیست اگر شما و هر شنونده دیگر می بینید همایشی هست که خوب است منعکس شود - پیشنهاد دهید تا در صورت تصویب شما هم با هزینه ما به دیدن جشنواره مورد علاقه تان بروید و گزارش تهیه کنید.

نهایتا اینکه فرموده اید چه کسی زمانه را می شناسد. عرض می کنم که صدای ما به همه مخاطبان بالقوه زمانه نرسیده است اما به اندازه چند ماهه عمر زمانه مخاطبان رو به رشدی داریم. شما فکر کنید که مثلا گویا دات کام یا ایرانیان دات کام یا حتی بی بی سی فارسی در چند ماهه اول کارشان چه اندازه گسترش داشتند؟ من از این سه مثلا ایرانیان و بی بی سی را بخوبی و از نزدیک می شناسم. و می توانم ارزیابی نسبتا منصفانه ای داشته باشم که روند رشد ما به چه سمتی خواهد بود.

در باره دست کم گرفتن دو ساعت تولید روزانه هم باید بگویم دستی از دور بر آتش دارید. ولی توجه شما را جلب می کنم به این نکته ساده که بی بی سی تا چند سال پیش تنها یک برنامه ٤٥ دقیقه ای داشت و بعد یک برنامه نیم ساعته آخر شب و نیم ساعت برنامه صبح. یعنی مجموع تولیدش به دو ساعت نمی رسید و درعین حال از پشتیبانی سازمان عظیم و پرسابقه بی بی سی جهانی در گردآوری خبر و حمایت سازمانی و اداری برخوردار بود. زمانه فقط به فقط بر روی پا خود ایستاده است و همت همیاران اش. و من می توانم بجرات بگویم که بهترین سازمان رسانه ای را در کوتاهترین مدت و در عین محدودیتهای بسیار ایجاد کرده است. من واقعا به همکاران ام افتخار می کنم که در چنین شرایطی با کار شبانه روزی و مشتاقانه کار و ایده خود را پیش می برند.

سرانجام ممنون ام که با طرح سوالات خود سبب شدید من مسائلی را طرح کنم که اگر شما را قانع نکند می تواند احتمالا برای خوانندگان دیگر این صفحه مفید باشد.- مهدی جامی

....

○ سلام دوستان!

دستتان درد نکند. کاری ستودنی است که بر عهده‌گرفته‌اید.

بنظر من اینکه به گسترش اندیشه و فکر و ایده می‌پردازید مهمترین عنصر تداوم حیات شما و مهمترین فایده‌ی کار فرهنگی است.

گسترش اندیشه بدون باند بازی و نام و اتیکت.

یک پیشنهاد و دو سؤال:

پیشنهاد:

اگر ممکن است لینک وبلاگ را در صفحه‌ی جدید باز کنید. چون باز کردن مجدد صفحه‌ی اول با این سرعت کند اینترنت در ایران واقعا مصیبتی عظمی است.

سؤال:

۱- چرا کد لوگوی رادیو زمانه را در صفحات نگنجانده‌اید؟ من مدتهاست لینک شما را در وبلاگ خود افزوده‌ام اما به کد لوگو دسترسی پیدا نکردم.

۲- بیش‌از چهار سال است که در وبلاگستان حضور دارم و در نشریه‌ی سیاه‌سپید جزو اولین نویسندگان بودم. هفت مقاله‌ی مستمر هم داشتم. طرحهای بنیادی را مطرح کرده‌ام.

هنوز طرحهای مهمی در مقاطع مختلف در سر دارم. اخیرا هم طرحی با عنوان انقلاب آمیبی طرح کرده‌ام. چگونه میشود در لیست وبلاگ‌چرخان شما جای گرفت ؟

باز هم از لطفتان ممنون. پویندگی و عزمتان پایدار.

با احترام: سینا هدا.

سینا هدا , Dec 26, 2006

....

● وبلاگ چرخان که خیلی ساده است. *با پیشنهاد خودتان یا دوستان تان به این چرخه وبلاگ افزوده می شوید. اما در باره طرحهایی که می گویی خوشحال می شوم جداگانه در ایمیلی به من بنویسی.* - م.ج.

....

○ خب، اگه لحنم خوب نبود به خوبی خودتوت ببخشید. ممنونم که جواب دادین و این یکی از فرقای بزرگ زمانه ست با بقیه رادیوها. من قبول می کنم که اینایی که گفتین تولید رادیوییه. اما امیدوارم شما هم قبول کنین که به نظر من تولیدهای رادیویی زمانه

زیاد با موضوع های زندگی یکی مث من جور درنمی‌یاد. بعدشم وظیفه من نیست که تولید کنم. اشتباه شما اینه که فکر می کنین سیستم بازی که ازش اسم می آرین چیز خیلی خوبیه. حرف من اینه: همونطور که نونوا یا بقال یا بنا نمی تونه با سیستم باز نون بپزه یا میوه بفروشه یکی هم که کارش رادیویه نمی تونه این کارو به قول شما باز اونجور که باید و شاید انجام بده. حداکثرش همینه که مثلا یکی بیاید بگه خوبه یکی بگه بده اونم توی همین دنیای مجازی وبلاگا که همه جامعه نیست. بهترین مثال همین زمانه ست. برنامه های زمانه مثل دونه های تسبیحه که هیچ نخی اونا رو به هم وصل نمی کنه. حالا اگه شما بگین ممکنه اینطور باشه. تو بیا پیشنهاد بده چه کار کنیم. من می گم این کار من نیست. این کار منم نیست که بیام این حرفا رو بزنم. این کار شماست. کار من اینه که مثلا مکانیک خوبی باشم. شایدم خوشم نیاد که بخوام تو کار رادیو دخالت کنم یا رسانه داشته باشم. این که شما این کار رو دوس دارین اصلا به این معنی نیست که همه این کارو دوس داشته باشن یا بخوان اینکاره باشن. در مورد ایرانیان راست می گین. اما یادتون نره که اون موقع که ایرانیان شروع کرد هیچی نبود. اینترنت یه بیابون بود. کویر بود. اون وسطم توی کویر یکی واستاده بود. اسمشم بود ایرانیان. به زبون انگلیسی تازه. یعنی نت فارسی اصلا نبود که بشه گفت کویر بود. بی‌بی‌سی انقلاب کرد تو ایران. یعنی ایتقدر قوی بود. بابام هنوز هر روز بی بی سی گوش می ده. قبل از اونم نمی دونم. شما فکر می کنین رشد تدریجیه. اما اینطور نیست. رشد توی اینترنت ناگهانیه. یعنی منحنی‌ش یه دفعه می‌ره بالا و حداکثر روی یه خط راست ادامه پیدا می‌کنه. خوبی نت اینه که آدم زود مطرح می شه. بدیش اینه که ارتباطشو با واقعیتی که بیرون از نت هست از دس می ده. به هر حال من برای شما آرزوی موفقیت دارم. امیدوارم از این به بعد به جای این که همه ش از رسانه های اروپایی و آدمایی که تو اروپا هستن برنامه بسازین یه خورده هم به واقعیت های زندگی ما تو ایران جواب بدین. مثل بی‌بی‌سی که حداقال این کاره. بعدشم من فکر کردم اصلا دعوا سر مفاهیمه دیگه. مگه نه؟

زنده باشین.

محمد نیازی , Dec 26, 2006

○ آقـای جامی خسـته نباشـید. در جایی در پاسـخ آقای نیـازی نوشـته‌اید: «در انتخاب خبـر و پـروردن آن، راه متناسـب بـا اهـداف زمانـه را مـی رویـم و مـی کوشـیم مثلا از رسـانه هـای اصلـی تقلیـد نکنیـم و اولویـت خبرهـا را خود تعییـن کنیم.»

در ایـن رابطـه پیشـنهادی داشـتم کـه می‌نویسـم: از آنجـا کـه خبرهـای مربـوط به فلسـطین اشـغالی و مقامـات ایـران و آمریـکا بطـور کامـل و گسـترده از سـوی رسـانه‌های در دسـترس مـردم ایـران پوشـش داده می‌شـود شـاید بد نباشـد بـرای تنوع خبـری، زمانـه در بخـش خبرهـای خارجـی خـود، در کنـار اولویت دادن به خبرهـای معمول، به‌طـور پیگیر بـه اخبـارِ دیگـر دنیـا از جملـه نسل‌کشـی دارفـور، درگیری‌هـای زیاد قومـی، مذهبی و اجتماعـی در سراسـر آسـیا و آفریقـا و برخـی اخبـار آمریـکای لاتیـن هم بپـردازد. این خـود می‌توانـد جالـب باشـد کـه بازدیدکننـدگان و شـنوندگان پـس از شـنیدن اخبار رایج در رسـانه‌های رایـج، بـرای خبرهایـی کـه از چهارچـوب توجـه رسـانه‌های اصلی بیرون می‌ماننـد و بـرای باخبـر شـدن از دیگـر اخبار جهـان به زمانـه سـر بزنند.

این تنها یک پیشـنهاد و نظر است. سپاس از کار و تلاش بی‌وقفه شما.

مانی پارسا , Dec 27, 2006

....

○ benazare man yeki az moshkelaate site shomaa inast k az naza-re tasviri besyaar zaif ast , vaghti safehi raa baaz mikonim faghat neveshte mibinim aanham baa ranghaaye kaamelan mordeh , agar be radio ya talavision haaye digar maanade www.rfi.fr yaa tv5.fr sar bezanid mesaal haaye besyaar monaasebi hastand.

Dec 28, 2006 -- Alireza

....

○ خیلی جدی گرفتین بابا. تو ایران جز عده ای وبلاگنویس کسی رادیو زمانه رو نمی شناسه و نمی شنوه. این تئوری ها هم تخیلیه. برنامه هاتون هم تعریفی نداره...

جالینوس , Dec 29, 2006

....

● *خوشحال می شویم بنویسید از کدام شهر ایران هستید؟ خود شما هم وبلاگ می‌نویسید؟ - زمانه*

....

○ من یه جایی تو اروپا هستم. اما مرتب می رم ایران و تا حالا نشده به یه نفر برخورد کرده باشم تو ایران که برنامه های شما رو شنیده باشه. آدمهای اهل اخبار و ماهوراه و اینترنت رو می گم، بقیه که تعطیل. فقط اخبار افشاگرانه یا ممنوع یا اطلاعات غیرقابل وصول در رسانه های ایران برای مردم جالبه. وگرنه کسی تو ایران واسه آهنگ و ترانه که حجم اصلی برنامه های شماست، آنلاین نمی شه. امیدوارم در سال جدید میلادی بیشتر تمرکز کنید روی اخبار ممنوع یا غیرمعمولی و متفاوت از گوشه و کنار ایران، یعنی نفوذ کنین به جاهایی و موضوعاتی که هیچیک از رقبای رسانه ای تون نمی رن و درعین حال حس کنجکاوی مردم رو تحریک می کنه، شاید اینجوری بخشی از اهدافی که می گین تا حدی تامین بشه وگرنه خبرهایی مثل مرگ صدام رو که صدا و سیما هم با تفصیل بیشتر بلافاصله در اختیار مردم می ذاره.... اگه موافق باشین اینجا دیگه چت نکنیم.

جالینوس , Dec 30, 2006

....

● *ممنون. ولی راه دیگری هم برای در میان گذاشتن پرسشهای ما از شما نیست. چون حتی ایمیل هم نگذاشته اید. - زمانه*

....

○ آقای جالینوس عزیز

فراموش نکنیم که از عمر رادیو زمانه ، تنها کمتر از چهار ماه میگذرد.

ضعفها و کمبودها بسیارند و رادیو زمانه تا رسیدن به مقصد اصلی که همانا یک رسانهٔ محبوب و جهانگیربودن هست ، راه درازی در پیش دارد.

یاران رادیو زمانه با تلاشهای شبانه روزی خود ، سعی در ارائهٔ یک کار ارزشمند از مردم برای مردم دارند. کاری بس دشوار با ساعات کاری طولانی. ضامنِ موفقیت

ایـن رادیـو، حمایت و پشـتیبانی و نظرات سـازندهٔ تک تک ماسـت .

Dec 30, 2006 -- Sina

....

با سـلام. در مباحثـه بـا آقای نیازی اشـاره داشـتید که اخبـار انتخابی از رسـانه های دیگـه رو پـرورده و متناسـب با اهداف زمانه منتشـر میکنید... برام خیلی عجیب هسـت کـه چطـور میشـه خبـری رو از یه رسـانه گرفت و بدون حضور مسـتقل و مسـتقیم در بطـن قضیـه، اونـو پروروننـد! شـاید منظـور اینه کـه خبـر رو در پهنه گسـترده تـری به مقایسـه میذاریـن تـا درک روشـن تـری از آن ارائـه بدیـن، امـا منبع شـما بـرای چنین کاری چیسـت؟ تفسـیر یـک خبـر موقعـی که با تفسـیر و یا با ارائه خبر توسـط رسـانه دیگـری دنبال بشـه، هرچه هسـت ربطـی به حقیقت مشـخصی نداره که اجـزاء رویداد رو تشـکیل میـده. در راسـتای اهـداف زمانـه هم روشـن نیسـت! چـه هدفـی میتونه یه رادیـو داشـته باشـه جز پـر کردن فاصله بیـن رویداد و بیننده، شـنونده و یـا خواننده؟ و اگـه شـما این کار رو با واسـطه دیگـه ای دنبال کنید، کمترین کارش گسـترش واسـطه گـری اسـت تا کوتـاه کردن فاصلـه بین رویـداد و مصرف کننـده آن.

ضمنـاً آقـای جامـی مـن هنوز در مورد شـیوه ارتباط شـما با گسـتره وبلاگ نویسـان و بهـره گیـری غیرحرفـه ای از کار آنهـا حتی اگرچه بـا تأمین هزینه ها همراه هسـت، اما بدتریـن نـوع قراردادهـای کاری در جهان هسـت، روشـن نشـده ام. در اولین اشـارات اداری توسـط موسسـه ای که شـما را اسـتخدام کرده، آمـده بود که همـکاران خود را با توجـه بـه مبانـی اسـتخدام جمعی روزنامه نـگاران در هلند، بـکار میگیره. امـا بنظر میاد سیسـتم شـما بیشـتر کارمزدی است تا اشـتغال ثابت.

در چنیـن حالتـی امنیـت شـغلی فرد بیشـتر تابعی میشـود از تلاشـی که آنهـم میباید در یـه جـای دیگـری به تصویب برسـد! - من اینها رو از پیشـنهاد شـما به نیـازی دارم می نویسـم - و اگـه فـرد بطـور مثـال ایـده معینی ارائه نـده، عمـلاً از تأمین مربوطـه بیرون گذاشـته میشه.

ضمنـاً ایـن ادعا که شـما از خارج ایـران میخواهیـد نقیصه بزرگی همچـون عدم وجود

رسـانه هـای مسـتقل در جامعـه ایران را بپوشـانید، نه تنها ادعای مناسـبی نیسـت، بلکه بجـای خـود نقـض حـق شـهروندی و حقـوق اجتماعـی در ایران هسـت. مـردم ایران حـق دارنـد در همـان جامعه رسـانه های مسـتقل داشـته باشـند. ایـن اصلاً شایسـته آن جامعـه نیسـت کـه در توهم ریشـه دار اعتمـاد به میکروفون هـای بیـرون از ایران، بیش از اینهـا غـرق شـوند. از سـوی دیگر، انگار مـردم بایـد بپذیرند که اگه کسـی میخواهد صدایـش بـدون دغدغـه و بـی خطـر پخش شـود، باید بـرود خـارج از ایران و رسـانه های داخل همه محل فعال مایشـائی یه مشـت مدیران فاسـد و حقیر باشـد که رسـانه را تبدیـل بـه ملک طلـق خود نمـوده اند.

با تشکر از توجه شما.

تقی , Dec 31, 2006

....

● دوست عزیز

سـوال نخسـت شـما جوابهـای مختلـف دارد. پرورانـدن خبر مـی تواند به صـورت های مختلـف انجـام شـود کـه یکـی از آنها بـه کمک اطـلاع محلی اسـت. یعنی وقتـی با خود فاکتهـا کار مـی کنیـم. امـا خبـر بدون نظـر معنای چندانـی نـدارد. اینجا فقط خبرنویسـی کفایت نمی کند. گفتگو و تفسـیر و ارائه دید جانشـین کاربرد می یابد. از تعبیر گسـترش واسـطه گـری کـه ذاتـا یک مفهـوم اقتصـادی اسـت در بحث خبر چیـز زیادی دسـتگیرم نشـد. در باره شـیوه کار فری لانس با وبلاگها هم دقیقا مشـکل چیسـت؟ اگر شـما انتظار داشـته باشـید همـه همـکاران اسـتخدام بشـوند توجه داریـد که فقـط مثلا ۲۰ نفـر ثابت اسـتخدام خواهنـد شـد و مابقی بیـرون از دایره کار باقـی خواهند ماند. امـا در روش ما که سـفارش کار اسـت به جای مثلا ۲۰ نفر ۱۰۰ نفر در کار مشـارکت خواهند داشـت. یعنی همیشـه تعـداد افـراد تـازه نفـس امـکان ورود به دایـره همـکاری را دارند. چـون کارها به صـورت گردشـی واگـذار و انجـام می شـود. به همین ترتیـب متوجه نمی شـوم چرا اگر کسـی ایده نداشـت بایـد کاری به او واگـذار کرد؟

در مـورد آخـر هـم دو نـوع برخـورد می تـوان داشـت. یک اینکـه آری من هـم علاقه

مندم در خود ایران دفتر داشته باشیم و کار کنیم و دهها رسانه مستقل دیگر هم آنجا دفتر و فعالیت داشته باشند. اما اگر نمی شود باید دست روی دست گذاشت و کاری را که انجام می شود ناچیز و کم اهمیت شمرد؟ دوم اینکه حتی اگر در داخل ایران بشود یا نشود کارکرد جهان ارتباطات دیگر محصور به مرزهای سیاسی کشورها نیست. الجزیره می تواند کانال انگلیسی داشته باشد و در اروپا و آمریکا مخاطب پیدا کند همانطور که سالهاست بی بی سی و سی ان ان در آمریکا و بریتانیا تولید می شوند و در تمام کشورها مخاطب دارند. حرف شما به نوعی ایزوله شدن ایران ختم می شود و نافی ماهیت رسانه است. دست کم رسانه چنان که زمانه می پسندد.- مهدی جامی

....

○ با سلام :

من حمید نخستین در نروژ زندگی میکنم. متنی در سوگ مادرم که در بمباران هوائی مرحوم شد نوشتم. فکر کردم هیچ کسی بهتر از شما نیست تا درد سالهای بی مادری را درک کند. متن را به شما میفرستم. میدانم پر از اشتباه ادبی است. اگر خواستید در برنامه ای از این متن استفاده کنید هر جور صلاح دونستید تغییر دهید. راستی من وبلاگ (نخستین وب) را به آدرس زیر مینویسم

http://nokhostin.blogfa.com

برای شما سالی پر از شادی آرزو میکنم.

...لحظاتی دیگر صدام اعدام خواهد شد. نیمه شب است. خوابم نمیبرد. عجیب مضطربم. یکی از قاتلان مادرم در چند قدمی مرگ است. مدتهاست که تصویر این قاتل را میشناسم. در خوابم، در کاخهایش، در سوراخ مخفیگاهش، در دادگاهش آری من او را میشناسم. به مانند همان قاتل اول، همان پیر خرفت، همان که جنگ را نعمت میدانست همان که اسلام را در خطر میدید.

باران شلاقش را به شیشه اطاقم میکوبد. پلکهایم را به آرامی روی هم میگذارم. صدای قطرات باران را احساس میکنم. پنجره را باز میکنم. شهر گوئی سالهاست

که خفته است. این اصابت باران است که سکوت را در هم شکسته است. چشمانم همچنان بسته است. باران به صورتم میزند. آشفته ام. بر خود میلرزم. انگار کسی صدایم میزند. صدائی آشنا صدایم میزند. زمان ایستاده است. آری پژواک صدائی آشناست. آه این صدای مامانه ـ وای خدای من مامانم ـ باز با چادر سفیدش صورتم را در آغوش کشیده است. میگوید خیس باران شدی پسر. میگوید مبادا سرما بخوری. صدا می پیچد. سردم شده است. میگوید عحب باران سردی. تقلا میکنم تا صورت ماهش را ببینم. میگویم مامان خوبم حرا صورتت را نشانم نمیدهی. بگذار جای ترکش صورتت را دوباره ببینم. بگذار دندانهایت را دوباره ببوسم. آخه وقتی ترکش لبهای مامانم رو لت و پار کرده بود دندانهایش رو می بوسیدم. آخرین بوسه های من بر دندان. آخرین بوسه های فرزند بر مادر. آره من فقط پانزده ساله بودم. آن شب حهارشنبه سوری شوم سال ۱۳٦٦ من پیکر نیمه جان مادرم را در آغوش داشتم. همه چیز در خانه مان به هم ریخته بود. گلدانهای مامانم همه شکسته بودند. دیوارها فرو ریخته بودند. هیح چراغی دیگر از سقف آویزان نبود. در طاقچه خانه مان دیوان حافظ چون گلی در باد خزان پرپر، قران مان سوخته بود. کتابخانه خانه مان هم بوف کور شده بود. ساعت بزرگ دیواریمان هم شکسته بود. عقربه هایش در روی ۳.۲٦ بعدالظهر قفل شده بود. آره انگار همین دیروز بود. همین دیروز... پدرم دستهایش بالا بود و با خدا حرف میزد. چند پاسداری روی آوار های کوچه مان ایستاده بودند. میگفتند جنگ جنگ تا پیروزی... آری میگفتند جنگ جنگ تا پیروزی...ولی ما پیروز نشدیم آخه چرا. آخه چرا ما پیروز نشدیم. فریاد میزنم. مامانم دوباره اما این دفعه محکم به آغوشم میکشد. میگوید آرام باشم. میگویم باید صورتت را برایم نشان دهی. میگوید مگر ندیدی صورت ترکش خورده ام را. میگویم بگذار آن صورت ترکش خورده را دوباره ببوسم. میگوید مگر خودت گوشوار هایم را از گوش خون آلودم در نیاوردی. میگویم به لحظه ای از نگاهت تشنه ام. میگویم من به آغوش بی کینه ات زنده ام. بچه میشوم. می گم من مامانمو میخوام. میگوید مگر ندیدی پیکر خون آلوده ام را.

چشمان بسته ام را. چهره خاک آلوده ام را. گریه میکنم. میگوید گریه نکنم. میگوید برا چشمام خوب نیست. میگوید اگر باز گریه کنم دیگه پیشم نمی آید. می گوید بس کن دیگه مامانت نمی شم ها. سرم را بالا میکنم. اشکهایم را پاک میکنم. قطره ای داغ روی گونه هایم می افتد. می دانم مامان هم گریه میکند. میگویم تو هم گریه نکن. میگوید گریه نیست پسرم باران است. میگویم ولی داغ است. باز بغلم میکند. چادرش از سرش سر خورده است. حالا چشمانم باز است. تقلا میکنم صورت ترکش خورده اش را ببینم. محکم بغلم کرده است. سر به آسمان دارد. دستانم را رها میکنم. زانو میزنم. چادرش را بر میدارم. بوی باران میدهد. میبویمش. میبوسمش. سفید است مثل برف. پاک است به مانند اشک. صورتش را میبینم ... چشم از این رویای خود باز میکنم. باران بند آمده است. باز تنهائی و سکوتی وحشتناک در دل شب سرد. رادیو را باز میکنم. میگوید صدام حسین به دار مجازات آویخته شد. و من از شنیدن این خبر خوشحال نمیشوم. نه من خوشحال نیستم.

Jan 1, 2007 -- Hamid Nokhostin

....

○ سلام چون دنیا دنیای مجازی است در این دهکده منزل وسرپناه نیز می تواند مجازی باشد. http://gerivan.mihanblog.com/Page-4.ASPX

الیاس پهلوان , Jan 1, 2007

....

○ رادیو زمانه یک رادیوست یاوبلاگ است؟
http://gerivan.mihanblog.com/

....

○ زمانه: یک رادیوست با ادبیات وبلاگی. یک وبلاگ است یا بیش از ۱۰۰ نویسنده. یک رادیوبلاگ است. یک رادیوی دوسویه است. شما چه فکر می کنید؟

الیاس پهلوان , May 11, 2007

نظر- بازی زمانه: توپ در زمین «شما»

بـازی-گـوشی

اگـر بگوینـد بهتریـن بـازی زندگـی چیسـت می‌گویـم: نظربـازی! هـم در معنای قاموسـی‌اش هم در معنای وسـیعش که ما در زمانه از آن برای نظرخواهی اسـتفاده کرده‌ایـم - بـا احتیـاط البته و با گذاشـتن خط فاصلـه‌ای میان نظر و بـازی تا فاصله ایـن معنـا را از آن معنـای رایـج حفظ کرده باشـیم. نظرخواهی زمانه هم نظر اسـت و هـم بـازی اسـت. و ایـن آن را از حالت خشـک و جـدی معمول بـه در می‌آورد. این کاری اسـت و گامی اسـت در جهت زمانه. بازی-گوشـی در جان زمانه اسـت. زیـرا کـه زمانـه همـه سـرمایه خـود را بر سـر این بازی گذاشـته اسـت. تـا ببیند تا کجـا می‌شـود قواعـد «بـازی» رایـج را تغییـر داد. بـه مـن بود متـن سـوال‌ها را هم بازیگوشـانه تدویـن می‌کـردم. کمـی هـم آمیختـه با طنـز و شـوخی و مطایبـه. اما همیشـه دسـت و دلمـان می‌لـرزد وقتـی می‌خواهیـم مـرزی را عبور کنیـم. از خود می‌پرسـیم تـا کجا مـا را خواهنـد پذیرفت؟ چگونه می‌شـود هم یک رسـانه جدی بـود و هـم خودمانـی. هـم بـازی کـرد و هم بـازی را جدی بـازی کـرد. همین جا هـم دعـوت کنم از کسـانی کـه می‌تواننـد بـرای همیـن نظرخواهی ورسـیون‌های بازیگوشـانه تدویـن کننـد. ایـن هم نوعی بازی اسـت. بـرای وبلاگ‌نویسـان. برای

آن‌هـا کـه قلمـی دارنـد کـه می‌توانـد بازیگر باشـد. قـول می‌دهـم خود مـن اولین کسـی باشـم که در نظر- بازی شـما شـرکت کنم!

جدی بازی کنید!

در همین دو سه روزه ده‌ها نفر در نظربازی ما شرکت کرده‌اند. جدی بازی کرده‌اند. و حرف‌های شنیدنی زده‌اند در آن آخرین صفحه که مجالی هست برای گفتن چند کلمه حرف حساب و خودمونی. کمی بعد به گزیده آن‌ها اشاره خواهم کرد. اما بگویم که ما طرح‌هایی در سر داریم که نتیجه نظربازی شما آن‌ها را تقویت خواهد کرد یا کنار خواهد گذاشت. رگه‌هایی از آن‌ها را در پرسش‌های ما می‌بینید. اما بیش‌تر آن‌ها موقوف است با داشتن اطلاعات بیش‌تری از شما و نظرهای شما. اینکه چقدر از زمانه کنونی را می‌پسندید مهم است و اینکه می‌خواهید زمانه چگونه رسانه‌ای باشد.

می‌دانم و این آسان است دانستنش که هر موضع و رفتاری که زمانه برگزیند گروهی با آن موافق خواهند بود و گروهی بدان انتقاد خواهند داشت. اما چاره‌ای نیست جز تکیه بر نظر آن‌ها که وارد بازی می‌شوند. اگر کسی می‌خواهد زمانه را شکل دهد الان وقتش است. زمانه را جدی گرفتنِ این بازی خواهد ساخت (برای جلوگیری از بدخوانی: جدی گرفتن این بازی، زمانه را خواهد ساخت) و کسانی که تغییر در زمانه آنقدر برایشان جدی است که وقت می‌گذارند و نظر می‌دهند. باشگاه زمانه پس از این بازی به برنده بازی واگذار خواهد شد!

علیه سـوگیری پنهـان

از میان بازی‌کنندگان نظرها طیفی از همدلانه و مثبت تا منتقدانه و سختگیرانه را می‌پوشاند. شنونده‌ای می‌نویسد می‌خواهد: «روز به روز به میزان تنوع برنامه‌ها و سرعت خبررسانی زمانه افزوده شود. کلا دوست دارم که مرتبا شاهد پیشرفت و ارتقاء این رادیو باشم» و دیگری می گوید انتظار دارد: «علیرغم ادعای بی‌طرفی در عمل تریبون هیچ کدام از جناح‌های رژیم به خصوص حقه‌بازترین آن‌ها اصلاح‌طلبان نباشد

و با این همه پشتوانه مالی که به نام مردم ایران برخوردار شده امانتدار صدای خفه شده ملت باشد. راه رفته و در واقع لو رفته بی بی سی و ... را نرود. در یک کلام سعی کنید وجهه یک رادیوی مردمی در نتیجه غیر رژیمی و غیر مبلغ منافع قدرت‌های بزرگ را کسب کنید و الا که هیچ یک نوآوری باارزش فرهنگی شما نیز ارزشمند نخواهد بود.»
و دوست دیگری می‌نویسد: زمانه باید «دارای یک سیاست شفاف باشد و به دنبال ایجاد توازن خبری بدون سوگیری‌های پنهان باشد».

حـرفه‌ای- وبـلاگی

دوستی می‌نویسد امیدوار است زمانه «از حالت غیرحرفه‌ای و آماتوری عبور کند و حرفه‌ای‌تر با مخاطبانش ارتباط برقرار کند» و دیگری می‌خواهد زمانه «بیش‌تر رادیوی وبلاگ‌ها باشد، صدای کسانی باشد که سخنگاهی ندارند؛ دنباله‌رو مد و نظر اغلب نباشد؛ خط شکن، نو، نوشونده و مبتکر باشد. سلیقه‌های متفاوت سیاسی را در نظر بگیرد؛ چنان که در موسیقی چنین می‌کند. زمانه، شاید در حوزه فرهنگ پیش رو باشد؛ اما در حوزه سیاسی و حتی خبر مصرف‌کننده خبرگزاری‌های داخلی و خارجی رسمی است. حرف زیاد است؛ اما شما هم در آغاز راهید»

بعضی می‌خواهند خبر بیش‌تر شود و تحلیل بیش‌تر و سرعت خبررسانی بالاتر و زمان برنامه‌ها بیش‌تر و بعضی ما را به وبلاگی ماندن و رسمی نشدن و بازی را رها نکردن تشویق می‌کنند. دوستی می‌خواهد حالا که عرصه‌ای برای تمرین کاری تازه پدید آمده است ما از بادهای مخالف ناامید نشویم و عادی نشویم: «آزمون و خطا برای کسب تجربه است. ناامید و دلسرد نشوید، ادامه بدهید. یکی از بهترین‌ها خواهید شد.»

فاصله ما و «شما» تنها یک کلیک است

من نمی‌توانم شادی خود را از اینکه پیام زمانه شنیده شده است پنهان کنم. شنیده شدن این پیام است که برای ما زمینه لازم برای ماندن و ادامه دادن و آزمون کردن

و یافتن و پیش رفتن را فراهم می‌کند. رسانه در خلا وجود ندارد. پیام‌های شما و حمایت شماست که ما را به کار سخت خویش امیدوار می‌کند.

«زمانه مثل هیچکس نیست، من همین را دوست دارم، دلم می‌خواهد بیشتر از تابوها حرف بزنید، نمی‌دانم چطور ولی حرف زدن از رازهای مگوی همیشه جنجالی بوده اما روشنگر هم هست. من هنوز شجاعت راه‌اندازی یک وبلاگ شخصی را نداشته‌ام چون مطمئن نیستم که توانایی روبه‌رویی با نظرات مختلف دیگران را داشته باشم، ولی زمانه به عنوان یک مجموعه قدرتمندتر است و کم‌تر از یک فرد آسیب‌پذیر است. آرزو داشتم که در اروپا بودم و به زمانه نزدیک‌تر».

مخاطب زمانه هر جا باشد به زمانه نزدیک است. فاصله ما تنها یک **کلیک** است. نظر-بازی شما از دور و از نزدیک ما را به شما نزدیک می‌کند. توپ در زمین شماست.

http://zamaaneh.com/blog/01/2007/post_31.html

○ با سلام

این چندمین بار است که برای شما آقای جامی می نویسم و با ندادن جواب به نامه‌ها به ما حق بدهید که برداشت دیگری از زمانه پیدا کنیم .

بدون نام , Jan 3, 2007

● منظور شما کامنت است؟ من یک کامنت از شما دیده ام که منتشر شده است.

اگـر منظـور ایمیلـی بـه آدرس مـن اسـت متاسـفانه مـن چیزی دریافـت نکـرده ام. لطفا مسـتقیم بـه ایـن آدرس ایمیل بزنید:

mehdi.jami@hotmail.com

....

⭕ مـن مشـی و روش زمانـه رو در اسـتفاده از منابـع غیـر حرفـه ای و بهـا دادن به نظر خواننـدگان تـا ایـن حد کـه با اصـرار و جایـزه سـعی در به بازی گرفتـن بازدید کنندگان دارد رو بسـیار میپسـندم و بنظرم میاد کـه زمانه اینده درخشـانی خواهد داشت.

پیشـنهاد میکنم کـه بـرای اینکـه نتیجـه بهتـری از ایـن روش بگیرید بهتره سیسـتمی رو تعریـف کنیـد کـه در اون نویسـندگان و یـا کسـانی کـه بـه هر شـکل بـرای زمانه مطلبی رو میفرسـتند بتواننـد از دیـد خواننـدگان ارزیابی بشـوند و مثلا در پایین هر نوشـته ای بشـود بـه صاحـب نوشـته از ۵ سـتاره امتیـاز داد. بطوریکه مجمـوع امتیازاتـی که بـرای هـر نویسـنده فراهـم میشـود بـه نسـبت مطالبی که ارسـال کـرده باعث یک رنـک Rank کلـی بـرای نویسـنده شـود و هر بار کـه مطلبی از او در سـایت منتشـر میشـود کنارش رنـک ایشـون هم دیده بشـه.

از ایـن سیسـتم رنکینـگ صـرف نظـر از جزییاتـش اسـتفاده های زیاده میشـه کـرد. از جملـه انتخـاب سـالانهٔ تشـویق افـراد بـه همـکاری و... کلا طرف احسـاس میکنه که نتیجـه ای بـرای کارش هسـت و ایـن نتیجـه دیده میشـه.

مهدی , Jan 7, 2007

....

⭕ چند پیشنهاد دارم

اول اینکه همه مطالب یا اکثر کارهای رادیویی را در سایت بگذارید.

دوم: حجم کارهـای هفتگی را کـم کنیـد و به حجم خبرهـا و رویدادهـا اضافه کنید و همچنیـن برنامه هایـی مثل متفرقات نا سیاسـی.

سـوم: گزارشـها را حرفـه ای تـر و بیشـتر کنید. مثلا چنـد وقت پیش یک گزارش از حسـن زارع زاده شـنیدم کـه دو تـا صـدا را بـه خوبـی میکس کـرده بـود و بـا اینکه

گـزارش کمـی طولانـی بـود امـا شـنونده راحتـی آن را دنبال مـی کند
الزامـی نـدارد همـه گزارش های شـما سیاسـی باشـد. اتفاقـات زیادی هسـت در مورد فرهنـگ و جامعه.
بـا اینکـه در ایـران همـه چیز با سیاسـت گـره خورده امـا توجـه کنید کـه پرداختن بی طرفانـه بـه حقـوق انسـانها نگرانی از سیاسـی شـدن نـدارد و بایـد ایـن راه را ادامه داد چونکـه یـک رسـانه رسـالت اش را بـا تـرس و لرز نمـی تواند جلـو ببرد.
و حـرف آخـر اینکـه خواهـش میکنم به این مسـئله توجه کنیـد که باید بـرای بالا بردن سـطح آگاهـی مـردم هم تلاش کنید تا مردم با حقوق خودشـان آشـنا بشـن.
پیمان , Jan 8, 2007

....

ببخشـید کـه دوبـاره مینویسـم. دیدم قبلی رو منتشـر کردید بـه قول معـروف روم زیاد شد .
ولی در واقع برام سـخته وقتی احسـاس میکنم کسـی در سـنت شـکنی و قالب شـکنی روحیه ای مثل خودم داره احساسـاتی نشـم.
مـن در خـارج از ایـران زندگـی میکنـم و به طبـع تعداد زیادی از سـایتهای فارسـی رو سـرمیزنم. فکـر میکنـم هیچ قلمی نیسـت که حرکت کنـه مگر اینکه قصـدی و تصویر خیالـی باعـث حرکتـش بشـه. فکر میکنم شـما بر خـلاف همـه دیگران قصـد کنید که بیـش از هـر چیـز بـه تصویر کـردن امیـد و عشـق در زندگی روزمـره ایرانـی بپردازید. زمانـه رو تبدیـل بـه یـک روزنـه امید کنیـد برای هـر خانه ایرانـی که برای ناامید شـدن از هر سـو در فشـاره.
از مـردم به خودشـون نشـون بدیـد که در هر شـرایط سیاسـی اجتماعی میشـه قلبی پر از امید و عشـق داشـت.
بـه ایـن منظـور قویـا توصیـه میکنم کـه بیـش از همه چیـز انعـکاس دهنـده اتفاقات و دسـتاوردهای امیـد دهنده باشـید. ماهیت زمانه رو بـا هویت زمامداران گـره نزنید بلکه بـه روح زمان گـره بزنید.

همچنـان کـه تـا بحال کـرده اید دل به قالـب نبندید کـه در تغییر ابدیسـت . آینه تکامل یه جامعه باشـید نه روز شـمار سـقوط حاکمین جامعه.

شـاید سـخترین کار بـرای شـما بعنوان یک رسـانه خارجـی ثابت کردن صداقت شـما بـه جامعـه ایرانیسـت که فکر میکنـم موقعیت بی طرف و سـابقه انسـانی میزبانان زمانه بتونـه به مـرور این اطمینـان رو در شـنونده و خواننده شـماایجاد کنه..

امیدوارم هر روز در تغییر و تکامل باشید.

مهدی , Jan 8, 2007

....

عالـی بـود اگـه میشـه لطفـا موسـیقی فیلم‌هـای زد و حکومـت نظامی روبـرای من بفرستین.

این لطف شما روهرگز فراموش نمی کنم

محمد , May 7, 2007

آیا ما پوپولیست‌ایم؟

بیست و یک بهمن هشتاد و پنج

دوستی در پای مطلب پیشین که به قلم امیرپویان عزیز بود حرف‌هایی جالب زده است که می‌ارزد کمی درباره‌اش تامل کنیم. این دوست ما که دید تحلیلی دارد در نظر کوتاه خود نوشته است:

«چه خوب شد که رادیو زمانه، اظهار نظر خواننده محترمی را که احساسات و اندیشه‌های خود را از طریق دشنام‌های جنسی بیان کرده بود برداشته است. به اعتقاد من، اجازه دادن به انتشار چنین اظهار نظرهایی قبل از آنکه شخصیت برخی افراد را نشان بدهد، بازتاب آنست که در رادیو زمانه، یک کنترل دقیق نیست که چه چیزهایی از سوی شنوندگان و یا خوانندگان باید منتشر شود. به یاد داشته باشیم که این کنترل را با سانسور قاطی نکنیم. در هیچ کجای دنیا حتی در دمکرات‌ترین سازمان‌ها و حکومت‌ها، ضابطه و کنترل وجود داشته است و دارد. من متاسفم که فلسفه «رادیویی از همه و برای همه» تبدیل به نوعی آنارشیسم در بعضی جاها می‌شود. برنامه حرمسرا برنامه بسیار ارزنده‌ای است. آن دختر که طاووس نام دارد، می‌توانست خواهر من و یا خواهر شما باشد.

بازگویی چنان واقعیاتی در گذشته و حال که چگونه یک شاه نادان و قلدر، بر ناموس و هستی مردم حکومت می‌کند، هم دردانگیز است و هم بیدارکننده. زشت است که مزد تولیدکنندگان و نویسندگان و گویندگان چنان برنامه‌هایی را در حال مستی - احتمالا - و یا در فضایی از بی‌تفاوتی و حتی تحقیر بدهیم. رادیو زمانه حتی پوپولیسم خود را برای هفته عشق با تبلیغاتی نشان می‌دهد که انسان را از هر چه عشق است بیزار می‌کند. مگر این که منظور این رادیو، عشق از دیدگاه جوانانی باشد که هفته مورد نظر را «عشقولانه» می‌خوانند که بیش‌تر آدم را به یاد چاله میدان می‌اندازد تا رادیویی که می‌خواهد عنصرهای ارزنده فکر و رفتار را از جوانان و پیران بگیرد و باز به جوانان و پیران بدهد. روزی کسی در «بلاگ»ش نوشت که « رادیو زمانه نمی‌ماند.» این، نگاهی خشمگینانه بود. اما شاید اخطاری به مسئولان این رادیو باشد. من میخواهم بگویم اگر رادیو زمانه می‌خواهد در اعتلای فرهنگ انسان به انسان - که همه سن‌ها را باید در بربگیرد- نقش تعیین‌کننده‌ای داشته باشد، باید آن را از افراط‌های خام، سطحی و بی‌ارزش برخی از اجراکنندگان آن، رها سازد. برخی کارها و برنامه‌ها، به کارهای بسیار ارزنده و جدی رادیو زمانه و به اعتمادی که ذره ذره بنا می‌کند ضربه‌های زلزله‌ای میزنند. من آرزوی تکامل و تداوم رادیو زمانه را دارم اما از این دمکراسی بی در و پیکر که «فرد» را مسئول و مجری همه چیز می‌داند بی آن که این فرد به ضوابط جمعی تن بدهد مخالفم.»

من در اینجا نمی‌خواهم به جزء جزء این کامنت پاسخ بدهم. اما مفهوم مرکزی آن را مایلم کمی بشکافم تا ببینم که زمانه از ایده‌ای پوپولیستی پیروی می‌کند؟

پوپولیسم تاریخ دور و درازی دارد و آنقدر با چپ و راست پیوند خورده و ایده‌های مختلف را در خود جای داده که بعید است بتوان همه آن را بر همه زمانه تطبیق کرد. فکر می‌کنم درست‌تر آن است که بگوییم مراد کامنت‌گذار ما

همین مفهوم عام و منفی پوپولیسم است که در افواه رایج است و خاصه شکل وطنی آن. مفهومی که در مرکز آن نوعی مغالطه درباره نقش مردم جای دارد و همین آن را با کوشش‌های دموکراتیک ممکن است مشتبه سازد.

به مغلطه‌اش کمی بعد بر می‌گردم اما اینجا نخست ببینیم زمانه به چگونه نقشی برای مردم قائل است. زمانه همین روزها در حال آماده‌سازی کتابچه‌ای است که فلسفه این رسانه جوان و جوانگرا را معرفی می‌کند. قصد ما این است که تمام این کتابچه را گذشته از انتشار کاغذی به صورت آنلاین هم در اختیار عموم خوانندگان و علاقه‌مندان و منتقدان بگذاریم. تمام حرف‌ها و سرنخ‌های فکری زمانه به صورتی فشرده و مانیفست‌وار آنجاست. اما تا این کار طی ماه آینده عملی شود اینجا دو سه نکته از آن را که به مردم مربوط است بازنمایی می‌کنم.

ما در زمانه معتقدیم که مردم مرجع اصلی زندگی اجتماعی‌اند. مردم اصل‌اند یعنی هم نخبگان تهرانی و گروه‌های مرجع در شهرهای بزرگ و هم جوانان گمنام و جویای نام در گوشه و کنار ایران. یعنی هم اقوام ایرانی و هم گروه‌های فعال و پرتکاپویی که به هر دلیل - و معمولا به طور عمدی و با برنامه- به حاشیه رانده شده‌اند. زمانه مرکزی است برای کسانی که مرکزی ندارند. تریبونی است برای آن‌ها که صدایشان به جایی نمی‌رسد و یا چنانکه حق آن‌ها و تکاپوی آن‌هاست جای شایسته‌ای نیافته است و یا در مسیر رسیدنشان به آن جایگاه مانع‌ها تراشیده و نهاده‌اند.

اما زمانه درباره جایگاه خود و همفکرانش دچار هیچ توهمی نیست. هیچگونه کیش شخصیتی در کار زمانه وجود ندارد. مرکز فرد مقتدر و رهبر نیست. مرکز زمانه بی‌مرکزی است. قرار نیست تنها کس یا کسان معینی دیده شوند. قرار

نیست خواننده منفعل باشد و نقش تاییدکننده صرف داشته باشد. خواننده و شنونده و مخاطب زمانه فعال است و زمانه را نقد می‌کند و زمانه را می‌سازد و در آن مشارکت دارد.

مساله مرکزی زمانه به عنوان رسانه ایجاد بیش‌ترین و آسان‌ترین امکان دسترسی است. زمانه مرکز دموکراسی را در فراهم آمدن بیش‌ترینه مردم و طیف‌ها و عقاید می‌بیند. فراگیر بودن ایده‌آل زمانه است. به این معنا که مخاطبانی از طیف‌های مختلف داشته باشد و هم انعکاس‌دهنده این طیف‌های فعال باشد.

ممکن است منتقدی از نگاه دوست کامنت‌گذار ما بگوید کجا شما طیف‌های مختلف را پوشش داده‌اید؟ شما تنها گروه‌های معینی را پوشش داده‌اید و اصولا نمی‌توان همه طیف‌ها را پوشش داد. اما مساله این است که زمانه بر روی فعالان باز است. این میدان در تئوری و عمل از آن ایشان است اما طبیعتا میزان فراگیر بودن به جز آمادگی ما بر میزان مشارکت شما هم بستگی دارد. زمانه رسانه‌ای تازه‌پاست و میزان موفقیتش را باید بر اساس طول مدت عمرش سنجید و ایده‌ها و فرصت‌هایی که ارائه می‌کند و باز بودنش بر روی انتقاد و گرایشش به انتقاد-از-خود. و نیز پذیرش نسبت به گروه‌های تازه‌ای که با ایده‌های نو از راه می‌رسند.

هیچکدام از این مشخصه‌ها که با عمل زمانه پیوند دارد پوپولیستی نیست. اما می‌دانم که گاه مطلبی یا برنامه‌ای با ذوق گروه‌های معینی سازگاری ندارد. چنانکه ممکن است با ذوق شخص من هم سازگاری نداشته باشد. اما من از طیف برنامه‌های زمانه دفاع می‌کنم زیرا معتقدم همین تنوع و مدارا در برابر پسندهای دیگران است که ارزش دموکراتیک دارد. این مدارا را نخست خود من باید نشان دهم تا بتوانم از مخاطبان زمانه هم همان را توقع کنم. این است که

زمانـه متنـوع اسـت و متنوع‌تـر هـم خواهد شـد و چنین نیز خواهـد ماند.

ایـن هـم که بگوییـم زمانه بایـد همه گروه‌هـای سـنی را در بگیرد بسـیار خوب اسـت. مـن امیدوارم زمانه توان سـازمانی و تدارکاتی و مالـی آن را پیدا کند اما فعلا مخاطـب اصلـی زمانـه جوانان‌اند و نظرسـنجی اخیر زمانه هم نشـان می‌دهد که دو گروه سـنی زیر ۲۵ سـال و زیر ۳۵ سـال بزرگ‌ترین گروه سـنی مخاطبان زمانه‌اند. زمانـه ناچار طیف‌های پرتکاپـوی همین مخاطبـان را بازتاب می‌دهد.

تـا سـخن بـه درازا نکشـد کوتاه کنم و اگر لازم شـد بـه آن بازخواهم گشـت اما مغلطـه پوپولیسـم خاصه شـکل وطنی آن این اسـت کـه صورت تحریف شـده‌ای از دموکراسـی ارائـه می‌کنـد. پوپولیسـم مردم تابـع و پیرو را در گروه‌های بی‌شـکل می‌طلبـد. چیـزی کـه زمانـه در نظـر و عمـل خـود آن را نفـی می‌کنـد و بـر فرد و گروه شـاخص و صاحب هویت تکیه می‌کند. پوپولیسـم مغلطه دموکراسـی است. مذهبـی علیـه مذهـب اسـت. مـردم را علیه مـردم بـه کار می‌گیـرد. اما زمانـه مردم را در طیف‌هـای ایشـان می‌پوشـاند بـدون آنکـه ترجیحی را به ایشـان تحمیل کند. زیـرا زمانه رسـانه اسـت نـه حزب. رسـانه‌ای فرصت‌سـاز بـرای گروه‌هایـی که از فرصت‌هـای شایسـته خود محروم شـده‌اند و زیر خـرواری از تبلیغات جهتدار و به همراهـی سانسـور تولیـدات آن‌ها از دیده‌ها پنهـان مانده‌اند. امـا انتخاب با مخاطب اسـت. انتخـاب همیشـه بـا مخاطـب اسـت. مـا در سـوی ایـن مخاطـب انتخابگر ایسـتاده‌ایم. و این پوپولیسـم نیسـت. بهترین دستاورد دموکراسـی است. دموکراسی نیـز فقـط بـرای آداب‌دان‌هـا و رعایت‌کننـدگان عرف‌هـا و عادت‌هـا نیسـت. برای کسـانی هـم هسـت که تـلاش می‌کننـد راهی تـازه بـاز کننـد. آشـنایی‌زدایی کنند. میـدان آن‌ها را تنـگ کردن کار زمانه نیسـت.

http://zamaaneh.com/blog/02/2007/post_36.html

یک نامه دلگرم‌کننده
یک رابطه انسانی

اشکان آویشن

بیست و دوم بهمن هشتاد و پنج

*مطلبی که در پاسخ به مخاطبی ناآشنا نوشته بودم که «**آیا ما پوپولیستیم؟**» امروز با نامه‌ای از سوی او پاسخ گرفته است. شفافیت و صراحت این نامه برای من دلپذیر و شیوه نقد و چالشگری آن نمونه و در خور تحسین است. در کار رسانه مهم‌ترین چیز انتقال پیام است. من از نامه اشکان آویشن در می‌یابم که زمانه توانسته است مهم‌ترین بخش پیام خویش را با کار رسانه‌ای‌اش منتقل کند و جز پاره‌ای از توضیحات و ملاحظات در کلیت مفاهیمی که نویسنده مطرح می‌کند با او همدل و هم‌نظرم و امیدوارم این آغاز همراهی و همکاری هم باشد. متن نامه را در پی می‌خوانید:*

آقای مهدی جامی، سلام

نویسنده مطلب دیروز که بدون نام منتشر شده بود من بودم. آن را به عنوان شنونده‌ای گمنام نوشتن، گاه شتاب‌های غیر قابل دفاعی را شکل می‌دهد. من میخواستم بگویم که شاید شما حتی با درج آن یادداشت نامناسب از سوی آن شنونده محترم، خواسته‌اید در آن زمینه معین، سیاستی پوپولیستی ارائه دهید و

مثلا دل آن کامنت‌گذار را نشکنید. اما با شناختی که از زمانه دارم، من تصور نمی‌کنم که این رادیو پوپولیست باشد. اگر این حرف سوء تفاهم ایجاد کرده است حرفم را در این مورد خاص پس می‌گیرم.

پوپولیست‌ها می‌خواهند همه را راضی نگه‌دارند بی‌آنکه بتوانند چنین کنند. در واقعیت زندگی، کسی به نام پوپولیست وجود خارجی ندارد. در شعار، در مرحله‌ای که پای جلب نیروها و یا رای‌گیری برای یک مورد ویژه مطرح باشد، آدم میتواند خود را پوپولیست نشان دهد. اما وقتی که پای عمل در میان بیاید، همیشه منافع گروه یا شماری خاص، بیش‌تر مورد نظر است و در نتیجه، آن شخص و یا نیرو، در عمل بازتاب‌دهنده منافع همه نیست بلکه گروه یا قشر و یا طبقه‌ای را بیش‌تر نمایندگی می‌کند.

در انتخابات سپتامبر ۲۰۰۶ در سوئد، نیروهای راست، بسیاری از شعارهای سوسیال دمکرات‌ها را گرفتند و از آن خود کردند. آنان که راست‌ترین نیروها را نمایندگی میکردند و می‌کنند تا آن جا پیش رفتند که حزب خود را حزب جدید طبقه کارگر نامیدند. آنان با این شیوه فریبکارانه، انتخابات را با سه درصد بیش‌تر از بلوک چپ بردند و اینک دارند در همین مدت کوتاه، دمار از روزگار طبقه کارگر و اقشار میانی جامعه در می‌آورند.

من نه همه برنامه‌ها زمانه را گوش کرده‌ام و نه همه نوشته‌های منتشر شده در آن را خوانده‌ام. اما در همین حد که شناخت دارم دریافتم آنست که رادیو زمانه، نه تنها بر پایه‌ها و موازین دمکراتیک حرکت میکند بلکه به نظر نمی‌رسد که کارش بر «دورباش» و «کورباش» بنا شده باشد.

رادیو زمانه به عنوان یک رادیوی جوان، کمبودهای خاص دوران رشد خویش را دارد اما رشد این رسانه در مدتی چنین کوتاه، بی هیچ تردید بر آن کمبودها سایه می‌اندازد و احترام مرا و البته بسیاری را نسبت به خود برمی‌انگیزد. شما این نکته را مطرح کرده بودید که ما برای شنیدن حرف‌های تازه - نقل به معنی- همیشه آماده‌ایم. این حرف درستی است و من در می‌یابم که شما چنین

هستید. اما این کافی نیست. قرار بر این نیست که فقط دیگران به سراغ شما بیایند. گاه لازم است که رادیو زمانه به سراغ دیگران برود.

شما عمدتا بر جوان‌ها تکیه می‌کنید. درست است که آنان نیروی رونده و جوینده امروز و فردایند. اما در عمل، شما بسیاری از افراد بالای چهل و پنجاه را در محاسبات خود نمی‌گنجانید. من بر حفظ این تعادل اعتقاد دارم. ما اندیشمندان، ادیبان و شخصیت‌هایی داریم که شاید اصلا رادیو گوش نمی‌کنند اما اگر این رادیو و یا رادیویی که خواهان مطلب و یا نکته و حرفی باشد به سراغ آن ها برود، نه تنها استقبال می‌کنند بلکه بسیاری حرف‌ها برای گفتن دارند.

فقط به عنوان مثال و نه یگانه مورد باید بگویم در جایی مانند ایرانیکا، افرادی نشسته‌اند که نه کسی در رسانه‌ها، «های» آنان را می‌شنود و نه «هوی»شان را. اما آنان کسانی هستند که شایسته حرمت، توجه و پرسشند. آنان شخم می‌زنند. عمیق هم می‌زنند. کارشان انسانی است. از کمبود و اشتباه نیز هرگز برکنار نیستند. آدم‌هایی مثل دکتر متینی، دکتر اسلامی ندوشن، ایرج افشار، دکتر جلیل دوستخواه، شفیعی کدکنی، علیمحمد افغانی- که این شخص اخیر به سادگی تن به گفتگو نمی‌دهد- و بسیاری دیگر، هم در داخل و هم در خارج، حرف‌هایی دارند که برای همین جوانان می‌تواند سکوی پرش‌ها و حرکت‌های زایای دیگر باشد.

این به شما بستگی دارد که از دل کوه یا از عمق دریا چه می‌خواهید در آورید. من همه آدم‌هایی را که به نسل دیرین تعلق دارند و دانش هم دارند، کوه و دریا نمی‌دانم. اما همه، کسانی هستند که بسیاری تجربه‌ها و دانش‌ها را در خود انباشته‌اند که در یک روند درست و «مامایی»وار از سوی رادیو زمانه می‌تواند آن فکرها و اندیشه‌ها که انسان در پی آنست، زاyanده و ارائه شود. آن‌ها چه بسا خود ندانند که چه چیزهایی حتی تازه در چنته دارند. اما آن کسی که می‌پرسد، می‌تواند آن چیزی را فراچنگ آرد که می‌خواهد و البته برای همین

کار نیز لازم است افرادی یا تربیت شوند و یا از تاریکی به درآیند و خود را در معرض دید دیگران قرار دهند تا رادیو زمانه را کمک‌کار باشند.

شکوفایی انسانی تنها به میزان دانش او نیست بلکه به آنست که بتواند این دانش را با بسیاری اندیشه‌های دیگر درآمیزد و چیز تازه‌ای ارائه دهد. ما حتی در لحظه نوشتن، بحث کردن و یا سخنرانی کردن به کشف نکاتی در خود می‌پردازیم که قبلا انگار از آن‌ها بی‌خبر بوده‌ایم. به عبارت دیگر، همه این‌ها در خود، یک روند تکاملی، زایشی و پویشی دارد. به قول آن دانشمند که گفت دانش آن چیزی است که می‌خوانیم، یاد میگیریم و سپس فراموش میکنیم. ته‌مانده‌های بعد از فراموشی، همان دانش است.

نمی‌توان جهان را تنها از یک پنجره - هرچند بسیار هم بزرگ و آفتاب‌گیر باشد - تماشا کرد. نیروهای جوان، خواهان شکفتن و «برهم زدن چرخ» هستند - به قول حافظ - اما باید اقرار کرد که آنان به حکم جوان بودن نه تجربه کافی دارند و نه دانش و ذخیره لازم. حتی اگر اقیانوس هم باشند، اقیانوسی به عمق یک بند انگشتند.

رادیو زمانه اگر فقط پویندگی و سنت‌شکنی آنان را ملاک عمل قرار دهد، در واقعیت باید گفت که هم به سطح گراییده است و هم به افراط. آن هم برای درهم شکستن بسیاری از چیزها که ظاهرا به دلیل آنکه عمری بر آن‌ها گذشته است، «کهنه» تلقی می‌شوند در حالی که در جوهر خویش می‌توانند همچنان «نو» باشند.

من بارها به اطرافیانم گفته‌ام که ما می‌توانیم از یک کودک خردسال، از یک روستایی بی‌سواد و یا یک کارگر بی‌ادعا و اگر افراطی‌تر نگاه کنیم حتی از گدایی که به درخانه من و شما می‌آید چیزها بیاموزیم. البته آن‌ها نه این «چیز» را در طبق گذاشته‌اند و نه در سبد. این مائیم که می‌توانیم به کوچه پس‌کوچه‌های ذهن و تاریخ زندگی یا نگاه‌ها و دریافت‌هایشان برویم و موردهای دلخواه خویش را برچینیم.

من هر وقت که به ایران می‌روم، در پی دیدن خیابان‌های تازه و یا دریای

خزر و یا کیش نیستم. نه اینکه آن‌ها را نپسندم بلکه برای من، دیدارهایی از آن دست، به معنی سفر کشف است و این برای من زمانی صورت می‌گیرد که به روستای پدر و مادر یا شهر زادگاهم بروم و همه چیز را از دریچه دانش و تجربه مردم کوچه و خیابان، بقال و سلمانی و کتابفروش اما به شیوه‌ای که من در پی‌اش هستم نگاه کنم. فکر نکنید که من تنها به سراغ سالمندان و یا هم‌سن و سالان خویش می‌روم. یکی از پویاترین و شکوفاترین حوزه‌های بهره‌گیری و درس‌آموزی من در چنان سفرهایی از نوجوانان و جوانان است. اما چنان که گفتم نه آنچه که آنان میخواهند ارائه دهند بلکه آن چه من در پی کشف آنم.

من خوشحالم که شما نمی‌خواهید مرکزیتی به معنای سنتی آن داشته باشید. اما بودن مرکزیت با آن شیوه که من دریافت میکنم نه تنها ضروری است بلکه در عمل نیز در سازمان رادیویی شما، کم یا زیاد باید وجود داشته باشد. حضور «مرکزیت» به معنی نفی «پیرامون» نیست بلکه به معنی آن است که بتواند در انجام هماهنگی، مدیریت و نیز محقق کردن آن اهداف و برنامه‌هایی که روزانه چون برگ‌های تازه بر این درخت جوان می‌روید، نقش پیش‌برنده، ژرفنده و تکامل‌دهنده داشته باشد.

دریافت من آنست که شاید شما می‌خواهید سازمانی با ساختار افقی داشته باشید و نه عمودی. بدین معنی که نقش فرادست و فرودست، نقش رئیس و مرئوس در سازمان نخستین کم‌رنگ است و در دومی پررنگ و مرزدار. البته هرکدام مزایا و معایبی دارد. من شیفته شکل و شمایل نیستم. من شیفته آنم که در یک سازمان، همه بتوانند حرف خویش را نه تنها بزنند بلکه آن حرف شنیده شود، مورد ارزیابی نیز قرار بگیرد و اگر ارزش اجرایی دارد، به اجرا نیز در آید. در مؤسسه‌ای که من کار می‌کنم این هر دو شکل وجود دارد. برای برخی کارها، اصول عمودی و برای پاره‌ای دیگر اصول افقی در دستور کار قرار دارد. وقتی که شما شیوه‌ای اتخاذ میکنید که کامنت‌ها، اول به دست مسؤل مورد نظر برسد، حکایت از همان کنترل و فکر کنترل دارد. این خوب است. اما وقتی که

حرف‌های نامربوط و درهم یک شخص درج می‌شود، نشان می‌دهد که یا یک جای کار لنگ است و کنترل به درستی صورت نگرفته و یا معیار کنترل برای همه فهمانیده نشده است و یا اشتباهی انسانی از نوع یکبار اشتباه رخ داده است.

من اگر به جای شما بودم می‌خواستم که کسی حتی به لاتین و یا به انگلیسی نیز پیغامی و یا کامنتی نگذارد. حتی اگر کسی حرف خود را گفتگویی نوشته باشد بازهم اگر من بودم برای گذاشتنش حرف داشتم و یا اعلام می‌کردم که ما آن کامنت را از حال و هوای گفتاری به نوشتاری تبدیل میکنیم و البته این کار زمان بیش‌تری می‌برد تا آن نوشته در معرض دید دیگران قرار گیرد. ارتقاء زبان و گسترش تنوع و ترکیب‌های تازه با ترویج یک شکل نادرست زبانی کاملا تفاوت دارد. گمان من آنست که اگر این شکل محافظه‌کارانه زبانی از دیر باز در ایران نبود، چه بسا امروز زبان نوشتار عصر قاجار برای بسیاری از اهل کتاب ما به دشواری قابل فهم بود چه برسد به دوران رودکی و فرخی سیستانی و فردوسی.

در اوائل دهه هشتاد میلادی، استاد زبانشناسی ما در سوئد، روزی نثری را سر کلاس آورد که مربوط به قرن دوازدهم میلادی این کشور بود یعنی خیلی بعدتر از زمان مولای روم و عطار. من و سوئدی‌های همکلاسی من از آن نثر چیزی درنیافتیم. این گونه تحول زبانی نه در ساختار دستوری بلکه در مرگ و میر جوانسالانه واژه‌ها و ترکیب‌ها چه در نثر و چه در شعر، رابطه اهل زبان را با گذشته قطع می‌کند و انسان‌ها را از شناکردن در دریاچه‌ها و اقیانوس‌های میراثی فکر و فرهنگ باز می‌دارد.

البته زبان فارسی توانسته‌است به مدد عوامل گوناگون که اینجا جای ذکرش نیست خود را تا به امروز قابل فهم نشان دهد. پیش بردن اصول قطعا با مقوله اجازه ندادن به ذوق‌ها و توانایی‌ها برای رشد، دو امر جداگانه است. همه باید بدانند که رادیو زمانه اصولی دارد که در واقع روی آن‌ها چانه نمی‌زند. اما در برابر اندیشه‌ها و پیشنهادهای تازه، در را بر روی همه باز می‌گذارد. این همه در

واقع امر باید هیچ پیش‌شـرط سـنی، جنسـی، سـرزمینی و آرمانی نداشته باشد. البته غیـر از مـورد سـن، در بقیـه موردها چنیـن پیش‌شـرط‌هایی وجود خارجـی ندارد. بایـد اقـرار کنم که در مورد سـن هم شـما پیش‌شـرط نگذاشـته‌اید اما فضـا را برای چنین پیش‌شـرطی دانسـته یا ندانسـته آمـاده کرده‌اید.

وقتـی شـما بر جوانـان تکیه میکنید و آن را بـا حرف و پیغام نیز اعـلام می‌دارید، در واقع نوعی سکتاریسـم سـنی پدیـد می‌آورید. اگر این اصطـلاح را غلط میدانید، مـن اصـراری در بـه کار بردنـش نـدارم اما گرایـش بـه جوانـان و دوری گزیدن از میانسـالان و فراسـالان در ذهن بسـیاری، چنین دریافتی را شـکل می‌دهد. هر چند نیت شـما آن نباشـد که دریافت شـده است.

مـن اگـر به جای شـما بودم همیشـه در مقابل یک گوینده بسـیار جـوان دختر یا پسـر، یـک گوینـده بالای چهل سـال و چه بسـا بـالای پنجاه سـال را چـه خانم و چـه آقـا قـرار می‌دادم. ایـن نوع برخورد، در ذهن شـنونده، نوعی توازن چه سـنی و تجربـی و چـه کلامی و دانشـی ایجاد میکنـد. این دریافت من اسـت و البته بیان آن به معنی جسـارت و یا قدم گذاشـتن به حوزه مسـؤلیت شـما نیسـت.

مـن بـه سـهم خـود امیـدوارم که رادیـو زمانـه بتواند در درجـه اول بـه یک منبع مالی مطمئن و بدون قید و شـرط سـیایی وصل شود و شـما را از دغدغه سرنوشت احتمـالا نامعلـوم آن رهـا سـازد. اگـر روزی، روزگاری « رادیـو زمانـه » نماند - که دوربـاد - نـه از آن روسـت کـه بـه توانایی‌هـای انسـانی و شـکوفایی متنـوع آنـان تکیـه نکـرده است بلکـه بـدان علت اسـت که جامعـه ایرانـی و یا آنان کـه متعلق بـه کشـورهای دمکـرات و پیشـرفته هسـتند، نتوانسـته‌اند متقاعـد شـوند کـه یک رادیـو می‌توانـد تـا ایـن حـد از گسـتردگی کارش را آغـاز کند و تنهـا تکیه‌گاهش توانایی‌هـای صمیمانـه انسـانی باشـد و نـه بند و بسـت‌های سیاسـی و یـا مالی.

به کارتان حرمت می‌گذارم.

در پایان به ذکر چند نکته به اختصار میپردازم:

۱. بـه نظر می‌رسـد کـه پیوندهـای «وبـلاگ»ی رادیو زمانـه بازتاب سـلیقه‌های

چندگانه است که عنصر ارزشی پر فراز و نشیبی در آنها خانه کرده است. این نکته در ذهنها تضادهایی را شکل میدهد.

۲. برنامههای قبل از هشت با بینظمی پخش میشود. در ایران، کسانی که از طریق ماهواره و یا رادیو گوش میکنند، آن برنامهها را از دست میدهند. دوتن از خویشان من گله داشتند که رادیو زمانه باید بیشتر از نظر کلامی برنامههایش را به اطلاع ما برساند تا بدانیم کدام را در چه زمانی گوش کنیم. این حرفها مربوط به دو هفته پیش است.

۳. من با اصطلاح منهای هشت و نیم میانه خوبی ندارم. اصطلاح منها همیشه نفی و انزوا را تداعی کرده است. شاید هم من اشتباه میکنم. گفتنش از طرف من ضرری ندارد.

٤. برخی دقتهای کلامی از سوی گویندگان ضروری است. تکیه بر بخش زنده رادیو، به معنی تقسیم آن به مرده و زنده است. یک نوع تبعیض بالاخانهای و پایینخانهای به ذهن راه مییابد.

۵. آیا گفتگوی خودمونی ناپدید شده است یا اینکه به جایی رفته که من نمیبینمش؟

٦. گاه تابلوی اعلانات رادیو زمانه با آنچه پخش میشود همخوانی ندارد. اگر خواستید این نامه را در زمانه بگذارید، از نظر من اشکالی ندارد.

با احترام

ا. آویشن

* اشکان آویشن ادبیات و جامعهشناسی زبان خوانده و در سوئد زندگی میکند و نویسنده وبلاگ آوازهای خار بیابان است. ـ زمانه

http://zamaaneh.com/blog/02/2007/post_38.html

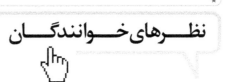

نظــرهای خــواننـدگـان

◎ ایشان جز «آوازهای خار بیابان»، سایت «گستره» را با آدرس:

www.gostareh.net نیز دارند.

بدون نام , Feb 11, 2007

....

◎ ســلام

در همین رابطه مقاله ای دارم که شما را دعوت به مطالعه ی آن می کنم ...

www.sarij.persianblog.com

جواد اکبری , Feb 15, 2007

نتایج نظرسنجی زمـــانه

تهیه و تنظیم از: **بخش فنی و مارکتینگ زمانه**

بیست و نه بهمن هشتاد و پنج

نظرسـنجی زمانـه کـه از اول ژانویـه ۲۰۰۷ بـه مـدت ٦ هفته انجام شـد با اسـتقبال مخاطبـان زمانـه روبـه‌رو شـد. زمانـه با پیروی از سیاسـت شـفاف رسـانه‌ای، نتایج ایـن ارزیابـی را در دسـترس مخاطبـان و علاقه‌منـدان و کنجـکاوان قـرار می‌دهد و چارچـوب کلـی نتایـج بـه دسـت آمـده را در برنامه‌های خـود لحاظ خواهـد کرد. ایجـاد دسترسـی عمومـی به ایـن نتایج به معنای پذیـرش نظارت عمومـی بر روند بهبـود و پیشـرفت کار نیـز خواهد بود.

تعـداد کل شـرکت‌کنندگان در ارزیابـی، ۱٤۳۹نفـر بـود کـه نشـانی پسـت الکترونیکـی ۹٤۵ نفـر از آن‌هـا تائیـد شـد. شـاخص‌ها و درصدهـای زیـر برپایـه نظرات شـرکت‌کنندگانی اسـت که پسـت الکترونیکی ایشـان تائید شده‌است. ارقام درون پرانتـز، نشـانگر درصدها هسـتند:

شـــاخص‌های کلـــی

بزرگ‌تریـن گـروه از شـرکت‌کنندگان در ایـن ارزیابـی، مـردان جـوان (۲۵ تـا ۳۵

ساله) اروپانشین یا تهرانی دارای لیسانس هستند. همچنین بزرگ‌ترین گروه، از طریق وبلاگ‌ها و برای بار اول با رادیو زمانه آشنا شده و دسترسی مستقیم و بدون فیلتر به سایت دارد. تعداد شرکت‌کنندگان خارج از ایران تا اندازه‌ای بیش‌تر از ساکنان ایران است و شرکت‌کنندگان در کل از سطح تحصیلات بالایی برخوردارند.

یک‌چهارم شرکت‌کنندگان برای دسترسی به سایت از فیلترشکن استفاده کرده‌اند.

درصدهای رای‌های داده‌شده به گزینه‌های موجود، در کل توزیع نسبتا یکدستی دارد به جز در سه مورد جنسیت، محل سکونت و رضایت از طرح‌بندی سایت. درصد مردهای شرکت‌کننده چهار برابر زنان است، در حدود دوسوم شرکت‌کنندگان از ایران ساکن تهرانند و در حدود سه‌چهارم از شرکت‌کنندگان، مطالب وب‌سایت را آسان‌یاب و به‌راحتی قابل دسترس می‌دانند.

اخبار و سیاست، موضوعات داخل ایران و آواز سنتی ایرانی از برنامه‌های مورد علاقه شرکت‌کنندگان هستند. موضوعات داخل ایران و گفتگو با چهره‌های برجسته در صدر برنامه‌های پیشنهادی قرار دارند ولی موضوعاتی از داخل ایران، برای زنان شرکت‌کننده کم‌ترین جذابیت را دارد.

رضایت از طرح و نمای وبسایت در کل بالا است ولی آگاهی یا استفاده از امکان خبرخوان آر.اس.اس کم است. رضایت از کیفیت پخش صدای رادیو در سطحی متوسط قرار دارد.

۱۱.۵ درصد از شرکت‌کنندگان، شنونده هیچ‌یک از رادیوهای مطرح فارسی‌زبان در خارج از کشور نیستند. ۷ درصد از شرکت‌کنندگان با اینکه شنونده رادیو زمانه هستند ولی علاقه‌ای به برنامه‌های آن ندارند.

بیش از نیمی (۵۲.۷) در صورت برنده شدن در قرعه‌کشی، خواستار دریافت دستگاه پخش موسیقی آی‌پاد هستند. اکثریت مردان (۸۸) خواستار دستگاه آی‌پاد هستند و بزرگ‌ترین گروه زنان (۲۵) خواستار دستگاه ضبط کننده صدای دیجیتال هستند.

جزئیات:

ویژگی‌های شرکت‌کنندگان

*اکثریت مرد (۸۳.۷) هستند (٥٦ درصد از خارج و ٤٤ درصد از داخل) و زنان ۱٦.۳ درصد از مجموع شرکت‌کننده‌ها را تشکیل می‌دهند. تعداد زنان خارج از کشور (٦٦) دو برابر تعداد زنان داخل کشور (۳۳) است.

*اکثریت از جوانان ۲۵ تا ۳۵ ساله هستند (۳٦۸) و در رتبه دوم، نوجوانان و جوانان ۱۵ تا ۲۵ ساله قرار دارند (۲۵.۵).

*اکثریت در مقطع کارشناسی (۳٦.۵) و کارشناسی ارشد (۲٤.٦) قرار دارند. در حدود ۲۲ درصد دانشجو و ۵.٤ درصد زیر دیپلم هستند.

*بیش‌تر شرکت‌کنندگان، مقیم خارج از کشور (۵۸) هستند. اما با وجود فیلترینگ، ٤۲ درصد از شرکت‌کننده‌ها از ایران هستند.

*اکثریت شرکت‌کنندگان داخل کشور، از تهران (٦۳.۲) هستند و پس از آن به ترتیب از خراسان رضوی (٦.۹)، اصفهان (۳۸)، مازندران (۳.۳)، آذربایجان شرقی (۲۸) و فارس (۲.۸) شرکت کرده‌اند. تنها استان‌هایی که هیچ شرکت‌کننده‌ای نداشته‌اند قزوین و خراسان شمالی هستند. (هدف زمانه، رسیدن به حداقل ٤ درصد از شنوندگان در شهرهای بزرگ است.)

*بیش‌تریـن تعـداد افـراد مقیـم خـارج، سـاکن اروپـا (۵۱) و پـس از آن آمریکا (۲۲.۵) و کانـادا (۱٦) هسـتند.

*بیش‌تـر شـرکت‌کنندگان از طریـق وبلاگ‌هـا (۳۵.۳) با رادیو زمانه آشـنا شـده و دسـته دوم از طریـق لینک در سـایت‌های دیگـر (۳۰۸)

*بیش از نیمی از طریق اینترنت (٥٤) و به صورت زنده (٥٤) به برنامه‌های رادیو گوش می‌دهند. کم‌تر از نیمی از شرکت‌کنندگان پخش همزمان را گوش می‌دهند (٤٢)

*زمان پخش برنامه‌ها مناسب اوقات فراغت ۳٤ درصد از شرکت‌کنندگان نیست.

*٦۱ درصد، تنها شنونده در خانواده خود هستند.

*شـرکت‌کنندگان همچنیـن شـنونده بی‌بی‌سـی فارسـی (۲۸.۵)، رادیـو فـردا (۲٥.٤)، بخـش فارسـی صـدای آمریـکا (۲۱.٦) هسـتند. ۱۱.۵ درصـد شـنونده هیچ‌کـدام نیسـت.

*بیـش از یک‌سـوم تـازه با رادیو آشـنا شـده و هنـوز برنامه‌هـای رادیـو زمانه را نشـنیده‌اند (۳۸)

*کیفیت صدا از موج کوتاه را کیفیتی متوسط (٦۵) ولی مناسب (٤۷) می‌دانند.

تـارنمـا

*۷۵ درصد دسترسی مستقیم دارد و ۲۵ درصد از فیلترشکن استفاده می‌کند.

*طراحی و توازن رنگی سایت را خوب (۶۰) و یا عالی (۲۶) می‌دانند و مطالب سایت را متناسب با اخبار و وقایع روز (۴۹) و متناسب با برنامه‌های رادیو (۳۰۸) می‌دانند. اکثریت خوانندگان سایت (۷۷.۶) نحوه قرار گرفتن مطالب آن را متناسب، و به راحتی قابل دسترس می‌دانند. در حدود نیمی از شرکت کنندگان (۴۹.۳) از امکان خبرخوان آر.اس.اس استفاده نمی‌کند و یک‌سوم (۳۴) نمی‌داند که این امکان چیست.

*علت دلخواه بودن روش پادکست را گوش دادن به برنامه‌های دلخواه ذکر کرده‌اند (۴۰)

محتوای برنامه‌ها

*برنامه‌های دلخواه شرکت‌کنندگان به طور کلی به‌ترتیب عبارتند از:

اخبار، گزارش و تفسیر سیاسی (۱۱)، کلاغستون نیک آهنگ کوثر (۵۸)، گفتگوهای سیاسی حسین علوی (۵.۵)، ضرب‌المثل‌های ایرانی جلال مهرجویی (۵.۲)، موسیقی فیلم پرویز جاهد (۴.۵)، گزارش‌های فرهنگی حسین نوش‌آذر (۴.۴)، این سو و آنسوی متن عباس معروفی (۴.۳)، موسیقی کلاسیک بابک حائری نژاد(۴.۳)، کاروان موسیقی سهند صاحبدیوانی(۴)

****برنامه‌های دلخواه زنان به‌ترتیب عبارتند از:**
نشستن میان دو صندلی پانته آ (۲۵)، نیلگون عبدی کلانتری (۲۵)، موسیقی همسایگان شهزاده (۲۳۸)، گزارش های فرهنگی نوش‌آذر (۲۲.۶)، به روایت شهرنوش پارسی‌پور (۲۲)

***برنامه‌های دلخواه افراد زیر دیپلم به‌ترتیب: اخبار، گزارش و تفسیر سیاسی (۱۰)، ضرب‌المثل‌های ایرانی (۸.۲) و گفتگوی سیاسی (۵.۷) است.

***موسیقی مورد علاقه به طور کلی به‌ترتیب:**

آواز سـنتی ایرانـی (۱۶.۳)، ملایـم و آرامبخـش (۱۳.۱)، پاپ ایرانی (۱۳)، موسـیقی متفاوت ایرانـی (۱۰.۳)، کلاسـیک غربی (۹.۸)

****موسیقی مورد علاقه زنان به‌ترتیب:**

موسـیقی رقص و تند (۲۴.۴)، موسـیقی همسـایگان (۲۲)، موسـیقی متفاوت ایرانی (۲۱.۷)، ملایـم و آرامبخش (۲۰.۸)

*موضوعات پیشنهادی به طور کلی به‌ترتیب:

موضوعـات داخـل ایـران (۱۹.۵)، گفتگو بـا چهره‌های برجسـته (۱۵.۸)، میزگرد زنـده همـراه با تمـاس شـنوندگان (۱۱.۲)، موضوعات خارج از ایـران (۱۰)

****موضوعات پیشنهادی زنان به‌ترتیب:**

خاطره‌خوانـی از مـردم (۲۴.۷)، داسـتان‌خوانی نویسـندگان (۲۴)، پخش برنامه‌هایی کـه مردم سـاخته‌اند (۱۸.۴)

نتـایـج

*اسـتفاده یک‌چهـارم شـرکت‌کنندگان از فیلترشـکن نشـانگر علاقه‌ای فعـال برای تعامـل بـا رادیو زمانه اسـت.

*بـرای رضایـت بیش‌تـر گروه‌هایـی از زنـان افزایـش برنامه‌هـای خاطـره و داسـتان‌خوانی و موسـیقی رقصـی می‌توانـد مهـم باشـد.

*برنامه‌های گفتگو با چهره‌های برجسته می‌تواند بیش‌تر بشود.

*زمـان پخـش برنامه‌هـا بـا اوقات فراغـت بیش از یک‌سـوم از شـرکت‌کنندگان سـازگاری ندارد.

٭کیفیت پخش صدا، جای بهبود دارد.

٭شمار شرکت‌کنندگان زیر دیپلم کم است ولی علائق ایشان در خطوط کلی فرق زیادی با علائق عمومی ندارد.

٭شناخت رادیو احتمالا در استان‌های قزوین و خراسان شمالی بسیار کم است.

٭می‌توان درباره امکان خبرخوان آر.اس.اس یا آگاهی‌رسانی درباره آن تغییراتی داد.

٭نوع بسیاری از برنامه‌ها احتمالا به‌گونه‌ای است که گوش کردن خانوادگی را تشویق نمی‌کند. (۶۱ درصد، تنها شنونده در خانواده خود هستند).

ملاحظات برای معنادار کردن نظرسنجی

در مرحله اول چون این نظرسنجی به صورت آنلاین صورت گرفته تنها بخشی از مخاطبین را پوشش داده که با وبسایت رادیو در ارتباطند. این گروه افرادی هستند که به استفاده از اینترنت عادت دارند و از آن به عنوان سورس اصلی رابطه خود با دنیای خارج استفاده می‌کنند. بنابراین بخشی از مخاطبین رادیو تحت پوشش قرار نگرفته‌اند که با ماهواره یا موج کوتاه سر و کار دارند.

مورد دوم درصد واکنش مخاطب به انجام ارزیابی است. تعداد کسانی که وارد صفحه ارزیابی شده‌اند در طول یک ماه گذشته بیش‌تر از چهار هزار نفر بوده است که تقریبا یک چهارم آن‌ها فرم ارزیابی را پر کرده‌اند و در پایان نیز تنها حدود ۹۵۰ نفر با تائید مشارکت خود نتایج را شکل داده‌اند.

با نگاهی به نتایج در اولین سوال مشخص می‌شود که حدود ۴۰ در صد

مخاطب بالقوه بـرای شـنیدن رادیو موجود است. این گروهی اسـت کـه گفتهاند شـنونده رادیو نیسـتند و در واقع مخاطب وبسـایت هسـتند.

بدیهی اسـت کـه تعداد شـنوندگان اینترنتی در سـوال اول بیشترین تعداد باشـد چـرا کـه مـا از همین مدیوم بـرای گردآوری اطلاعـات ارزیابی استفاده کردهایم. به عبارتـی کـم بـودن تعداد شـنوندگان موج کوتاه بـه معنی بیمصرف بـودن این نوع از پخش رادیو نیسـت.

نیمـی از مخاطبیـن اینترنتی بـه صـورت زنـده برنامه را گـوش میکننـد. که در ایران و خارج از ایران سـاکن هسـتند. دیگران به صورت پادکست و لینک مستقیم برنامهها را دریافت میکننـد. تاکید بـر حضور برنامهها در آنلایـن عـلاوه بر آنکه نیمی از مخاطبین را پوشـش میدهـد مستلزم کار و هزینـه بالاتری است اما با توجـه بـه درصد بـالای این گونه مخاطب لازم اسـت کـه فعالیت آنلایـن به دقت بیشتـری دنبال شـود.

رادیـو زمانـه هنـوز یـک رسـانه خانوادگـی نیسـت کـه همزمـان بـرای مجموعه خانـواده جذابیت داشـته باشـد. البته کمتـر رسـانهای در حال حاضر چنین اسـت.

سیسـتم پادکسـت زمانـه در حـال حاضـر بخش بسـیار کوچکـی از مخاطبین را تشـکیل میدهـد کـه دلیـل آن عدم آشـنایی مخاطبیـن به دریافت برنامه از طریق سیسـتم پادکسـت اسـت. اگر نیـاز بـه افزایـش این گـروه بـاشـد باید بـه صـورت آمـوزش عمومـی در مـورد پادکسـت در رادیـو اقدام کرد.

برنامههـای سیاسـی و خبـری در صـدر برنامههـای مـورد نظر مخاطبین است. از طـرف دیگـر برنامه هایی کـه مداومـت پخش آنهـا روزانه اسـت بیشتـر از

برنامه‌های هفتگی مورد نظر مخاطب قرار گرفته‌اند از جمله برنامه کلاغستون که رده دوم برنامه‌های مورد علاقه را از آن خود کرده است. گفتگوهای سیاسی و برنامه‌های ادبی و فلسفی در ادامه هستند.

موسیقی کلاسیک ایرانی و موسیقی آرام بیش‌تر مورد علاقه مخاطبین است. به همین ترتیب موسیقی متفاوت و جدی ایرانی و موسیقی کلاسیک و موسیقی زیرزمینی به ترتیب در ادامه هستند. بخش موسیقی نیاز به ایجاد ساختاری آموزشی دارد. با توجه به حجم بالای پخش موسیقی در رادیو زمینه ایجاد چالش وگفتگو در این زمینه بسیار بالاست که باید برایش برنامه‌ریزی کرد.

با توجه به نیاز مخاطب ایجاد سورس‌های ثابت و مطمئن خبری در ایران مورد نیاز است تا به شکل کاملی بتوان اخبار ایران را به صورت مستقل پوشش داد و از طرفی ایجاد یک برنامه‌ریزی برای پوشش دادن چهره‌های برجسته مورد نیاز است.

کیفیت وبسایت رادیو اصولا کیفیتی قابل قبول از نظر مخاطب است. بخش فید خبرخوان (ار اس اس) هنوز بازتاب مناسبی نداشته و فعال کردن آن همانند پادکست نیاز به آموزش مخاطب دارد و مصرف‌کنندگان آن در حال حاضر تعداد پائینی هستند اما ازنظر ارزش‌های رسانه‌ای سایت وجودش بسیار خوب است.

در آغاز وبلاگ‌ها کمک بالایی به جذب مخاطب کردند که با توجه به ارتباط وبلاگ‌ها با مخاطبین خود (که بر اساس اعتماد آن‌ها به وبلاگ‌نویس است) بهترین نوع مخاطبین را به رادیو معرفی کرده است. زنده نگهداشتن این ارتباط برای رادیو مهم است. از طرف دیگر، مطالبی که در سایر سایت‌ها معرفی شده‌اند نیز درصد بالایی مخاطب برای رادیو ایجاد کرده است که در گروه

مطالـب سیاسـی و اجتماعی قـرار دارند و شـامل گزارش‌های تولیدی رادیو سـت.

بـا توجه به نسـبت مشـارکت زنان در اسـتفاده از اینترنـت (۳۵ در صد در سـال ۲۰۰٦ در اروپـا ، ٤ درصـد در جامعـه اعـراب و ...) نسـبت ١٦ درصـدی مجمـوع مخاطبیـن زن نسـبت مناسـبی بـرای رادیـو زمانـه و سـایت آن اسـت. بـا توجه به مسـائل زنان در جامعه ایران پوشـش این گروه بزرگ مخاطبان در قالب برنامه‌های خـاص زنـان می‌تواند مـورد توجـه رادیو قـرار بگیرد.

مخاطبیـن سـنی رادیـو با آنچه مـورد نظر بوده هماهنگ اسـت: جوانان با سـطح تحصیـلات بـالا کـه در آینده جـزو کادر و بدنه اجرایـی جامعه ایـران خواهند بود. بنابرایـن ایجـاد امیـد و بـاور در ایـن نسـل می‌توانـد از اولویت‌های رادیو باشـد. از ایـن رو، نـگاه بـه آینـده در برنامه‌هـا مناسـب‌تر از نـگاه به گذشـته خواهد بود.

بـا توجـه به حجم بالای مخاطبین خارج از کشـور در اروپا پیشـنهاد می‌شـود که بر سـاختار و شـبکه محـوری رادیو در اروپا کار شـود. مهم‌تریـن موضوعات مورد علاقـه بـرای ایرانیـان داخل و خـارج موضوع مهاجرت و امتزاج فرهنگی اسـت که می‌توانـد در برنامه‌هـا مـورد توجه بیش‌تری قـرار گیرد.

http://zamaaneh.com/blog/02/2007/post_40.html

نظرهای خوانندگان

○ تازگی‌ها رادیو زمانه(در نت و با فیلترشکن) مشکل پیدا کرده!

با آن‌که از اینترنت پرسرعت adsl استفاده می‌کنم، اما صدای رادیو دایم قطع و وصل می‌شود!

در ضمن در باره حاشیه اسکار بیش‌تر بنویسید و هم‌چنین بگویید که برندگان نظر خواهی رادیو زمانه را در چه تاریخی اعلام خواهید کرد؟

یک تاریخچه نگاری کوچولو در باره اسکار (در وبلاگ‌ام) انجام داده‌ام. موفق باشید

http://karaa.blogfa.com

حسین , Feb 18, 2007

....

● *برندگان نظرخواهی اعلام شده اند لطفا این خبر را ببینید:*

http://www.radiozamaneh.org/news/2007/02/post_856.html

- زمانه

....

○ بازتاب برنامه «فروغ» را در رادیو زمانه در یک وبلاگ آن سوی دیوارها، بخوانید.

http://westernwall.blogspot.com/2007/01/blog-post_31.html

احمد , Feb 18, 2007

....

○ agha dameton garm kheili bahalit faghat ahangaye ghadimi hiphop ra ham bezarid
masalan az 2 se sal pish dameton garm kheili hal mikonim

Feb 20, 2007 -- farzad

دبیر وب سایت زمانه به جز چرخاندن سایت زمانه در رادیو چه کار می کنید که اینقدر دیر به دیر نظرات خوانندگان را منتشر می کنید. یا این که فقط بی توجهی و کم کاری شماست. در ضمن مگر ممکن است که پنجاه و هشت در صد شرکت کنندگان در نظر خواهی خارج از کشور باشند و برندگان آن به جز یک نفر از ایران باشند.

Feb 21, 2007 -- Parvin

....

man va dustanam da hannover shoma ra kheyli dust darim

Feb 22, 2007 -- Mahnaz

....

RSS شما خیلی خوب است

Feb 23, 2007 , لادن

....

baba pedaram dar omad ye add bedin mikham vasaton ye CD motafavet beferesta
hame chizo onja tozih dadam + nazarate filsofaneye ye nevisand-eye ke hichvaght nakhast shenakhte beshe

Feb 23, 2007 -- m.gharib.azad@gmail.com

....

ba salam be shoma va khaste ham nabashid

Feb 24, 2007 -- Mahnaz

....

لطفا در وب سایت رادیو زمانه در بخش نظر بدهید امکان نوشتن خط فارسی را بگذارید برای کسانی که در کامپیوترشان خط فارسی ندارند.
این امکان در اکثر وبلاگ های فارسی وجود دارد به جز وبلاگ رادیو زمانه

Feb 26, 2007 , پروین

با پادکست شما خیلی حال میکنم. کلاغستون مقداری افت کرده فکر میکنم نیکان مثل روزهای اول وقت نمیگذارد.

در مورد فیلتر شدن رادیو زمانه هم بگم که بهترین راه برای عبور از فیلتر vidalia هست

http://vidalia-project.net

هادی فرنود , Feb 26, 2007

....

○ سلام. به نظرم نتیجه نظر سنجی نشان میده که زمانه مدار دیگری را طی میکرده و باید کمی با خواست مخاطبانش جور در بیاد. مثلا خبرها خیلی کم و ضعیف است و به اتفاقات داخلی کمتر توجه میشه. مردم ایران خیلی زیر فشار هستند و رادیو زمانه چرا نمی یاد حقوق مردم و مشکلاتشون رو بررسی کنه و آگاهی بده و نظر کارشناسان مربوطه رو پخش کنه.

به نظر من هم باید اتفاقات پخش بشه و هم در اون زمینه به مردم آگاهی داده بشه و این در رادیو زمانه خیلی کم رنگ است.

من با هر کی در گوشه کنار صحبت میکنم میبینم هنوز شما را نمی شناسند و این ضعف بزرگی است. باید کاری کنید که نتیجه بهتری بگیرید و به مردم سریع معرفی بشید

حسن , Mar 2, 2007

....

○ تجمع امروز هم به درگیری کشیده شد . بیش از ۵۰ زن که در تجمع شرکت کرده بودند بازداشت شدند و ما حتا نمی دونیم اونها رو به کجا بردند ...

من – زن , Mar 4, 2007

....

○ سلام به دوستان رادیو زمانه من فکر میکنم برای تشویق همکارانتون در ساخت برنامه ها وآشنایی بیشتر ما با آنها همراه با نظر خواهی معرفی حد اقل اسمشونو می داشتید.مرسی

Mar 4, 2007 -- AZADEH I

● *در ماه جاری با بیشتر آنها آشنا خواهید شد چون دارای صفحه شخصی می‌شوند در سایت زمانه. زمانه*

....

○ agar bekhahim weblogemoon ro be weblog haye zamane ezafe konim bayad chekar konim, va agar gozaresh ya mosahebeyi anjam bedim chetor misheh dar radio zamane gharar dad? mamnoon misham age ba email be man pasokh bedid.

Mar 6, 2007 -- Shabnam

....

○ چرا در بخش برنامه سازان بقیه همکارانتون رو معرفی نمی کنید؟

نسرین , Mar 9, 2007

....

● *برنامه سازان به تدریج که دارای صفحه شخصی بشوند در این فهرست وارد خواهند شد و شما با ایشان آشناتر می شوید. زمانه*

....

○ سلام. چرا خبر و گزارش های شما کمه؟ به نظرم از نیروهایی که دارید نمی تونید خوب استفاده کنید! چرا بخش وبلاگ ها ناقص هست؟ مثلا من نگاه که می کردم دیدم بعضی آدرس ها را لینک ندادید مثل وبلاگ شهرام رفیع زاده که به خاطر وبلاگ نویسی زندان هم رفته. لینک وبلاگ بعضی همکارانتون رو هم ندیدم.
راستی در مورد همکاران زمانه بد نیست که یک معرفی کوتاه در کنار عکسشون بزنید و اونهایی هم که نزدید رو اضافه کنید به بقیه.
مدیران رادیو و کادر اصلی را هم معرفی کنید
صدای اردشیر زارع زاده را کم می شنوم. گزارش های خوبی می دهد ولی چرا کم؟ چرا بیشتر وقت نمی زاره؟
از حسین علوی انتظار گفتگو های بیشتر دارم.
مجله خبری شما هنوز کار دارد. تنوع لازم دارید. من نمی خواهم وقتی رادیو شما

را گوش میکنم کانال رو عوض کنم و برم سراغ کانال دیگری که خبر میگه

بابک از تبریز , Mar 10, 2007

....

○ در پاسخ به نظرِ پروین خانم، (چون به نظر می آید که هنوز از سوی زمانه پاسخی به وی داده نشده ،) اتفاقن من هم همین پرسش را از مسئولانِ رادیو زمانه داشتم که نوشتهء این خانم بهانهء این نوشتن شد، - یک نظر مینویسی، پس از زمانی دراز یا نظرت را منعکس می کنند یا از دمِ تیغ سانسور می گذرانند (اگر به زعمِ مسئولان قابلِ منعکس شدن باشد) حال باید نوشت که مهم نیست ما در ایران باشیم یا هلند یا حتی آن دنیا، ما ایرانی هستیم و کوله بارِ فرهنگی امان نه با ما که در ماست و بخشی از سرشتِ ما ، اکنون اگر اهمیتی برای نظرِ مخاطبین خود دارید ،بفرمائید و پاسخ دهید .

ایرانی , Mar 11, 2007

....

● *نظر خانم پروین در دستور کار زمانه است و گروه فنی کوچک ما آنرا در لیست کارهایی که باید برای سایت انجام داد قرار داده اند. در مورد نظر شما نیز کمتر موردی است که انتشار کامنتی بیش از ۲٤ ساعت به طول بینجامد. در باره ادیت کامنتها سیاست زمانه چند بار بروشنی اعلام شده است. زمانه به عنوان رسانه نمی تواند به کامنتهایی که حاوی ناسزاگویی و نفرت پراکنی است و یا اتهاماتی را مطرح می کند که قاعدتا باید در دادگاه مطرح شود اجازه انتشار بدهد. زمانه*

....

○ مرسی از این که پاسخِ مرا دادید، باید اذعان کنم که به این رادیو از راهِ اینترنت هر شب ضمن گردش در سایت های مختلف گوش می کنم و علاقه مند شده ام ، همین جا از دست اندر کاران و مجریانِ آن که کارِ خوبِ شان را هرشب به گوشِ دوست دارانِ شان می رسانند متشکرم .باید اضافه کنم که من هیچ گاه نه ناسزائی در متونِ ارسالی ام به شما نوشته ام و نه این که خواستارِ نفرت پراکنی

بـوده ام ، ایـن را برای روشـن شـدنِ اذهانِ خوانندگانِ شـما نوشـتم ، چـون در جوابِ نظـر بـالای من از سـوی زمانـه این گونه آمـده بود. در انجامِ کارِ رسـانه ئـی تان موفق و پایدار باشـید.

ایرانی , Mar 12, 2007

....

○ سـلام متاسـفانه بخـش تمـاس رادیـو زمانه فعال نیسـت تا ایـن پیام رابرای قسـمت بـلاگ چرخـان ارسـال کنـم و تغیـر ادرس وبـلاگ خـود را اطـلاع دهـم تا اگـر لطف قدیـم رادیـو زمانـه همچنـان برقرار اسـت وبلاگ نشـانه بـه آدرس جدید تغییـر کند.

با سپاس

نشانه , Mar 12, 2007

....

● *لینک اصلاح شد. زمانه*

http://neshanesign.blogspot.com

بهار زمانه

سیزده فروردین هشتاد و شش

زمانه یـک فصـل کاری دیگـر را بـا بهـار نـو آغاز می‌کنـد. بـرای رسانه‌ای که دو فصل را پشت سـر گذاشته اسـت تحولات آنقدر سـریع اتفاق افتاده که یادداشت سـرخط آن‌هـا نیـز در اینجـا ممکن نیسـت. اما امروز خوشـحالم که میـزان خوانده شـدن صفحات زمانه در ماه به بیش از یک میلیون و هفتصد هزار رسـیده اسـت و نسـبت به آغاز دوره زمسـتانه تقریبا دوبرابر شـده است. این خود نشـانه رشدی دو جانبـه اسـت هـم در زمانه و هم در خوانندگانـش. یعنی آنچه در زمانه اتفاق افتاده مخاطبـان را بیش‌تـر کـرده اسـت. و البته این بـرای هر رسـانه‌ای اسـباب خرسـندی و سـربلندی اسـت.

وعده‌های زمستانه

در طول دوره سـه ماهه گذشـته زمانه در برنامه‌های خود جاافتاده‌تر شـده است و در سـایت خود به سـوی چندرسانه‌ای شـدن حرکت کرده است. من خوشحالم که مـا توانسـتیم تقریبا بـه همه وعده‌هـای زمسـتانی خـود عمل کنیم. هم داستان‌خوانی

نویسندگان آغاز شد و استقبال شد و هم نظرسنجی زمانه به نتایج ارزنده‌ای رسید و در برنامه‌ریزی ما موثر افتاد. خاطرات شهرنوش پارسی‌پور هم از برنامه‌های موفق زمانه بود و یکی از تازه‌ترین برنامه‌های زمانه خاطره خوانی رضا دانشور نیز آخرین وعده زمستانه‌ای است که وفا شد.

لندن و تورنتو و گوتنبرگ

در همین زمستان بود که ما توانستیم زمانه را به لندن و تورنتو گسترش بدهیم و اکنون به طور مرتب و تقریبا هر روزه از لندن گزارش داریم و از تورنتو نیز یک برنامه هفتگی شنیدنی. پیشنهادهای مختلف برای رفتن به شهرهای دیگر هم رسید اما ترجیح دادیم حرکت تازه را مستحکم کنیم و صرفا به گسترش دل نبندیم. بالابردن سطح کیفی تولید مساله اصلی ماست. در این میان بخت با ما یار بود که گروه رادیو قاصدک و جنگ صدا که از حرفه‌ای‌های رادیو هستند از گوتنبرگ و زوریخ به ما پیوستند. آن‌ها اکنون یک ساعت برنامه روزانه تولید می‌کنند که قرار است نیمی از آن به بازپخش شماری از برنامه‌های زمانه که پرطرفدار است یا مخاطب خاص دارد اختصاص داشته باشد. به این ترتیب تولید روزانه ما به بیش از ۱۵۰ دقیقه می‌رسد.

نظارت و نقد و آموزش

برای بالا بردن کیفیت تولید و ارائه برنامه‌ها، ما تا کنون دست کم ۱۰۰ هزار کلمه نقد و گزارش انتقادی سفارش داده‌ایم. تا کنون دو ژورنالیست رادیو-تلویزیونی ارشد روی هم رفته به مدت سه ماه برنامه‌ها را مانیتور و گزارش کرده‌اند و یک مخاطب جوان و فرهیخته به مدت یک ماه برنامه‌ها را از نظر فلسفه کاری زمانه سنجیده و گزار ش کرده که در همین وبلاگ فشرده کار او را در چند نوبت منتشر کرده‌ایم. یک دوره آموزشی دوهفته‌ای نیز هم اکنون در زمانه در حال انجام است و سپس به صور مختلف ادامه خواهد یافت.

برنامه‌سازان

سایت زمانه نیز هر هفته چیز تازه‌ای عرضه کرد. هم در دیزاین و هم در امکانات و گزینه‌ها. جعبه موسیقی و شهرفرنگ دو نورسیده اخیر در دوره زمستانه ما بوده‌اند. در این میان زمانه در جهت تاکید بر شخصیت و فردیت برنامه‌سازان خود به نخستین سایت فارسی زبانی تبدیل شد که برای هر برنامه‌سازی صفحه‌ای اختصاص داد تا با اسم و رسم کارهایش را ارائه کند و ضمن آنکه در مجموعه قرار دارد حوزه فردی خود را نیز داشته باشد. امری که به شفافیت کار ما نیز کمک می‌کند. این صفحات مرتبا بهینه‌سازی می‌شود تا تمام حیثیت رسانه‌ای خود را احراز کنند.

نمونه بیژن روحانی

مجموعه صفحات برنامه‌سازان،که هنوز باید گسترش یابد تا دیگر برنامه‌سازان عمده را هم دربرگیرد، حاوی تاکید مهمی نیز هست بر آن اصل رسانه‌ای زمانه که کار کردن با شهروندان روزنامه‌نگار است؛ اصلی که یکی از ویژگی‌هایش کار کردن با افرادی است که آن‌ها را از نزدیک نمی‌شناسیم. منظورم مشخصا بیژن روحانی است. بیژن که تا زمان ایجاد صفحه‌اش حتی عکس او را هم ندیده بودیم نمونه‌ای است از عملی بودن هدف زمانه. او برنامه‌سازی است که یکی از آبرومندترین برنامه‌های زمانه - یعنی میراث فرهنگی - را می‌سازد بدون آنکه هم را بشناسیم و اکنون صاحب صفحه مستقل است در ردیف دیگر همکاران نزدیک ما. او نمونه بهترین نوع همکاری، میان رسانه‌ای مانند زمانه با مخاطبان فعال خود است.

جنسیت و زمانه

برنامه‌های بهاره زمانه با چند برنامه شاخص آغاز شده است و ادامه می‌یابد. یکی از آن‌ها برنامه ماه منیر رحیمی است که به جامعه و جنسیت می‌پردازد.

این برنامــه می‌کوشـد نگاهـی علمـی و روانشـناختی به مقوله تن و عشـق داشـته باشد تا جای خالی آثار قابل اعتماد را تا حدی پر کند. برخی انتقاد می‌کنند کــه زمانــه بیش از انــدازه به مقوله جنسیت توجـه دارد. اما نمی‌تـوان انکار کرد که در نبــود بحث‌هـای جـدی در ایـن زمینـه و بـا توجـه به نیـاز مخاطبان جوان یک وظیفــه مهـم رسـانه‌ای تامین مطلب در خـور توجه در این زمینه است و اگر به هر دلیلــی رسـانه‌های داخلـی از انجـام ایـن کار تـن می‌زنند رسـانه‌های مسـتقل خارج از ایـران وظیفـه سـنگین‌تری در قبال آموزش نسـل جوان و بیان واقعیت‌ها در این زمینه دارند.

خبـر و جامعه

همچنیــن، از زمانــه انتقـاد می‌شـود که خبر و تحلیـل جای مهمـی در برنامه‌های آن نـدارد. مـن بـه این دوسـتان یادآور می‌شـوم کـه زمانه در طـول حیات کوتـاه خود بیش از ۱۰۰۰ خبـر کار کـرده اسـت و بیش از دو مطلب در هفته به مسـائل حقوق بشـری در ایـران و جهان اختصاص داده اسـت و در ۳۰۰ برنامه و مقاله به مسـائل زنـان پرداختـه اسـت و بـه همین میـزان در صفحه گوی سیاسـت کـه از صفحات غنـی و آبرومند زمانه اسـت تحلیل و ترجمه‌های کم‌تر-کار-شـده منتشر کرده اسـت. اکنـون بخـش خبـری برنامه‌هـا دارای تهیه‌کننده مسـتقل اسـت و مرتبـا با تحلیلگـران و چهره‌هـای سیاسـی گفتگو می‌کنـد و دربـاره مسـائل ایـران به یک منبع دسـت اول تبدیل شـده اسـت.

نیمـرخ

زمانــه یـک مجله خبـری و اجتماعـی اسـت. جوانـان در آن جای مهمـی دارند و هر کـس کـه بـرای جوانان عزیز اسـت و هـر موضوعی کـه برای جوانان سـوال اسـت مـورد توجـه قـرار می‌گیرد. سـاخت برنامه کافه زمانـه و راه‌اندازی صفحه آن از جملــه بـه همیـن منظور بوده اسـت. برنامـه تـازه نیمـرخ هم که بر شـخصیت‌های

جوان و بحث برانگیز تکیه دارد از همین شمار است. زمانه تا کنون در هیچ خانه‌ای از خانه‌های هنرمندان و نام آوران ایرانی را نزده که ناامید برگشته باشد. تا کنون ده‌ها چهره برجسته با زمانه گفتگو کرده‌اند اما در نیمرخ فرصتی تازه ایجاد می‌کنیم برای چهره‌های نسل کنونی. نسلی که تاریخ فکر و فرهنگ و رسانه و سیاست فردا را می‌سازند.

ویدئو- بلاگ و نسخه موبایل سایت

گسترش نوجویانه زمانه در مقام رسانه نیز رنگ و بوی جوان پسند و جهان پسند دارد. هم موسیقی جای خاص خود را دارد و هم فیلم و کلیپ. سوی دیگر این برنامه‌ها/صفحه‌ها، مثلا شهر فرنگ، مشارکتی کردن آن‌هاست که امیدوارم بخشی از آن در بهار به نتیجه برسد یعنی راه انداختن ویدئو-بلاگ زمانه. فعلا شرح بیش‌تر نمی‌دهم تا وقتی که کار در آستانه رونمایی باشد.

اما برای آنان که علاقه‌مندند روی موبایل خود نسخه فشرده زمانه را ببینند و بخوانند اکنون این امکان نهایی شده است. مخاطبان علاقه‌مند به این سرویس کافی است پس از نشانی دامنه زمانه کلمه موبایل را تایپ کنند یعنی این لینک:

http://radiozamaneh.com/mobile

این نسخه متنی است ولی به زودی نسخه صوتی زمانه هم از همین راه در دسترس خواهد بود.

به سوی ۱۰۰۰ روز آینده

اجازه بدهید سخن را با یک نوکاری دیگر به پایان ببرم. در طول سه ماه گذشته من و چند تن از دوستان در کار تنظیم متنی بوده‌ایم برای معرفی زمانه. زمان زیادی صرف شد تا سرانجام به این نتیجه رسیدیم که بهترین کلام در این مقام کم‌ترین کلام است. بر این مبنا کتابچه «**به سوی هزار روز آینده**» شکل گرفت که فعلا به زبان انگلیسی است. در این کتابچه من فلسفه و سیاست رسانه‌ای

زمانــه را در حــدود ۲۵۰۰ کلمــه شـرح دادهام و در هــر بازخوانـی آن را بـا چند نفر خوانـده و نقـد کردهایـم. کلام کوتـاه ایـن رسـاله بـا گرافیـک عالی دانیـال کشـانی همـراه شـده اسـت تـا کتابچـهای متفـاوت بپـردازد. کتابچـهای کـه معرف رسـانهای متفـاوت باشـد. هـم نوشـته من و هم کار دانیال نوعی کشـف و شـهود بوده اسـت زیـرا از مدلـی تبعیـت نمیکرده اسـت. هـر دوی ما کمالطلبیـم و کار را تا روز آخر هـم تغییـر میدادهایـم. وانگهـی اینکه ایـن کتابچـه بـه گفتن و تصویر کردن سـخنی توجه داشـته اسـت کـه هنوز کمتـر-شـناخته اسـت کار را دشـوارتر میکـرده اسـت. هنـوز هـم بایـد متـن آن را مرتبا سـنجید و پالود.

ایـن کتابچـه را اینـک بـه صـورت <u>**آنـلایـن**</u> در نسـخه پـی دی اف (بـا حجم ۳٫۸ مگابایـت) میتوانیـد ببینیـد. شـمارگان معـدودی از آن نیز منتشـر خواهـد شـد. اما نسـخه آنلایـن امـکان میدهـد کـه هم هـزاران نفر آن را ببیننـد و بخوانند و نقـد کنند و زمانـه را بشناسـد و هـم بـه مـا امکان میدهـد کار را مداوما تصحیـح و تکمیل کنیـم. مـن ایـن خصلـت را بـرای کار رسـانهای اصل میشناسـم.

http://zamaaneh.com/blog/04/2007/post_41.html

نظـــرهای خـــواننـدگـــان

سلام به همه شما

بـه جـرات مـی گویـم کـه رادیـو زمانه متنـوع ترین برنامـه هـای رادیویـی را دارد. فقط دو نکته دارم:

در مورد فرمت برنامه های مشابه بد نیست آنها را در یک قالب قرار دهید.

در مورد مجله خبری رادیو نیز تلاش کنید متنوع تر از این باشد. در نیم ساعت می توانید موضوعات بسیاری را بررسی کنید. یک مقداری دیگر تنوع مجله خبر را بالا ببرید بی شک به یک منبع کاملی تبدیل خواهد شد که مخاطبان زیادی را همراه خواهد داشت.

من به تازگی کانادا آمدم. البته با ایران در رفت و آمد هستم و برنامه شما را از اینترنت گوش میکنم.

موفق باشید

رامین , Apr 7, 2007

....

با سلام! شنیده و دیده بودم که به روزگار فقر خلاقیت، کارها را، دست اندرکاران فرهنگی دوباره خوانی و گاه حتی دوباره نویسی می کنند! دوباره سازی یک برنامه رادیوئی را ،اما در زمانه نوبر کردم! آن بخش مربوط به هدایت و الفت و انسی که با موسیقی ایرانی می داشته است را می گویم، در ((جنگ صدا)).همان که نام تقی تفضلی یعنی راوی داستان و همنشین هدایت در آن دیدار، سهوا و یا...از متن همکار شما حذف شده! محض اطلاع این بخش جنگ صدای شما، کپی ضعیف و غیر دقیقی از اصل است ! و اصل همان است که در برنامه گلچین هفته و با گویندگی حرفهای ،لطیف و موثر خانم مجری گلچین هفته اجرا شده ! و البته با گشایشی با تکنوازی بینظیر و منحصر بفرد مرحوم استاد عبادی! و با برش و مونتاژی نرم و سیال ،از متن به موسیقی و بالعکس! قصد کم ارزش دانستن و نمودن کار همکار شما در میان نیست! ینظرم اما ،شما آمده اید که به سهم خودتان نگذارید جهان جوان ایرانی عقب عقب برود! و پس چرا باید کاری ساخت که به قوزک پای نولید پیش از خود نرسد ؟ با گویندگی ضعیف که پاریس را پاااریس بگوید با مکث و تنفس های نابجا رمق نثر خوشآهنگ اخوان را بگیرد و موسیقی گذاری ضعبف تر ، که آن سه تار بر پیشانی برنامه نصب!!!! کند! انصاف را ،خود بشنوید و مقایسه کنید ! خب اصل اش را پخش کنید!!حال که ری و روم و بغداد در کار

آن انـد کـه حافظـه از نسـل اکنـون بربایند تـا راه گم کنند و بیـاد نیاورند خورشیدشـان کجاسـت! شـما دیگر مکنید !دسـتکم مطلع آن شـعله ور خونبوته مرجانی را ،بیادشـان بیاوریـد! سـهند گذشـته فرهنگـی را بنمائیـد ، بادا که خود بـر دماوند فردا بـر آیند!ذهن و زبانتـان ، بنیـرو باد!

تکنواز , Apr 10, 2007

....

دوست خوب و شنونده گرامی: جناب تکنواز

از ما نیز سلام.

خوشـحالم که عزیزان آگاه و دلسـوزی چون شـما شـنونده «جنگ صدا» هسـتند و آنقدر اهمیـت می‌دهنـد کـه در نقـد و راهنمایـی و پیشـنهادات خـود زحمت نوشـتن کامنتی از ایندسـت را هم بـر خود همـوار کنند.

در خصـوص حـذف نـام «تقی تفضلی» راسـتش اینکه حذفـی صورت نگرفته. شـما اگر یک‌بـار دیگـر آن بخـش از برنامه را بشـنوید حتما نام «تقـی تفضلی» را به نقـل از زنده‌یاد اخوان‌ثالـث، بـه عنـوان راوی آن ماجـرا خواهیـد شـنید. در واقـع هیـچ نام و جملـه‌ای از آن‌بخـش از مطلـب حذف یا تغییر داده نشـده اسـت.

شـاید منظورتـان نبـودن این نـام در متن کوتاهـی که در معرفـی محتوای برنامـه در بالای همیـن کامنت نوشـته‌ایم باشـد، کـه همانگونه کـه متوجه شـدید، آن متن در واقـع نه نقل تمـام ماجـرا، بلکـه فـرازی اسـت از آنچه کـه در اصل برنامه به‌شـکل گفتاری اجرا شـده. و بعـد اینکـه چـه خوب می شـد اگـر می‌دانسـتیم برنامـه «گلچین هفتـه» کـدام برنامه اسـت و از کـدام رادیـو و از کجـای ایـن کـره خـاک پخـش می‌شـود. راسـتش نـام ایـن برنامـه را اولیـن بـار اسـت کـه در کامنـت شـما می‌خوانـم، ولـی حتما آنطـور که شـما وصفـش را کرده‌ایـد بایـد برنامـه‌ای وزیـن و شـنیدنی و معتبـر باشـد. حضـور و وجـود چنیـن برنامه‌هـا و رادیوهایـی ـ گرچـه خود نشـنیده باشـم ـ باعث خوشـحالی و امیـدواری اسـت. همین‌کـه توانسـته مخاطبی چون شـما را جذب کند، نشـانه توفیق ایـن برنامه اسـت.

ولـی واقعیـت ایـن اسـت که قصـد «کپـی کـردن» نبوده و نیسـت. چـه اگر چنیـن بود دسـت‌کم به‌جـای سـه‌تار ذوالفنـون در سـرلوحه برنامـه، گشایشـی بـا یکـی دیگـر از تکنوازی‌هـای مرحـوم عبـادی را کپـی می‌کردیـم و سـعی در پیـاده کـردن آن شـیوه از بـرش و مونتـاژ نـرم و سـیال از متـن بـه موسـیقی و بالعکـس، تـا اینهمـه شـرمنده شـنوندگانی کـه مثـل شـما آن برنامـه را هـم شـنیده‌اند نشـویم و لااقـل خودمـان را تا حوالـی قـوزک پـای آن برنامـه از پیـش تولید شـده برسـانیم.

گوینـدگـی ضیعـف را امـا قبـول دارم که بایـد با تکرار و تمرین بیشـتر برطـرف کنم، و حتمـا کـه چنیـن خواهم کرد، آن مکـث و تنفس‌های نابجـا هم البته از همـان نقیصه‌ای اسـت کـه اشـاره کردید، وگرنه بـه قصد بی‌رمـق کردن نثـر خوش‌آهنگ اخـوان، نبوده و نیسـت. این‌را هم شـما قبـول کنید.

بـاز هـم از حسـن نظـر و توجـه‌ای کـه داریـد صمیمانـه سپاسـگزارم و راهنمایی‌هـا و پیشـنهادات سـازنده شـما و دیگر شـنوندگان همدل و همـراه با برنامه‌هـای جُنگ صدا را پذیـرا هسـتم و به‌گـوش جـان خواهم شـنید.

علیرضا افزودی(جُنگ صدا)

علیرضا افزودی , Apr 11, 2007

....

dar Linkduni samte chape site bakhshe andisheh zamaaneh aakharin linke morede alaaghe gozaaarande mohtaram benaame: ruhe sargardaane shariat az webloge malakut ast
baa tavajjoh be alaaghe shomaa nazare shomaaraa be neveshte site Makhlöugh daraan khosus jalb mikonam:
http://creaturee.blogspot.com/2007/04/blog-post_11.html

ke monaaseb ast dar aanjaa ghraardaade saraardee shavad

Apr 17, 2007 -- Alireza

....

بـه خاطر پوشـش خبری تجمع دانشـجویان دانشـگاه شـیراز در برنامـه مجله خبری

امـروز از مدیریـت رادیو سپاسـگزارم. و خوشـحالم که مجله های سیاسـی خبری شـما را گـوش میکنم.

سعید , Apr 24, 2007

....

⊙ سلام

بهاری باشید همیشه...پژواک خاموش

احمدپور , Apr 26, 2007

بودجه و نبوی و سایر قضایا

هفت اردیبهشت هشتاد و شش

شاید این حرف‌ها را باید کمی دیرتر می‌زدم. مثلا در سالگرد افتتاح رادیو زمانه. اما برخی کامنت‌ها پای ویدیوی ابراهیم نبوی و برخی تصورات و شایعات در باره شیوه کار زمانه و هزینه کردن بودجه‌ای که در اختیار دارد مرا وادار می‌کند چند نکته ساده را با دوستان زمانه در میان بگذارم.

اول اینکه رادیو زمانه بودجه‌ای دارد که مناسب یک رادیوی کلاسیک است. اینگونه طراحی شده بوده است. رادیویی که در آن حدود ۱۰ نفر ژورنالیست کار کنند. یعنی به غیر از دو عضو اداری و دو عضو فنی، یک مدیر و پنج تهیه کننده یا ژورنالیست رادیویی و نیز چهار گزارشگر. در طرح اولیه فرض کلاسیک رادیو مبنا بوده است. یعنی قرار بوده گروهی در آمستردام بنشینند و برنامه بسازند و روزی ۳ ساعت از طریق موج کوتاه برنامه پخش کنند.

هر کسی که با رادیو آشنا باشد می‌داند که پخش سه ساعت برنامه با داشتن ده نفر تولید کننده کاری شاق است. این تیم کوچک تنها در صورتی می‌تواند کار کند که

وابسته به یک سازمان رسانه‌ای بزرگ‌تر باشد که مثلا کار تدارکاتی را برای او انجام دهد و اتاق خبری داشته باشد که خبرها را متمرکز تهیه کند و استودیوهای از پیش آماده بهره‌برداری در اختیار تیم قرار گیرد و دیگر پشتیبانی‌ها.

رادیـو زمانـه از چنیـن امکاناتـی برخودار نبوده و نیسـت. ما همه چیـز را از صفر سـاخته‌ایم. ظاهـرا در طرح اولیه امـکان اجاره واحدی اسـتودیویی از بخش جهانی رادیـو هلند دیده شـده بوده اسـت. اما در عمـل این اتفاق نیفتاد زیرا من و دوسـتان موافـق نبودیـم و اسـتقلال رادیـو از هر جهت برای مـا مهم بود. این ایـده‌آل خوبی بـود امـا هزینـه فراوانـی داشـت چنانکـه بـرای تهیه و سـاخت اسـتودیو مـا ناچار شـدیم بیـش از چهـار برابـر بودجه دیده شـده بـرای اسـتودیو (که می‌توانسـت از طریـق اجـاره فراهم شـود) هزینه کنیم.

رادیو زمانه در بخش دشـوار خبررسـانی نیز دسـت تنهاسـت. زمانه تنها رادیوی بیـن المللـی فارسـی‌زبان اسـت کـه وابسـته به یـک اتاق خبـر متمرکز نیسـت (بر خـلاف بـی بـی سـی و دویچـه ولـه و رادیـو فرانسـه و رادیـو فـردا مثـلا) و کار خبـری‌اش تولیـد داخـل رادیـو اسـت. امـا امروز بسـیاری اذعـان می‌کننـد که خبر زمانـه شـاخصه‌های خـود را دارد و در تازگـی و دقت می‌تواند با رسـانه‌های بزرگ و باسـابقه دسـت کـم در حـوزه ایـران رقابت کند.

بـه همیـن ترتیـب از آغاز مـن بر این باور بوده‌ام که داشـتن یک سـایت خوب از ضروریات یک رسـانه مدرن اسـت و نمی‌توان رادیو داشـت اما سـایت متناسب آن را نداشـت. رادیـو امـروز باید به متن تبدیل شـود و به صـورت فایل‌های صوتی در اختیـار مخاطـب باشـد تا برد پیـدا کند. رادیوی جدید دیگر رسـانه کلاسـیک صدا نیست. رسانه‌ای صوتی-متنی-تصویری است.

ایـن قلـم نیـز در بودجـه اصلی دیده نشـده بود. اما مـن با تجدید نظـر در بودجه

آن را وارد اقلام بودجـه رادیـو کردم بدون اینکه البته امکان مالی تـازه‌ای وارد رادیو شـده باشـد. امـروز سـایت زمانه در واقع با کم‌ترین تعداد همکار می‌چرخد و از بودجـه‌ای تغذیـه می‌کنـد کـه در اصل اختصاص بـه رادیـو داشـته اسـت. یعنی از هیچ این سایت ساخته شده است.

نکتـه دیگـر بـه روش رسانه‌ای زمانه بـر می‌گردد که مبتنی بر مشارکت وسیع پدیدآورندگان اسـت. طبیعی اسـت کـه همین مشارکت وسیع کـه بـه اذعان دوست و دشـمن یک نمونه موفق رسانه‌ای بوده است و در کم‌تر از ۹ ماه گذشته شمار بسیاری از پدیدآورنـدگان را بـه سـایت و نیـز رادیـو جلـب کرده هزینه بر است. گرچـه بسیاری از دوسـتان زمانـه کار داوطلبانـه می‌کنند اما مسـلما تعداد کسانی کـه در قبـال کار ترجمـه و تالیف و برنامه‌سـازی خود دسـتمزدی هر چند ناقابل می‌گیرنـد بیش‌تـر از ده برابر آن چهار گزارشـگری اسـت کـه در بودجـه اولیه دیده شـده بود. سـایت را خود می‌بینید و کارها و نام‌ها آشـکار و قابل آمارگیری است. اما رادیو هم که بسیار متنوع است ناشـی از کار نزدیک بـه ۵۰ گزارشـگر مختلف اسـت کـه از گوشـه و کنار ایـران و اروپـا و آمریـکا و دیگـر نقـاط جهان بـا زمانه همکاری می‌کنند.

زمانـه تنهـا بـا معجزه عشـق و صمیمیـت و کار سـخت و بودجه بنـدی دقیق و سـختگیرانه سـر پاسـت. کافی اسـت همین دو سـه قلم را که آوردم در نظر بگیرید. سـاختن اسـتودیو، راه انداختن سـایت بدون بودجه دیده شـده، پرداخت ولو ناقابل بـه تعـداد کاملا قابل توجه و بالاتـر از انتظار بودجه یعنی اینکـه زمانه معجزه کرده اسـت و نمونه‌ای از یک کار با بهره‌وری بسـیار بالاسـت.

مـن بـه تیـم زمانـه و تمام همکاران دیـده و نادیـده خود افتخـار می‌کنم. زمانه محصول کار جـدی و مسئولانه همه آن‌هاسـت کـه هـر کدامشـان نزدیک‌ترنـد بـار بزرگ‌تـری بـر دوش دارنـد چنانکـه هیچکـدام از اعضـای تیـم کوچک زمانه

در آمستردام کم‌تـر از ده دوازده سـاعت در روز کار نمی‌کنند. امـا وقتی می‌بینم شـماری از مخاطبـان کـه دسـتی از دور بـر آتـش دارنـد فکر می‌کننـد مـا در پول غرقیـم و داریم ولخرجی می‌کنیم نمی‌توانم از تاسـف نسـبت به سـاده‌گیری کار از چشـم آن‌ها خـودداری کنم.

نمونـه اخیرش برخی اظهارنظرهـا در پای ویدئـوی ابراهیم نبوی اسـت. خوب اسـت کـه تاکیـد کنم مـا تقریبا هـر ماه یـک کار تـازه در سـایت انجـام داده‌ایم کـه از آخریـن آن‌هـا همین راه انداختن شهر فرنگ اسـت امـا تمام این کارهـا از روی شـوق و ذوق تیمـی و بـا کم‌تریـن بودجـه ممکـن انجـام می‌شـود. مـا می‌خواهیم سـایتی موفـق و فعال داشـته باشـیم ولی دسـت کـم تا پایان پـروژه دوسـاله و آغاز دوره بعـدی، بودجـه مسـتقلی برای سـایت نخواهیم داشـت. پس آنچـه می‌کنیم از همـان منطقـی پیـروی می‌کند کـه کسـی یا کسـانی برای وبـلاگ یا وب‌سایت خود می‌کننـد؛ نـه بـه این دلیل کـه پـول فراوانی داریـم که نمی‌دانیـم با آن چـه کنیم. ما اگـر پولی چنـان که شایسـته ایده‌های ماسـت داشـته باشـیم زمانه از آنچه هسـت بسـیار فراتـر خواهـد رفـت. اما حالیا فـال دوامی می‌زنیم.

شـماری از مراجعان کـه فکر می‌کنند ما بودجـه‌ای برای راه‌اندازی بخش ویدئو داریم یا ابراهیم نبوی پول هنگفتی برای هر برنامه‌اش می‌گیرد سـخت در اشـتباهند. ما فقط اشـتیاق خود را صورت عمل می‌بخشـیم و نبوی نیز دوسـت دارد شهرت و اعتبار خود را برای زمانه خرج کند و از مـا و کار و ایده ما حمایت کند. او به کار ما باور دارد. می‌داند که مـا کاشـفان فروتن رسـانه‌ای مدرن هسـتیم. دسـت به آزمایش زیاد زده‌ایم و می‌زنیم. اما زود هم یاد می‌گیریم و پیش می‌رویم. در این مسـیر آن‌ها که آبی می‌آورند و راهی می‌گشـایند و دسـت کمکی دراز می‌کنند، همراهان و همیاران ما هسـتند و مشـوقان همـوار کردن راهی تازه در رسـانه ایرانی. اما کم‌تریـن انتظار ما از ناظران و منتقدان و خرده‌گیران این اسـت که اگر آبی نمی‌آورند کوزه نازک ما را نشـکنند.

چـون نمی‌خواهـم سـخنم بـا آزردگـی ختم شـود این را هـم بگویم که هـر روز بسیاری نیـز کار می‌فرسـتند و پیغـام کمـک می‌دهند و بـه زمانه اعتمـاد می‌کنند و همین امروز هم یکی از پزشـکان خردمند و روشـن ضمیر از ایرانیان هلند سـاعاتی را نـزد مـن بود تا بگوید آماده اسـت ایرانیان موفـق و ثروتمند هلند را برای کمک و همفکـری با زمانه بسـیج کند. من همانجـا با او موافقت کردم که بـه زودی گروهی از مشـاوران و غمخواران زمانه از ایشـان ترتیب دهیم تا دسـت ما را بگیرند و ما را راهنمایـی کننـد. اما بـاور کنید گاه برخی سـخنان نیش و زهـری داردکه مدت‌ها ما را مکـدر می‌کند. مـا خادمان ایـن فرهنگیم. آنچـه داریم در طبق اخـلاص نهاده‌ایم تـا از ایـن فرصت صد فرصت تازه بسـازیم و بـه هموطنان خود و اروپائیان نشـان دهیم ایرانـی می‌توانـد کاری گروهـی را در خـور ارزش‌هـا و معیارهـای جهانـی انجام دهد. ما به مشـارکت شـما و سـخن دلگرم‌کننده شـما و انتقاد همدلانه شـما نیازمندیـم. موفقیت و کامیابی مـا کامیابـی ایرانـی اسـت. ناکامی ما امـا چیزی جز افـزودن بر قشـر ضخیم ناامیدی‌هـا و دلسـردی‌ها نخواهد بود.

http://zamaaneh.com/blog/04/2007/post_42.html

شـما یـک نگاهـی بـه صفحـه اینترنتـی تـون بندازیـد، تقریبـا همـه مـرد، سـن بالا، سـاکن خـارج از کشـور و بـا طرز تفکـرات خـاص و شـکل گرفته خودشـون هسـتند. اکثـرا مطالب سـایت کهنه و غیر جذاب بـرای جوانان هسـتند یعنی اکثر مطالب شـما

بیشتر برای قشر خـاص سـی و پنج ـ چهل سـال بـه بالا جالب هستند که این قشر یـا بـه اصطـلاح روشـنفکران مقیـم خـارج از ایـران هسـتند و یا وبـلاگ نویسـان. بقیه قضیه مشخصه دیگـه با توجه بـه نوع کامنت نویسـی این افـراد که از چه طـرز تفکر، تربیت و فرهنگی ریشـه مـی گیره!

با احترام برای تمام کارکنان و برنامه سازان رادیو زمانه

Apr 27, 2007 -- Bita

....

○ انصافاً سایت خوبی دارین. هم حرفه ای و هم مطالبش متنوعه. خسته نباشین

مهران , Apr 27, 2007

....

○ از بابت رادیـو و سایت زمانـه خسته نباشـید، اینهـا رو بـه دل نگیریـد، بـرای همه مـون کمتـر وبیشـتر همینـه، مشکل اینـه کـه داریـد معـروف مـی شـید، آقـای نبـوی هـم کـه معروفه، متاسـفانه مـا هنـوز هـم بقول صـادق هدایت هر کسی سـرش رو زیاد بـالا بیاره، سـرش رو خـتنه مـی کنیم. اگر غیـر از ایـن بودیم کـه احتیاجی بـه زمانه و زحمت شـماها نبـود. مهـدی هلند

مهدی , Apr 27, 2007

....

○ ba salam man site shoma ra har shab mikhnam angize avalie man jami(mahdi) bud vale aknun zamaneh barayam jazab ast ba andishe modern benvised mohem nist ke seyahi lashkar dashte bashid dar iran hastan teshnegan andishe khradmandane ve negahe jadid ve tarife jadid baraye hame padideha peyrooz bashid(aziran

Apr 27, 2007 -- dariush-g

....

○ من به شما ایمان دارم و هرچه توانستم کرده و میکنم

Apr 27, 2007 -- hadi farnoud

○ رادیو و سایت شما بسیار خوب و موفقیت امیز عمل کرده که جای تشکر بسیار داره. در زمینه مالی و سایر انتقادهای غیر منصفانه هم از شما خواهش می کنم که این مسایل خللی در اراده و تلاشتون ایجاد نکنه.
درود و خسته نباشید به تک تک بچه های رادیو زمانه
رامین , Apr 27, 2007

....

○ از آنجایی که ما در عرصه رسانه بسیار عقب افتاده ایم فکر میکنیم اگر رسانه ای (چه نوشتاری چه دیداری و چه شنیداری) راه افتاد یا خودمان راه انداختیم باید بر اساس سلایق همه باشد و جمیع استانداردهایی که رسانه های دیگر هر یک تکه ای از آن دارند این رسانه نوظهور همه را یک جا داشته باشد.
این فکری نابخردانه است. نه همه مردم دنیا CNN می بینند نه همه فیلم سینمایی... نه همه رادیو ها موسیقی پخش می کنند نه همه خبر.... هر رسانه ای باید مخاطب هدفی داشته باشد و فقط به آنها پاسخگو باشد نه اینکه به همه جواب پس بدهد.... اگر شما هم مخاطبتان را میشناسید و آنها هم راضی هستند ...پس خوشحال باشید وادامه دهید و به حرف دیگران هم گوش ندهید...اگر نه سعی کنید مخاطبان هدف را راضی نگه دارید.... موفق باشید.
سعید , Apr 27, 2007

....

● *هدف زمانه ارائه یک چهره چندرسانه ای است و این نه به خاطر عقب افتادگی است که به خاطر امکاناتی است که رسانه های مدرن باید از آن برخوردار باشد. مشکل در تصوری است که از رسانه به معنای کلاسیک آن وجود دارد. زمانه در حد توان مالی و تدارکاتی خود در این مسیر جدید حرکت می کند. مهدی جامی*

....

○ ایرانیان غیرتمند همیشه در صحنه این بار هم تماشاچی بودن اما این دفعه نمیگذاریم .من با بازبینی عکس متوجه شدم که این ماشین کلانتری ۱۲۷ نارمک هست کلانتری نارمک در گذشته نیز دارای سابقه در این اعمال سخیف مردم

ستیزانه داشته که در ۲ سال گذشته موجب شد تا درب این کلانتری را ببندند و با امدن دولت مهر ورزی دوباره بازگشایی شد تلفن این کلانتری: ۷۷۸۹٤۲٤۱ با تلفن عمومی به این شماره تماس بگیرید و ان چه لایق این بی وطنان است نثارشان کنید خداوندا بر سر دختران ایران چه میاید و لی نمیدانیم خدا سالهاست چشمش را به خاطر کدام گناه نا کرده بر ما بسته است جالب این جاست وقتی من و مادرم جداگانه تماس گرفتیم با تعجب میپرسیدند فیلم را از کدام کانال تلویزیونی پخش کرده‌اندکدام انسان با شرفی است که با ضجه های این دختر زار نزند تف بر ما

شهرزاد_اصفهان , Apr 27, 2007

....

◎ زمانه تنها رسانه فراگیری است که در حال حاضر به زبان فارسی فعالیت میکند، فراگیر به معنای پاسخ گویی به تمام نیازهای مخاطب اعم از خبری و آموزشی شاید بتوان گفت مثلا جای فلان قسمت خالی است اما واقعا چنین قدرتمند... بودن زمانه در این فرصت کم باب هیچ انتقادی را باز نمی گذارد .. آقای جامی من به سهم خودم بابت مطالبی که هر روز از زمانه یاد میگیرم ممنونتان‌ام.

صورتک خیالی , Apr 28, 2007

....

◎ متاسفانه یکی از عادات بد ما ایرانیان محکوم کردن مخالفان به تهمتهای گوناگون است چون هنوز دموکراسی را یاد نگرفتیم . این خود یکی از عوامل عقب ماندگی فرهنگی ماست. قابل انکار نیست که رادیو زمانه از زمان تولد خود ، در عرض کمتر از ۸ ماه ، نشان داده رسانه ای است پیشرو با ایده های بکر که بدون هیچ گونه تنگ نظری، شرکت مردم را همواره در صدر کارهایش قرار داده. ضرب المثل «دیگی که برای من نجوشد ، سر سگ در آن بجوشد» مصداق مخالفت بعضی از ما ایرانیان با یکدیگر هست. وقتی نفعی برایمان نباشد، ریشه و دودمان دیگری را بیرحمانه بر میکنیم.

رادیو زمانه ، رسانه ایست دگر اندیش. مخالفان دگر اندیشی همه جا از دیر باز و در طول تاریخ چند هزارساله ایران حضور داشته اند. میزنند ، میکشند و محکوم میکنند.
به کار ارزشمندی که در پیش گرفته اید ، ادامه دهید. ناامید نشوید و خیر پیش رویتان ...
ناصر انصاریان , Apr 28, 2007

....

سلام این روزها بدون رادیو زمانه نفس کشیدن برایم سخته چه با تفکر شما آقای جامی مخالف باشم و چه نباشم به شما بابت این گروه کاری تان تبریک می گویم.
ممنون
Apr 28, 2007 -- hadi

....

این یک مرض قدیمی ایرانیست:وقتی با کسی مخالفی اول بگو طرف پولداره. اقای جامی تو رو خدا شما وارد این بازی نشو.بگو اصلا ماهی ۱۰۰۰۰۰۰ دلار به نبوی میدم.اگر مردید برنامه اش رو نقد کنید نه اینکه سعی کنید به این آدم ها ثابت کنید که زمانه بی پوله
بدون نام , Apr 28, 2007

....

من نگفتم زمانه بی پول است فقط مخاطبانی اینچنین باید بدانند که ما از سر پولداری نیست که خلاقانه و متنوع کار می کنیم. از سر علاقه به کاری است که با سختکوشی آن را پیش می بریم و گرنه آنچه زیاد است در همان مملکت پول است. پولی که بسیار به هدر می رود. ما بی پول نیستیم اما از هر سنت پولی که داریم خوب استفاده می کنیم. ارزش کار زمانه به میزان پولی که دارد نیست به شیوه ای است که پول را هزینه می کند. اگر پول محتوای خوب می ساخت لابد صدا و سیمای ایران بهترین محتوا را داشت. مهدی جامی

....

◉ آقای جامی... تبریک.

حـرف و حدیـث زیـاد اسـت...، امـا پـای کار که می رسـی ، بایـد مصـداق و مورد نشـون
بـدی، کـه ملـت ما اهل ایـن یکی نبوده . پس خوشـحال باشـید از نفوذ محصـول کارتان.
کار گـروه تـان متنـوع، جـذاب و تـا اینجـا بیطرفانه بوده اسـت. مـن در حـال حاضر فقط
بالاتریـن وزمانـه را مـی بینم. در حالی کـه از ابتدای تولد اینترنت، با آن زیسـته ام. طراحی
سـایت بسـیار زنـده و متحـرک اسـت. آقایان نیکفر و عبـدی کلانتری! دسـت مریزاد.
کامنت ها را بگذارید متنوع بمانند. دسـتکاری نکنید. این خودش، هم دموکراسـی زاسـت
و هم نشـانه ی آن.

فقط سرچ کردن مطالب و عناوین مشکل دارد. لطفا رفع کنید.

رضا پاپتی , Apr 28, 2007

....

◉ salaam
You have done a fantastic job.
Your site is the best one I have ever seen; very rich and informative.
Keep up the good work.

Apr 29, 2007 -- Parviz Doulai

....

◉ مـن عضو ایـن خانـواده کوچکـم. تا جایی که میشـه و زمانـه بخواد ایسـتادم تا یک
رسـانه سـهمم باشـه. چیزی که دیگه سـال هاسـت تو ایرون و ایرونی نویس ها حکم
اکسـیر رو پیدا کرده.

اردوان , Apr 29, 2007

....

◉ I love Zamaneh, I wish you add a feature like any other site to
let us to «share» your interesting site with our friends

Apr 29, 2007 -- Faramarz

....

● دقیقا متوجه نشدم پیشنهادتان چیست. ممکن است توضیح بیشتری بدهید لطفا؟

مهدی جامی

....

◯ درود بر شما

مـن از سـایت شـما حـظ و بهـره می بـرم و آینده روشـنی برای شـما می بینم. سپاس از زحماتتان.

پیروز و کوشا باشید.

امین , Apr 29, 2007

....

◯ Mr. Jami, thank you for response and asking for more explanation about «sharing with our friends» Unfortunately I do not have access to farsi Keyboard to write in farsi. I can use as a sample, if you visit any site such as BBC.com, they have different options in addition of «Chap Konid= Print» most common option is «share with your friends» or as BBC.com says «een safeh ra baraye doastan beferstid». Right now, I can not share any of your interesting articles or pictures with any of my friends.

May 1, 2007 -- Faramarz

....

● از توضیـح شـما ممنـون. نظرتـان را به بخـش فنی می فرسـتم تا برای اجرا بررسـی کنند. مهـدی جامی

....

◯ از اینکه با نیک آهنگ کوثر و ابراهیم نبوی کار میکنین خیلی خوشحالم

ولی من به جدول برنامه های رادیوتون دسترسی ندارم

میثم , May 2 , 2007

....

◯ تقریبا از آغاز به کار «زمانه» مشتری دائم برنامه های اون هستم. اصلا موافق این نیستم

که برنامه های زمانه برای جوان ها جذاب نیست. من ۲۷ سال سن دارم و «زمانه» تقریبا تنها رسانه فارسی زبان هست که برای من قابل تحمله. شکی نیست که هر کاری رو همیشه میشه بهتر انجام داد، و «زمانه» هم از این موضوع مستثنی نیست؛ اما به نظر من «زمانه» نشان داده که با دیدی باز به انتقادهای وارده نگاه می کند. بنابراین مخاطبان محترم رو دعوت می کنم تا انتقادات خود رو بصورتی آگاهانه و مدرن بیان کنند.

بیژن , May 2 , 2007

....

◎ مفیـد ومختصـر بگویـم : سـایت زمانـه را می پسـندم وخواننـده آن هسـتم . کارتان رو بـه پیشـرفت و دیدگاهتـان خـوب اسـت . بـه سـهم خودم سـعی کـرده ام ومی کنم بـا نوشـتن نکاتـی کوتـاه باشـما همـکاری کنـم . ازشـایعه پراکنی های حسـودان دلسـرد نشـوید و راهتـان را بـدون لغـزش ادامـه بدهید . موفق باشـید

محمد ازآلمان , May 3 , 2007

....

◎ salam;lotfan begid ma chetor mitoonim barnamehye emshabe aghaye nabavi ro goosh bedim

May 3, 2007 -- pegah

....

◎ آقای جامی و همکاران گرامی رادیو زمانه:

مـن بطـور روزامـه اخبـار و مطالـب سـایت شـما رو دنبـال مـی کنـم و در مجموع خیلی راضـی هسـتم. در مجموع مطالبتون پخته اسـت و کسـی کـه روزانه مطالبتون رو دنبال کنـه بـه بـی طرفی شـما اذعان میکنه. افتخار می کنم که سـایت شـما از جمله معدود سـایت هایـی اسـت کـه بعـد از خوانـدن (و خسـته کـردن چشـم هـا) سـودی بـرده ام و چیـزی بـه معلوماتـم اضافـه شـده (بـدون اینکـه از چیـزی کـه هسـت نـا امیـد تـر بشـم). دلسرد نشید و به کار با کیفیت ادامه بدید.

May 4, 2007 -- sepehr

◎ سلام قسمت عضویت را فیلتر کرده‌اند و لطفا فکری بکنید . ممنون

کرمانی , May 4 , 2007

....

◎ آقای جامی عزیز. آقای نبوی طنز نویس بسیار زبردستی است اما ایشان در اجرای برنامه رادیوئی نه تجربه کافی دارند و نه استعداد. اولا صدای ایشان از تونالیته گوش نوازی برخوردار نیست ثانیا ایشان می خواهند قدرت لامنازع خود در تحلیل مسائل و بیان آنها به طنز را به شیوه بیانی امتحان کنند که همگی دیدیم که فاجعه بود.البته ایشان در نهایت مجبور به رها کردن این برنامه خواهند شد چرا که در آن بسیار ضعیف هستند و کیفیت رادیو زمانه را هم پائین خواهند آورد.پیشنهادم اینست که حال که ایشان می خواهند حتما با شما همکاری کنند خوب کاری به ایشان ارجاع دهید که هم محبوبیت ایشان را پائین نیاورد و هم آن برنامه از استعدادهای ایشان بنوعی دیگر بهره مندد شود.

سیمین , May 4 , 2007

....

◎ راستش چون خوب نمیتونم بنویسم خیلی اهل کامنت گذاری نیستم ولی الان لازم دیدم که به عنوان یکی از طرفدارای پروپا قرصتون یه خسته نباشید به شما آقای جامی و تمامی همکارانتان بگم و اینو بدونید با اینکه سایت شما منو از درس خوندن انداخته ولی بازم خیلی دوستتون دارم.

خواهشی که از شما دارم این که بدون توجه به حرفهای تخریبی دیگران به کار خود ادامه بدین و اینو بدونید که همین الان به یکی از بزرگترین دشمنان (روزنامه) کیهان تبدیل شدید که نشون میده تا همین جای کار خیلی موفق بودید.

داوود , May 4 , 2007

....

◎ قبلا اقای نبوی اجراهای خیلی خوبی داشتند از جمله سری معروف به «اعترافات». خیلی دوست داشتم کارهایی در همین سیاق نیز اجرا کنند.

May 5, 2007 -- erinther

◎ همیشه همینه . انگار قضیه چمدانها رو باور کردن این جماعت ....

بهار نارنج , May 6 , 2007

....

◎ ای نامه که میروی به سویش از جانب من ببوس رویش !!

آقایی کـه شـما باشـید خدمتـتـان عـرض کنـم کـه مـا بـا تغییـر سـاعات پخـش شـما بـه
مشـکل برخـورد کـرده ایـم . سـاعت دوم بازپخـش کـه از سـاعت ۱۰:۳۰ بعـد از ظهر
بـه سـاعت ۱:۳۰ صبـح تغییـر کـرده اسـت . شـرحـش بـه ایـن صورت اسـت کـه ۸:۳۰ تا
۱۰:۳۰ کـه برنامـه اصلـی اسـت برابـر بـا سـاعتی اسـت کـه تلویزیـون و ماهـواره بهترین
برنامـه هـای خـود را پخـش میکنـد . تقاضامند اسـت کـه دوبـاره آن سـاعت ۱۰:۳۰ تا
۱۲:۳۰ را بگذاریـد . چـون بـرای ما کـه دانشـجو هسـتیم فقط ایـن سـاعت قابل شـنیدن
هسـت . عاجزانه ملتمسـانه خواهـش منـد اسـت کـه تکـرار را بـه سـاعت ۱۰:۳۰ به ۱۲:۳۰
تبدیـل نماییـد.در اینصـورت یکی از شـنوندگان خـوب خود را از دسـت میدهید.

با تشکر

فراز , May 8 , 2007

....

◎ خدمت آقای جامی عزیز :

نظـری کـه داشـتم بـرای اطـلاع دوسـتان از پخـش برنامـه هـای ماهـواره ای و تنظیـم
وقتـشان ایـن اسـت کـه ماهـواره امکانـی دارد بـه نـام Electronic Program Guide
یـا epg کـه بـه سـت لایت هاتبرد مبلغی را پرداخت میکنیـد و میتوانید اطلاعـات لازم را
از طریـق ماهـواره بـرای شـنوندگان ارسـال کنیـد و آنها هم بـا زدن دکمـه ای روی کنترل
رسـیور بـه راحتـی لیسـت برنامـه هـای شـما را بـه صـورت متن میبیننـد.

با تشکر

فراز , May 8 , 2007

....

◎ سـلام.لطفا یکبـار دیگـر شـعر خوانـی آقـای نبـوی را گـوش کنید تـا بدانیـد که با

صدای ناخوشایند و مونو تون ایشان حتی اگر شعر هم زیباترین باشد گوش چندان میل به شنیدنش ندارد. از طرفی ایشان همانطور که می دانیم در طنز شاید تالی نداشتهباشه ولی در زمینه گویندگی شاید هیچ جاذبه ای نداشته باشه. باز هم ایرانی بازی و نون به هم قرض دادن؟ اینجا که دیگه ایران نیست و شما ها آزادید.

سیمین , May 10 , 2007

....

فرکانس رادیو چیه

بدون نام , May 8 , 2007

....

درود می فرستم به شرافت تون.

زنده باد ایران

اردلان , May 12 , 2007

....

همون‌طور که یکی از دوستان گفتند، قسمت عضویت فیلتر شده، لطفا یه فکری به‌حالش بکنید و یه امکانی هم بذارید که وقتی مطالب رو روزانه پست می‌کنید، تموم متن رو بشه دید (اگه خدای ناکرده .org هم فیلتر شد). ضمنا در حال حاضر سایت شما بهترین، باکیفیت‌ترین و به‌روزترین مطالب رو درمورد ایران منتشر می‌کنه و کامل‌تر و ملموس‌تر از اخبار بی.بی.سی و دویچه‌وله و ... است. همتون خسته نباشید، دلسرد و ناامید هم نشید.

یک خواننده مستمر , May 13 , 2007

....

har rasanehee ke bitaraf bashe va say dar pishrafte iran dashte bashe mosalaman morede alagheye hame hast hata javanan!man khodam 20 salam hast, va vaghan az zamaneh lezat mibaram, va tashakor mikonam az dabire rasane zamaneh va hamkaran!

بدون نام , May 13 , 2007

○ سـلام مـی شـود وبـلاگ مـن را در لیسـت وبلاگهـای رادیـو بزارید , نمی دونسـتم کجـا بنویسـم که اطـلاع بدهیـد ازتـون ممنونم .

www.cinere.blogfa.com

مقداد توانانیا , May 14 , 2007

....

○ خواننده هر روزه زمانه هستم. امید موفقیت روزافزونتان را دارم. یک پیشنهاد : به نظرم می توان قسمت اندیشه را گسترده تر کرد. در ضمن طی یک ماه اخیر که دوستانم را به دیدن زمانه توصیه می کردم متوجه شدم اکثرشان خواننده مطالبتان هستند.

جعفر نیستانی , May 15 , 2007

....

● *از گسترش بخش اندیشه استقبال می کنیم. نظر تفصیلی خود را برای ما بفرستید.* زمانه

contact@radiozamaneh.com

....

○ با سلام و تشکر از زحمات شما

بـه نظـر مـن رادیـو شـما دقیقا جـای خالـی یک رسـانه مـدرن و آگاهـی دهنـده برای یـک فرهنـگ پیشـرو را در ایـران دارد. مثـال واضـح آن هـم حضـور آقای نبوی اسـت کـه ایشـان توانایـی بالایـی برای پیشـبرد فرهنگ مـا دارند که متاسـفانه جای ایشـان در رسـانه های ایرانی خالیسـت.

همچنین حضور آقای معروفی هم گواه دیگری بر این مدعاست. با تشکر

مهیار , May 15 , 2007

....

○ رادیو زمانه لوگو نداره من بذارم تو وبلاگم ؟ اگه نداره همینجوری لینک کنم اگرم داره لطف کنید بهم . من خیلی گشتم تو سایتتون رو پیدا نکردم . آدرس وبلاگ من اینه:

bbmahtaab1.blogfa.com

مهتاب , May 21 , 2007

● *هنوز نه! ولی حتما لوگویی برای لینک دادن در وبلاگها آماده خواهیم کرد. زمانه*

....

○ لطفا ما را در تظلم و احقاق حقوق هنرمندان یاری کنید. نسبت به بازتاب خبری مطلب لینک زیر کمک کنید.

http://vakonesh5th.blogfa.com/post-5.aspx

May 21, 2007 -- masood

....

○ man nemidanam DEGAR ANDISH yaani chi az che andishei degar ast yaani andisheye madar chist ke shoma DEGAR fekr mikonin?yaani zedde yek andishe ke masalan eslam ast?lotfan toozih dahid

May 23, 2007 -- ali

....

○ خسته نباشید

May 27 , 2007 , یکی

....

○ سلام مهدی جان!

درست گفتید و من شما را درک می‌کنم. در ضمن علاقمندم با شما کار کنم از افغانستان.

با احترام/ نسیم فکرت

www.kabuli.org

May 28 , 2007 , نسیم فکرت

....

○ انتشار نظر بعد از تایید سردبیر هم از آن حرف ها است . ما ایرانی ها هر جا که باشیم و هر شغل و ادعایی که داشته باشیم . از انتقاد خوشم نمی آید و تا آنجا که زورمان برسد چلوی نظرهای نا مناسب از دید خودمان را می گیریم . من قبلا

چنـد نکتـه انتقادی بسـیار مودبانه فرسـتاده ام ولـی هیچکدام دیده نشـدند . آقای جامی اول خودتـان را دریابیـد . ابراهیـم نبـوی تـا حـد مرگ پول دوسـت اسـت همـه این را مـی دانند . شـمارا هم سـرکار گذاشـته اسـت . بازهم جلـوی این مطلـب را بگیرید .

May 29, 2007 -- saman

....

جـای رادیویـی مثـل زمانـه کـه از کلاس کاری بالانـری بهـره مند باشـه خالـی بود. موفق باشـید.

شاهین , May 30 , 2007

....

کارتـان عالی اسـت. همینطـور ادامه بدهید. مـن یکی از طرفـداران پروپاقرص رادیو شـما هسـتم مخصوصا» آقـای ابراهیم نبوی و نیـک آهنگ کوثر.

موفق باشید

مریم , May 31 , 2007

انقلاب رسانه‌ای

دوازده خرداد هشتاد و شش

مـردم غنی‌تریـن منبع ایده‌ها هسـتند. این را گردشـی مفـرح و لذت‌بخش در بخش
وی-پـاد **ببیـن تی وی** بار دیگر به من نشـان داد. طنز و صراحت آن‌ها و خلاقیت
و رنگارنگـی آن‌هـا پایان‌ناپذیـر اسـت. زندگی بـه روایت آن‌ها زنده‌تریـن روایت
اسـت. رسـانه عصر ما رسـانه قرن بیسـت و یکم رسـانه مردم است.

مشـهور اسـت که قرن بیسـتم قـرن مردم بود. تلویزیون بی بی سـی یک مجموعه
مسـتند عالـی بـا همیـن نـام و بـا محوریت همیـن ایده سـاخت کـه محتـوای آن به
صورت کتاب هم در دو جلد بزرگ منتشـر شـده اسـت. اما واقعیت این اسـت که
قرن بیسـتم قـرن خلق بـود. قرن تـوده بود. قرن بی‌شـکلی و هم‌شـکلی تـوده بود.
قـرن دولت بـود کـه هر طـور می‌خواسـت به مردم شـکل می‌داد. قرن بیسـتم در
حقیقـت قـرن دولت بـود. قرن پروپاگاند بود و جنگ سـرد. قرن ایده‌هـای کلان و
فراگیـر و وعده بهشـت‌های دسـت‌نیافتنی بود.

کسی مثل همه کس
قـرن بیسـت و یکم امـا قرن مردم اسـت به معنـای فـردی آن. قرن اهمیـت یافتن

تک تک مردم. قرن ابداع بی‌نهایت از سوی فردهای کثیر و بی‌شمار. قرن بهشت‌های کوچک است و خواست‌های نزدیک. قرن کشف خویشتن است. رسانه این قرن هم رسانه ایده‌های بی‌شمار است. ایده‌های کوچک بی‌شمار. هر خواننده‌ای هر مخاطبی با خود ایده‌ای می‌آورد. نظام جهان دوباره مانند نظامی می‌شود که در آن دوبیتی‌های مردمی سروده می‌شد. ترانه‌های مردمی سروده م شد. دوره‌ای که دوبیتی مهم بود و کسی نمی‌پرسید شاعرش کیست. ترانه دهان به دهان می‌گشت و نمی‌دانستی ترانه سرایش کیست. و اگر هم می‌دانستی نامی بود عمومی. محمد درزی بود یا علی ماستی یا شاطر عباس. کسی مثل همه کس. کسی که می‌توانست حرفی بزند که حرف ما باشد. رسانه ما باشد. قرن بیست و یکم بازگشت است به این ارتباط فراموش شده. تکنولوژی این بار جهان را مردمی‌تر می‌کند.

پایان عصر «مدیریت» رسانه‌ای

از آنجا که جهان کهنه تا مدت‌ها بر جهان نو سایه می‌اندازد تا زمانی که این نهال نو ستبر گردد و جای خود را باز کند بسیاری کسان هنوز تا مدت‌ها به چشم کهنه مسائل نو را قضاوت می‌کنند. هنوز بسیارند کسانی که فکر کنند رسانه‌های نو تحت سیطره فکر و دستور واحدی اداره می‌شوند. آن‌ها مدل ذهنی‌شان دولت-مدار است. در جهان کهنه هر چه بود زیر سر دولت بود و لاجرم مدیران رسانه‌ای دانای اسرار بودند و توطئه‌اندیش و متهم یا ستوده از جانب مخاطبان. اما رسانه نو به معنای قدیم «مدیریت» نمی‌شود. کسی نمی‌گوید این بکن یا آن نکن. ایدئولوژی وجود ندارد. گزینش و شورای تیتر و تیغ سانسور نیست. مخاطب است که رسانه را می‌سازد. چیزی برای پنهان کردن نیست.

البته این دست منتقدان و قاضیان تقصیری ندارند. آن‌ها هنوز با مدل‌های دولتی رسانه آشناترند. مدل‌هایی که آشکارا تحریف می‌کنند و آشکارا نادیده

می‌گیرند و جانب‌دارند و مثلا در کشور خود ما سه دهه است می‌کوشند جریان فکری خاصی را تبلیغ و القا کنند و جا بیندازند. رمز اینکه موفق نمی‌شوند درست همین است که جهان نو ترفندهای کهنه را بر نمی‌تابد. رمز تلاش‌شان اما تعلق‌شان به جهانی است که دیگر گذشته است. می‌کوشند بی‌آنکه نتیجه‌ای بگیرند که می‌خواهند. دیر یا زود مقتضیات جهان نو رسانه‌ای راه خود را باز خواهد کرد. رسانه جمعی مثل سینماست. سینمای خوبی که مشتری نداشته باشد باید خود را بازاندیشی کند. سینما و رسانه بی‌مخاطب معنا ندارد. همین ضرورت مخاطب داشتن مثلا سینمای ایران به خصوص نوع دولتی‌اش – یا تحت حمایت دولت و نزدیک به شعارهای دولت – را تغییر داده است و رسانه‌های جمعی را نیز دیر و زود دگرگون خواهد کرد.

مردم پدیدآورنده رسانه‌اند

رسانه‌ای مثل رادیو زمانه یا ببین تی وی را باید با معیار عصر نو سنجید. باید جای بیش‌تری برای مردم باز کرد. نه مردمی که فقط تلفن می‌زنند و فکس می‌فرستند و پیام می‌گذارند و سوالی دارند و کامنتی. بلکه مردمی که پدیدآورنده‌اند. از زندگی خود می‌گویند. از خواست و ناخواست خود می‌گویند. مردمی که نیروی تازه‌ای هستند که بسیار چیزها را دگرگون خواهد کرد. عصر تک‌صدایی و قهرمان‌هایش و استانداردهایش گذشته است. رسانه جدید تعریفی دیگر دارد. تعریفی که در قدم اول دولتی نبودن است. نفی اقتدار تسلط ایدئولوژی دولت است. و همزمان نفی اقتدار ایدئولوژی‌های رقیب دولت. این رسانه مردم کوچه و بازار است و به میزانی که آن‌ها در آن مشارکت می‌کنند وزن پیدا می‌کند.

انقلابی بی دولت

سیاستمداران آینده‌نگر در دولت یا در اپوزیسیون نیز بهتر است از هم امروز خود

را بـرای فردایـی آمـاده کنند که رسانه فارسـی نیز دهها شبکه چند رسانهای ماننـد زمانـه و ببین تی وی داشـته باشـد. این رسانهها صدای مردم خواهنـد بود. صدایی کـه نمیتوان ناشـنیده گرفـت. بیاعتنایی به آن یـا مخالفت با آن و سـنگاندازی در راه آن نیز کار خردمندانه نیست. چشـم به روی واقعیت بسـتن است. این ایدهای اسـت کـه دارد جهـان رسانه را فتـح میکنـد. ایـن دسـت شبکهها گرچـه هنـوز نونهالنـد امـا قدرت واقعـی رسانه در همانها سـت. منظـورم در نام نیسـت در مدل اسـت. ایـن مدل آینده رسانه است، آیندهای نه چنـدان دور.

امـروز نـه رسانههای ابودلقکان کمانچهکـش جـواب نیازهـای مـا سـت و نـه رسانههـای ایدئولوژیـک دولتـی یـا آنتی-دولت. قدرت در بازگشـت به مـردم و نو کـردن روشهای رسانهای و تعریف مجدد آنها برای همسـویی بـا مردم همچون پدیدآورندگان رسانهای است. کنـار گذاشـتن گله و شـکایت از دسـت مـردم و نظرهـای تیـز و صریح ایشـان اسـت. راه بـاز کردن برای پسـند آنهاسـت و دسـت برداشـتن از هدایـت ایدئولوژیـک و تعییـن تکلیـف کـردن بـرای مخاطب که چـه بپسـندد و چه نپسـندد. تصدیـق میکنید که ایـن انقلاب دیگری اسـت. انقلابی که بـا رسانه ممکن میشـود. رسانهای که خود انقلاب اسـت. انقلابی بـدون انقلاب. بـدون دولـت. انقلابـی که وبلاگ نمونـه اول آن اسـت اما نمونه آخـر نخواهد بود.

در همین زمینه در زمانه:

رادیوی نسل سوم
شهروند خبرنگار و اعتماد رسانهای
وقت رسانه خودمانی است

http://zamaaneh.com/blog/06/2007/post_43.html

نظرهای خوانندگان

زمان، زمان تغییر است و هر کس تغییر نکند بازنده است و فراموش خواهد شد.

بامداد , Jun 2, 2007

....

احسنت به این ایده و پیروان و ترویج کنندگان این ایده. جامعه امروزی نیاز به همچو رسانه هایی دارد. روشنفکران ما،سیاستمداران ما و به ویژه آنها که در موضع اپوزیسیون هستند، بیش از همه نیاز به آشنائی و شناخت بیشتر از رسانه امروزی دارند. آیا فکر نمی کنید لازم است در این باره یک رشته برنامه داشته باشید؟

کتایون , Jun 3, 2007

....

سلام خسته نباشید آقا مهدی عزیز خواستم خدمت شما عرض کنم البته همانطورکه فرموده بودید شتاب رشد تکنولوژی تمام سدهای موجود را به گونه ای درهم خواهد نوردید هر چند علم نیز خریدنی است و میتوان از آن در مقابله با توزیع اطلاعات کمک گرفت (همانگونه که میگیرند) اما تصور من این است که صرف توزیع اطلاعا ت مساله ما که ایرانیان باشیم حل نخواهد شد چون آنوقت این مساله مطرح میشود که هویت آن اطلاعا ت چیست ؟ ما همواره در عرصه تاریخ خود شرایطی داشتیم (زنگهای تفریح تاریخی ، مثل فاصله سالهای ۲۰-۳۲ یا اوایل همین انقلاب ۵۷) که میشد حرف زد و آگاهی رساند تصور میکنید که آیا ما توان استفاده از این فرصتهای تاریخی را داشتیم ؟ پاسخ روشن است خیر، بنابر این تا انسا ن ایرانی به یک فهم و نیتجه گیری اصولی از حیات خود نرسد حتی اگر رژیم جمهوری اسلامی رادیو و تلویزیون خود را هم در اختیار ما بگذارد

باز مساله خاصی رخ نخواهد داد . اساس کار این است که ما باید مقدم بر هر چیز حرفی برای گفتن داشته باشیم (البته منظور برخوردهای روزمره به اصطلاح سیاسی نیست) سرگذشت دردناک لشکر شکست خورده مخالف پیشه را که ببینی متاسفانه از شنیدن دو کلام حرف حسابی قطع امید میکنی . در نتیجه اگر حرفی برای گفتن باشد با یک روزنامه فکسنی هم میشود فریاد بر آورد اما به قول معروف این روزها آفتابه لگن هفت دست شام ونهار هیچ .

شاد وپیروز باشی .

محمد , Jun 5, 2007

من دیروز براتون متنی رو فرستادم که نظرم را مطرح کرده بودم اما به شما احسنت نگفته بودم اگر مایل بودید به من توضییح بدید که کجای نوشته من با موازین شما مغایر بود تا در آینده خودم را تصحیح کنم .متن را مجددا تقدیم میکنم . متشکرم

سلام خسته نباشید آقا مهدی عزیز خواستم خدمت شما عرض کنم البته همانطورکه فرموده بودید شتاب رشد تکنولوژی تمام سدهای موجود را به گونه ای درهم خواهد نوردید هر چند علم نیز خریدنی است و میتوان از آن در مقابله با توزیع اطلاعات کمک گرفت (همانگونه که میگیرند) اما تصور من این است که صرف توزیع اطلاعا ت مساله ما که ایرانیان باشیم حل نخواهد شد چون آنوقت این مساله مطرح میشود که هویت آن اطلاعا ت چیست ؟ ما همواره در عرصه تاریخ خود شرایطی داشتیم (زنگهای تفریح تاریخی ، مثل فاصله سالهای ۲۰-۳۲ یا اوایل همین انقلاب ۵۷) که میشد حرف زد و آگاهی رساند تصور میکنید که آیا ما توان استفاده از این فرصتهای تاریخی را داشتیم ؟ پاسخ روشن است خیر، بنابر این تا انسا ن ایرانی به یک فهم و نتیجه گیری اصولی از حیات خود نرسد حتی اگر رژیم چمهوری اسلامی رادیو و تلویزیون خود را هم در اختیار ما بگذارد باز مساله خاصی رخ نخواهد داد . اساس کار این است که ما باید مقدم بر هر چیز حرفی برای گفتن داشته باشیم (البته منظور برخوردهای روزمره به اصطلاح

سیاسـی نیسـت) سرگذشـت دردناک لشکر شکسـت خورده مخالف پیشـه را که ببینی متاسـفانه از شـنیدن دو کلام حـرف حسـابی قطـع امیـد میکنـی . در نتیجـه اگر حرفی بـرای گفتـن باشـد بـا یـک روزنامـه فکسـنی هـم میشـود فریـاد بـر آورد امـا بـه قول معـروف ایـن روزهـا آفتابـه لگن هفت دسـت شـام ونهـار هیچ .

شاد وپیروز باشی .

محمد , Jun 5, 2007

....

● *فاصلـه دو نظـر شـما ۱٦ سـاعت اسـت در حالی که زمـان انتظار برای انتشـار تا ۲٤ سـاعت اسـت. روزانه دهها کامنت منتشـر می شـوند و شـرط انتشارشـان هم احسـنت گویی نیسـت. بـی انصافی نفرماییـد. زمانه*

....

○ سـلام. صـدای شـما در رادیـو مـوج کوتـاه و ماهـواره خیلـی ضعیف اسـت و نمی شـود بـه راحتـی گرفت. برای حل این مشـکل کاری نمـی کنید. اگـر کاری نکنید انگار پولتـان را دور میریزید

سونیا از تهران , Jun 6, 2007

....

● *ممنـون از اطلاعـی کـه د ربـاره کیفیـت صدای رادیـو داده ایـد. گزارشـهایی که می رسـد کاملا بسـته بـه موقعیـت جغرافیایـی و تنظیمات ماهـواره ای گیرنده هـا متفاوت اسـت. اگـر دوسـتان دیگـر هم نظـری دارند خوشـحال می شـویم همینجا یا بـه ایمیل عمومـی زمانه بنویسـند. زمانه*

....

○ بعضـی روزها مجله خبر شـما خوب هسـت ولـی اکثرا در پخش گـزارش های مهم شـکل دارد. بـه خصوص در مورد مسـائل مهمـی مثل نقض حقوق فعالان دانشـجویی، کارگـری، حقـوق بشـری، زنـان و حتی بعضـی وقتها به مسـائلی پرداخته می شـود که در اولویـت اول مـن مخاطب نیسـت. بیشـتر به بررسـی رسـانه های خارجی مشـغولید

تـا خبرهـای مهـم داخلی. مـردم بـه دانسـتن رویدادهـا وخبرهای دسـت اول سیاسـی اجتماعـی و فرهنگـی احتیـاج دارنـد و ایـن در زمانه با اینکه نسـبت به قبـل خیلی بهتر شـده اما هنـوز جا نیفتاده اسـت.

الحق که در بخش خبر نیروهایی خوبی دارید، داریوش، اقای علوی، اردشیر. در بخش های دیگر هم به رویدادها می پردازید ولی بد نیست یک انسجامی بدهید به کارها. و کمی هم به داخل و تولید فکر کنید و ول کنید استفاده از خبرهای ایلنا و ایسنا را.

قربان شما. مریم هستم

مری , Jun 9, 2007

....

من انتقاد دارم! اونم درباره موضوعاتیه که برای سایتتون انتخاب میکنین چون من بیشتر سراغ سایتتون میام تا رادیو. میخوام بگم که خیلی روی مسائل روشنفکری قفل کردین. نه اینکه بگم خوب نیست، نه! ولی این شما رو از مردم عادی مثل من و شصت، هفتاد درصد بقیه ایرونیا دور میکنه چون مردم دوست دارن درباره مسائل روزشون بشنون تا فلسفه و تفکر نمیدونم چی چی! اگر میخواین رسانه مردمی باشین باید تا حدی بیاین که مردمم شما رو بفهمن، من کم کم باید یه لغتنامه معین بزارم کنار دستم تا از بعضی مطالب شما سر دربیارم، تازه اگه بتونم تا آخرش بکشم! نمیدونم والا خودتون میدونین ولی اگه هدفتون واقعا مردم عادیه از جلد روشنفکری بیاید بیرون که این جماعت ایزوله اصولا فقط حرافند. حیف این همه کار و زحمتتون نیست که فقط برای یه عده خاصی صرف بشه؟ البته شما خودتون تصمیم گیرنده اید ولی حیفه. با مردم عادی بمونید و به سوژه های معمولی بها بدید. اینم پرحرفی یه خواننده پایین مدرک لیسانس بود. سایتون کم نشه.

هشدار از ایران , Jun 13, 2007

....

لطفـا لینـک دانلـود برنامه‌های نبـوی رو تو سـایت بزارید. لینک دانلودشـو نه پخش آنلاین. ممنون

Jun 14, 2007 -- khoroos

○ خیلی لذت بردم .خسته نباشی آقا مهدی جامی جام جهان نمای عزیز!

علی رضا مجابی , Jun 18, 2007

....

○ سـلام - مـن بـا شـما در ارتبـاط بـا انقـلاب رسـانه ای موافقـم و فکر میکنـم چهره پنهـان ایرانیـان مـدرن و امـروزی از میـان مجموعـه فعالیتهای مثـل رادیو زمانـه و ببین تـی وی و از ایـن قبیـل نمایـان خواهد شـد .

رضا ش , Jun 18, 2007

....

○ In my opinion Radio Zamaneh with its investigative and citizen journalism and bebin tv with this new concept of iranian online tv are two great media outlets. I just hope that both keep up the work of staying objective and true to the responsibilities of journalism and media ethics. Also the entertaining shows of bebin tv are of a whole other class compared to existing iranian tv channels who only sit inside a studio and talk or air music videos. I have to say I agree with this article fully

Jun 18, 2007 -- Khasahayar

....

○ وبلاگ زمانـه چنـد هفتـه‌ای‌سـت کـه فریـز شـده! اگـر نمی‌تواننـد بـه روزش کنند، بهتر اسـت آن را کلاً بردارنـد یا در جایی بگذارند که وقتی کسـی چیزی در آن نوشـت خـود را نشـان دهـد. در کلِ رادیـو هـم حرکـت رو به جلو دیـده نمی‌شـود. همه چیز خیلـی آسـان گرفتـه شـده. نقـش حرفـه‌ای‌ها در موفقیت رسـانه این‌جاسـت کـه معلوم می‌شـود. حـال مـا هـر چه بگوییـم، بـاز در مزایـای آماتوریسـم و نوگرایـی‌های تجربه نشـده خواهند نوشـت. اگر مخاطب داخل کشـور عامل مانـدگاری اسـت، بـا این شـیوه ایـن رادیـو مانـدگار نخواهـد بود.

از وبلاگ ف. م . سخن , Jun 21, 2007

اهمیت سرنوشت فردی در تحول رسانه‌ای

بیست و هفت خرداد هشتاد و شش

از روز اول گفته‌ایم که زمانه رسانه فرد است. این رسانه‌ای جمعی است اما جمع را به معنای جمعی از فردها می‌گیرد؛ پیوند خورده با مشارکت فرد و در جهت برجسته ساختن داستان فکر او و زندگی او و اعتنا به سرنوشت او.

فرد مرکز و محور زمانه ماست. از خاطرات شهرنوش پارسی‌پور (به عنوان چهره خاص و شناخته) تا برنامه خاطره خوانی رضا دانشور (که قصه چهره های ناشناخته را می‌خواند) ما بر همین نکته تاکید گذاشته‌ایم. صفحات شخصی برنامه‌سازان و نویسندگان زمانه نیز نشانی از همین باور است. یک سر و هزار سودا هم راهی است برای افزایش حضور فرد فرد آن‌ها که می‌نویسند در زمانه. شبکه بزرگ تولیدکنندگان خانگی هم، که کارهاشان را در زمانه می‌شنوید، در واقع شبکه‌ای رنگارنگ از فردها با ذوق ها و علایق گوناگون است که به نقد همدیگر نیز می‌پردازند مانند آنچه داریوش برادری در نقد مصاحبه ماه منیر رحمیی با باسم رسام کرده است. مصاحبه‌ای که خود نمونه دیگری از اعتنا به فرد است فارغ از معیارهای معمول رسانه‌ای.

اما این روزها زمانه ما را با سوی دیگری از قصه فرد روبه‌رو می‌سازد. برای نمونه، داریوش رجبیان از یک خبر کوتاه که بسیاری از کنار آن می‌گذرند برنامه‌ای ساخت که گام دیگری ما را به سوی فردی ساختن رسانه جلو می‌برد. او که قصه نیلوفر دختر ایرانی بزرگ شده در خانواده‌ای هلندی را دنبال کرده بود توانست با خود او تماس بگیرد و سرانجام او را به استودیو دعوت کند تا از قصه‌ای بگوید که کاملا شخصی است و ظاهرا مساله هیچ کس دیگری نیست جز او. اما در واقع نیلوفر بدون رسانه و واسطه پیام کار چندانی نمی‌تواند کرد. زمانه رسانه صدا و نیاز او شد. برنامه دیگر داریوش در گفتگو با مهدی و آرش دو معتاد سابق نیز تاکیدی است بر اهمیت سرنوشت فرد و تصمیم و خواست او. رسانه امروز اگر فرد-محور است آن را باید به همه آن‌ها که نیازی و تجربه‌ای دارند و صدایی که باید به دیگری برسد پیوند بزند.

گاهی هم هست که فرد دیگر صدایی ندارد. مانند کارگری که از ناامیدی دست به خودکشی می‌زند. صدای خفه شدن او را باید همه بشنوند. زندگی او تراژدی بی‌صدا ماندن فرد است. اگر یکی از آن فریادها و مراجعه‌ها که او و خانواده‌اش به هر کس و ناکسی داشته‌اند شنیده می‌شد او هنوز زنده بود. خبرگزاری ایلنا که منبع ما در انعکاس خبر بود در این زمینه «سنت»شکنی کرده بود و به عرصه رسانه «مدرن» وارد شده بود. رسانه مدرن مقاومت در برابر خاموش ماندن صدا فرد فرد جامعه است. سکو و منبری برای خطابه فرد است. فردی کم یا بیش مانند خود ما. کسی مثل همه کس.

راز جذابیت صفحه حوادث روزنامه‌ها و یا روزنامه‌هایی مانند «حوادث» (که چندین سال پیش پرتیراژ بود و متوقفش کردند) را این دانسته‌اند که به انعکاس خشونت و جنایت می‌پردازد. اما در واقع جذابیت حوادث در انعکاس زندگی فرد است. گیرم فردی که به پایان رسیده است. از جامعه رانده شده است. یا از حیات.

اما می‌توان رسانه بود و صدای فرد را بازتاب داد بی‌آنکه از مدل صفحه حوادث پیروی کرد. اعتنا به فرد یک صورت ندارد. هزار صورت دارد. در واقع صور اعتنا به فرد بی‌نهایت است و مدام در زایش. کافی است سرنوشت فرد برایمان مهم باشد. به نظر من توجهی هم که به مطالب زهرا امیر ابراهیمی می‌شود نیز از همین زاویه قابل ارزیابی است. کسانی مثل او مظهر اهمیت سرنوشت فردی شده‌اند.

رسانه‌ها را که نگاه کنید عموما در حد کلان حرف می‌زنند. از موجودات بی‌شکلی به اسم مردم حرف می‌زنند. سیاستمداران و تا حدود معینی گروه‌هایی از نخبگان گویا تنها چهره‌های مشخص رسانه‌ها هستند. چهره مردم در آن به طور شخصی پیدا نیست. رسانه‌های فارسی‌زبان به خصوص هنوز از عصری می‌آیند که در آن جامعه اصل بوده است. همه چیز به خاطر جامعه مطرح میشده است. جمع اصل بوده و فرد آن میانه گم می‌شده است. امروز زمان ورق خوردن این فصل و گشایش به سوی فرد است. پذیرش فرد و شخصیت او و سرنوشت او و شنیدن صدای اوست که فارق رسانه جامعه‌گرا و فردگرا ست. رسانه قرن بیستم رسانه شکل دادن به جمع بود و رسانه قرن بیست و یکم رسانه هویت‌بخشی به فرد و برجسته‌سازی خبر و نظر اوست.

زمانه خود نیز به همین ترتیب شکل می‌گیرد. با ابتکارهای فردی. این رسانه‌ای است که به دست کسانی که با آن کار می‌کنند ساخته می‌شود. یک مدل ایرانی از رسانه‌ای دموکراتیک در فکر و در روش تولید و باز به روی سرنوشت فردی مخاطبان. نه تنها خاطرات آن‌ها که امروز آن‌ها. زندگی و شادی و رنج آن‌ها. من شخصا از نقدهایی که زمانه را حرفه‌ای نمی دانند باکی ندارم. زمانه رسانه‌ای است که معیار تازه‌ای برای ارزیابی نیاز دارد. حرفه‌ای بودن برای من در صحت و اعتبار و صراحت بیان است و خطر کردن برای

ساختن رسانه‌ای نو و آزمودن امکان‌های تازه برای رساندن صدای مردم.

ما راه رسانه مشارکتی را انتخاب کرده‌ایم. مردم زمانی که در رسانه شریک می‌شوند نوعی آماتوریسم را با خود به همراه می‌آورند. حرفه‌ای صد درصد بودن هم همه جا بهترین گزینه نیست. مساله این است اما که در مقابل آن میزانی که آگاهانه از حرفه‌ای بودن به معنای رایج آن دور شده‌ایم چه به دست آورده‌ایم. ما راه را برای مشارکت بیش‌ترین افراد باز می‌کنیم. این حرفه ماست و راهی ناهموار برای کشف و همزمان بسیار هیجان‌انگیز. زمانه با این شوق و هیجان ساخته می‌شود و پیش می‌رود.

http://zamaaneh.com/blog/06/2007/post_44.html

○ خسته نباشید، زمانه سایت بسیار جالبی است و کاری متفاوت/ حداقل در میان سایت‌های فارسی. ولی نمی دانم شاید مشکل از منه که هنوز به این شیوه عادت نکرده‌ام، آقای جامی من با اینکه در این چند ماه آشنایی با زمانه تقریبا همه روزه به این سایت سر زده‌ام، بار ها در بحث‌ها نظرم را نوشته ام و چند باری هم مشتاق فرستادن نوشته‌ای به زمانه شده ام، هنوز تعریف کاملی از زمانه بدست نیاورده‌ام. گاهی زمانه در سطحی قرار دارد که با حسرت بدلیل کمبود وقت مقالات را از دست می‌دهم، گاهی هم به مانند یک وب لاگ با یک نگاه می‌توان از آن عبور

کـرد، گاهـی مقـالات و مصاحبـه هایی که با لذت بازخوانی می‌شـوند و گاهـی در میانه متعجـب و پشـیمان بـه کلیـک برگشـت ناچـارت می کنند. شـاید مشـکل مـن همانی اسـت کـه شـما هـم بـه آن اشـاره کردیـد، تنـوع برنامـه، مطلـب و مطلب سـاز در یک رسـانه مشـارکتی. شـخصا فکر می کنم هنوز برای تفسـیر و دادن یک حکم کلی برای زمانـه زمـان لازم اسـت و تـا آن زمـان بـا کمال میـل خواننده و مشـارکت کننـده زمانه باقـی می‌مانم. موفق باشـید.

مهدی/ هلند , Jun 26, 2006

حق تغییر محفوظ!

بیست و هشت تیر هشتاد و شش

در جریان دور تازه اعتراف‌گیری و بازکشف امور مکشوف-از-پیش و متهم کردن مردمان به چیزهایی که اتهام نیستند و نشاندن آن‌ها در برابر دوربین که لابد به اختیار، خودزنی کنند بسیار نکته‌ها هست که این روزها منتقدان در داخل و خارج به آن اشاره می‌کنند: اینکه این روش‌ها ارزشی ندارد یا این اعترافات جای دو فقره سند محکم را نمی‌گیرد و این روش اطلاع پراکنی همان مغزشویی است که هدفش به جای محکمه‌پسندی کار تبلیغاتی است، و بازگشت جمهوری اسلامی به عصر سعید امامی و تکرار بی‌حاصل برنامه هویت. این نکته هم در خور توجه است که هدف همه این اعترافات از آغاز انقلاب اسلامی تا کنون عمدتا روشنفکران و تحصیلکردگان بوده است و این اواخر مهاجران ایرانی و افرادی که دو تابعیت دارند. امری که هراس عمیق جریان مسلط در رهبری ایران را از روشنفکران به عنوان رهبران اقشار شهری و سکولار نشان می‌دهد و از کسانی که به نحوی از انحا قادر به شناخت جهان بیرونی و ایجاد ارتباط با محافل غربی‌اند. رهبری درونگرای ایران بهشدت به هر نوع پیوند شهروندانش با جهانی که در آن خود را تنها می‌بیند حساس

است و به همه کسانی که اهل ارتباط با جهانند به چشم برانداز و جاسوس می‌نگرد. پارانویایی که ناآشنا نیست و جمهوری اسلامی در آن میراث‌بر شوروی و چین است.

بازداری از حق تغییر

اما در این یادداشت من می‌خواهم بر جنبه دیگری از آنچه این اعتراف‌گیری‌ها آشکار می‌سازد - یا به یک معنا پنهان می‌سازد - تاکید کنم: حق تغییر. تمام تلاش جمهوری اسلامی در این است که بگوید این افراد اقداماتی می‌کرده‌اند که ایجاد تغییراتی را در ایران در چشم‌انداز داشته است. آنچه نیروهای امنیتی و سیاسی ایران در توجیه رفتار خود می‌گویند این است که بنابرین این حق ماست که جلو چنین کسانی را بگیریم. به عبارت دیگر تمام داستان دستگیری‌ها و اعترافات در دو جمله خلاصه شدنی است: کسانی قصد تغییر داشته‌اند و کسان دیگری آن‌ها را از این کار خرابکارانه/براندازانه بازداشته‌اند.

حال سوال من این است: آیا قصد تغییر و حرکت در جهت تغییر در جامعه و سیاست و تغییر مقامات و روش‌ها و قوانین و اصلا تغییر نظام حقی از حقوق انسانی است یا نیست؟

قدرت تو دهنی زدن به دولت از کجا می‌آید؟

جمهوری اسلامی خود با استفاده از حق تغییر شکل گرفته است. هنوز سخن رهبر انقلاب آیت الله خمینی در گوش نسل انقلاب طنین انداز است که گفت: من تو دهن این دولت می‌زنم. او با استفاده از حق خود و حق مردم برای تغییر سخن می‌گفت و سخن خود را با قدرت تمام در سخنرانی بهشت زهرا در ورود به ایران گفت. کدام ایرانی امروز اجازه دارد از حق تو دهنی به دولت زدن آشکارا سخن بگوید؟

آیت الله خمینی در همان سخنرانی تاریخی خود استدلال کرد که اگر ۵۰ سال پیش کسی برای مردم قانون اساسی نوشته است امروز این حق برای مردم محفوظ است که آن را تغییر دهند و از نو چنان بنویسند که امروز می‌خواهند. چرا پدران ما باید برای ما تعیین تکلیف کرده باشند؟

آیت الله خمینی در جریانی حرکت می‌کرد که تغییر را حق مسلم خود می‌دانست. آن روزها یک شعار اصلی که بر در و دیوار و پلاکاردها و پوسترها و نشان سازمان‌های سیاسی دیده می شد این آیه قرآنی بود که اگر مردم خود تغییر نکنند چیزی را خدا برایشان تغییر نخواهد داد (ان الله لایغیر ما بقوم حتی یغیروا ما بانفسهم).

آیه دعوت به تغییر نسخ شده است؟
آیا حق تغییر فقط برای روی کار آمدن جمهوری اسلامی و مقامات فعلی بود و دوره‌اش به پایان رسید؟ آیا آیه قرآن نسخ شد و تغییراتی که باید برای قوم ایرانی اتفاق می‌افتاد به نهایت رسید و تمام شد؟ آیا استدلال رهبر انقلاب در آن زمان معتبر بود و بعد از اعتبار افتاد؟ آیا امروز دیگر کسی حق ندارد تو دهن این دولت بزند؟

جمهوری اسلامی نیازی ندارد برای اثبات اینکه قانونمدار است و حقوق مردم مسلمان را رعایت می‌کند بیانیه‌های سازمان‌های حقوق بشر را در اعتراض به ایران نقد کند و یک‌جانبه بشمارد و یا بگوید که حقوق بشر تابعی از فرهنگ‌ها و ادیان و عرف‌های گوناگون است و هر چه شما نمی‌پسندید لزوما نقض حقوق نیست. جمهوری اسلامی کافی است فقط به یک سوال جواب دهد تا معلوم شود که حکومتی است که برای مردم ارزش و اعتبار و حق قائل است یا نیست. و آن هم این است که آیا جمهوری اسلامی حق تغییردهی و تجدید

نظرطلبی و تغییر انفس و تغییر اجتماعی را به رسمیت می‌شناسد؟ آیا سنت و سیره آیت الله خمینی را برای دعوت مردم به تغییر اجتماعی معتبر می‌داند؟

وقتی اطلاع‌رسانی و پژوهش براندازی است

سخن بر سر این نیست که ممکن است دولت‌های مخالف ایران طرحی برای براندازی داشته باشند. سخن بر سر این است که تغییر و دعوت به تغییر و اصلا نفس تغییر چقدر در جمهوری اسلامی محترم است؟ و آیا جمهوری اسلامی می‌تواند هر دعوتی را برای تغییر براندازی تلقی کند و با آن به مثابه جرم برخورد کند؟ این فوبیای تغییر از کجا ناشی می‌شود؟ چرا جمهوری اسلامی از تغییر می‌ترسد؟ حساب جنگ و کودتا به کنار. آیا هر نوع اطلاع رسانی از جامعه و سیاست ایرانی جاسوسی است؟ آیا هر نوع فعالیت روزنامه‌نگارانه و روشنفکرانه حرکت در جهت دشمن است؟ آیا جمهوری اسلامی حق دارد مردم خود را از روزنامه مستقل و منتقد که می‌تواند تو دهن دولت هم بزند محروم کند؟ آیا هر روزنامه‌ای پایگاه دشمن است؟ هر کنفرانسی در خارج مرکز توطئه علیه دولت ایران است؟ آیا ارتباط و تبادل علمی و فرهنگی ممنوع است؟

دموکراسی اذعان به حق تغییر است

قوانینی که حق تغییر را محدود می‌کند معمولا به حق مالکیت خصوصی بر می‌گردد. شما نمی‌توانید مثلا در خانه استیجاری تغییر معماری و ساختمانی دهید یا نمی‌توانید نرم افزاری را که خریداری کرده اید دستکاری کنید یا کتابی را که کسی نوشته به نام خود کنید. آیا تصور مقامات جمهوری اسلامی این است که حکومت ملک طلق آنهاست؟ و کسی حق تغییر در آن را ندارد؟ یک معیار اصیل دموکراسی و حکومت مردمی فراهم کردن امکان تغییر نظر برای همه مردم در همه عرصه‌هاست. اما آنچه ما در این حرکت اخیر می‌بینیم ناامید کننده است. طراحان برنامه با عنوانی که انتخاب کرده‌اند یعنی «به اسم

دموکراسی» کلمه دموکراسی را هم در حیطه افعال دشمن قرار داده‌اند و استفاده از آن را به عرصه جرایم برده‌اند. آیا نام برنامه برای خلع سلاح تبلیغی گروه‌هایی در داخل است که تغییر به سمت دموکراسی می‌خواهند؟ از نگاه طراحان برنامه اکنون حقوق زن و آزادی‌خواهی و دموکراسی در رده تعبیرات دشمن‌شناسی جمهوری اسلامی قرار گرفته‌اند.

اما هیچ دولتی نمی‌تواند برای حفظ قدرت خود تمایل به تغییر را مهار کند. جمهوری اسلامی بهتر است با تمایل عظیم مردم ایران به تغییر همراه شود. هنوز برای «تجدید نظر» و «تغییر» وقت هست. حق تغییر محفوظ است حتی برای شما!

http://zamaaneh.com/blog/07/2007/post_47.html

○ منظور از «جمهوری اسلامی» در این جا چی یه؟ مدیران و رهبران درجه یک یا جواب گوهای رسمی مثل وزارت خارجه؟ اگر فیلمی از تلویزیون ایران پخش شود به این معناست که همه کسانی که «جمهوری اسلامی» را تشکیل می‌دهند با هم تبانی کرده‌اند؟ در باره ماجرای جهانبگلو ـ که سادگی و بچه ننه بودنش همیشه حال آدم را به هم می‌زند ـ هیچ منبعی خبر درست و حسابی منتشر نکرد. پس شما از کجا می‌دانید که اصل ماجرا چی بوده؟

تو گویی , Jul 20, 2007

(کـه گفـت: مـن تـو دهن ایـن دولت مـی زنم. او بـا اسـتفاده از حق خـود و حق مردم برای تغییر سـخن می گفت و سـخن خود را با قدرت تمام در سـخنرانی بهشـت زهرا در ورود به ایران گفت.) وقتی این روایت و تحلیل شـما را میخوانیم در ابتدا بعنوان پاسـخی مناسـب از ان خوشـمان می اید و لی تحلیل شـما فقط نمای قشـنگی دارد ونه بیش.

اولـن اینکـه جنـاب جامـی! ان موقع و سـالها متمادی بعد ان بسـیاری امها عاشـق خمینی و جملاتـش ماندنـد. بسـیاری هـم بـه خدمـت او در امدنـد و هنـوز هم با این عشقشـان مشـکل دارند.(مسـتقیمن و با صراحت تاکید میکنم منظورم شـما اصلن شـما نمیباشـد) ایـن بـه معنـی این البته نیسـت کـه هنوز برخـی انها قـادر به نقـدر و تحلیل نیسـتند ولی تاکنـون نمونـه هـای اندکـی ازین افـراد را دیده ایـم که بخواهد نقد یا اندیشـه انتقـادی را جـای نـگاه و ذهنیت پیشـینش بگذارد.

امـا مطلـب مهمتر اینکه جنـاب خمینی(ایت الله!) تـوی دهن دولت نزدنـد بلکه توی دهن ملـت زدنـد. ملت جز گوسـفند هایی فرمانبـردار برای شـخصی ایدوولوگیک و سـطحی نبـود. سـخنان مردمی اقای خمینی و دوستانشـان جـز ابزاری برای ایدووگـی و به واقعیت در اوردن یـو توپیایـی کـه در نظـر داشـتند نبـود و نیسـت. شـما دقیقـن ایـن تضـاد را در سـخنرانیهای متفـاوت ایشـان میبینید. نکتـه اصلی اینکه میان انچه شـما از ملـت و دولت از ان سـخنان اسـتخراج کردیـد و حقیقـت فاصلـه ای بسـیار اسـت. حتـی با نیـت چنان توجیهـات شـما بـرای بـه رسـمیت شـناختن حق ملـت ایـن راه به خطا اسـت چـون راه اندیشـه ی انتقـادی را کور میکند

تـاو قتـی کـه این مطلب سـاده را نفهمیـم و ازان عبور کنیـم چطور میخواهیم از سـخن و حقـی کـه خمینـی مثلن به ظاهـر برای خود قایل شـد به عنوان حـق فردی هـر ایرانی نام بریـم. جنـاب خمینـی اصلـن نه چنیـن نگاهی که شـما خلاصـه اش کردید داشـتند و نه چنـان تحلیلـی لایـق ان گفتار هـا و برنامه های ایشـان بود.

بسـیاری از افراد معمولی عقلشـان در همان ابتدا از به اصطلاح روشـنفکران امروزی بیشتر بـود انهـا از همـان زمان گفتار خمینی را مسـخره میکردنـد و نه چنان ارزشـی بر حرف ان نهادنـد که حق خویش را امـروزه از ان بگیرند.

نکتـه ی دیگـر اینکـه حاکمیـت ایران هـم این حـق را بـرای خودمیتواند قایل باشـد تا از تغییـری کـه بـه براندازی منجر میشـود از همـان ابتدا بـه بر انـدازی از ان نام برد. مشـکل پارادکسـال از که بسـیاری از به اصطلاح ناقدان حکومت اسـلامی در خود و گفتار خویش دارند. ایا براسـتی تغییرات بدون مفهوم بر اندازی ان سیسـتم ایدوولوگیک میسـر اسـت؟ اصلن معنی میدهد؟ خود سانسـوری یا سـخن نگفتن درباره ی بسـیاری از مسـایل بعنوان تدبیـر نمیتوانـد بعنـوان راهکاری جهت نـرم کردن برخورد حکومت اسـلامی بـکار رود. بـا چنیـن کاری یـا دوباره همان سیسـتم یا مشـابه ان با ماسـکی نو دلپذیـر روی کار میاید (حالـت موفقیـت امیـز خوشـبینانه) یـا اینکـه حکومت اسـلامی ایـن تدبیر بـه اصطلاح ناقـدان را با برخوردهایش می شـکافد.

موفق باشید

علیرضا , Jul 20, 2007

....

اگـر چـه خمینـی و جمهـوری اسـلامی با حق تغییـر روی کار آمـد اما همـان آیت الله خمینی در نوشـته های خود در سـالهای بعد چنین نوشـت. این جواب سـئوال شـمار را مـی دهـد یعنی اینکه حـق تغییر فقط متعلق به قبل از جمهوری اسـلامی بـود و بعد از آن از بیـن رفـت. ایشـان چینیـن می نویسـد: «مخالفـت با حکومت اسـلامی مخالفـت با این حکومت، مخالفت با شـرع اسـت ، قیام بر علیه شـرع اسـت . قیام بر علیه حکومت شـرع جزایـش در قانـون مـا هسـت ، در فقـه ما هسـت ؛ و جـزای آن بسـیار زیاد اسـت « (فکر می‌کنم کشـف الاسـرار ص. ۲۰۰ باشـه). در جای دیگه در همین منبع می گه مخالف (یا توهیـن کننـده، یـادم نیسـت دقیق) بـا روحانی کافر اسـت، نه بـرای توهین بـه روحانیت، بلکـه برای انکار رسـالت!!!

حمید , Jul 20, 2007

....

در خصـوص تکمیـل کمنـت قبل با مثالی شـما را توجه میدهم بـه دو رویکرد متفاوت مقالـه ی فرج سـر کوهی در باب سـروش و نوع ذهنیت او و سیاسـت دولـت وقت. برای

خوانـدن هـم به سایسـت گویانیوز هو هـم اخبار روز میتـوان رجوع کرد.

http://www.akhbar-rooz.com/article.jsp?essayId=10443

علیرضا , Jul 20, 2007

....

○ کسـی کـه بـه مخالفـش پوزه‌بنـد می‌زنـد، مثـل سـگ از او می‌ترسـد. سـگی هـم کـه می‌ترسـد، حتمـا پاهـاش می‌لنگـد.

عالی بود آقای جامی.

samansh.blogfa.com

سامان , Jul 20, 2007

....

○ سیستم کمنت شما بشدت اشکال دارد (بارها رخ داده)یا در انتشار کمنتها دقت نمیگردد این مطلب در بخش اندیشه زمانه هم توسط اقای مهدی از هلند در کمنتی هم یکبار عنوان گشته بود که در پاسخ نسبت به این مشکل اظهار بی اطلاعی توسط زمانه شده بود. کمنت سوم در اصل د کمنت چهارم باشد. کمنت قبل ان هم با پیام ارسال موفقیت امیز کمنت همراه بود این مشکل در برخی مواقع چند باربروز کرده است. موفق باشید.

علیرضا , Jul 20, 2007

....

○ آقـای جامـی، اصـلا نفهمیدم کـه منظور شـما از قـرار دادن بحـث بـر روی گفته/هایی/ از سـخنرانی آقـای خمینـی در بهشـت زهرا چـه بوده و چـه احتیاجی به این پایه گذاری بوده اسـت؟ زمانی بر گفته ای پایه گذاری می شـود که در مرحله عمل شـخص گوینده، مجری و رعایت کننده آن گفته باشـد، کدامیک از گفته های سـخنرانی یاد شـده در عمل رعایت شـد که شـما بعد از حـدود ۳۰ سـال سـعی در زنـده کردن آنهـا داریـد؟ علایق شـما بـه اشـخاص و عقایـد بـه من مربوط نیسـت ولـی تاکید بر گفته هایی کـه در عمل هیچوقت رعایت نشـده انـد، در بهترین شـکل آدرس غلط دادن معنی خواهد شـد.

مهدی/ هلند , Jul 21, 2007

◎ حکومتی که از طرف خداوندبه اینها داده شده و سخنان حکام ان هرشب از طرف بارتعالابه انها الهام میشودرا نمیتوان تغییر دادخواهشمندم مطالب شرک الود ننویسید

Jul 22, 2007 -- astyak

....

◎ آقای جامی!

۱- مگر آن زمان دولت وقت به امام خمینی دعوت نامه داده بود که بیاید و توی دهن اش بزنند که از این دولت انتظار دارید از توی دهنی زنندگان استقبال کند. هر دولتی عقلا واجب است که با موانع و تهدیداتی که ممکن است به وجود بیاید به نفع بقای خودش مبارزه کند و اگر اعتقاد به مبارزه با مخالفین اش نداشته باشد، عقلا حکومت را ادامه نخواهد داد. پس انتظارتان اساسا بی جاست.

۲- من از شما می پرسم که چرا گروههایی که سعی دارند در حرکت اصلاحی مردم نقش گروه مرجع را بازی کنند -مثل رادیو زمانه- پیوندشان را با ۱۳۰۰ سال از بخش متوخر تاریخ و فرهنگ ایران که در آن مردم مسلمان بوده اند قطع کرده اند و به اعتقادات مذهبی و هنجارهای آن بی اعتنایی و گاه بی احترامی - در همین سایت - می کنند؟ البته جواب این سئوال معلوم است و در دل اش نکات مهم دیگری نیز مستتر است: از جمله دلیل ناکامی عمومی این حرکت ها در جذب توده مردم ایران. یقین بدانید مادامی که جنبشی از جنس خود مردم - به معنای واقعی کلمه - شکل نگرفته باشد نمی تواند نه مرجع باشد و نه رهبر آن ها برای اصلاح.

البته این مشکل اکثر شما روشنفکران وطنی است که اساسا مردم را جز خودتان و جماعتی پیپ به دست مانند خودتان نمی دانید و به کلی ارتباطتان با توده مردم قطع شده است. یادتان باشد مادامی که تواضع و فروتنی در مقابل مردم را نیاموخته باشید و یکی از آن ها نشده باشید وضع تان همین است که هست.

۳- می نالید از اینکه آیه «ان الله لا یغیر ما بقوم...» چرا دیروز بر در دیوار نقش بسته بود و امروز راهش را حکومت بسته است...! وباز عجیب که شما حرکتی را که دیروز از مردم سر زده امروز از حکومت انتظار دارید سر بزند؟ شما اگر انتظارتان اصلاح و

تغییـر حکومـت از جانـب مردم اصلاح خواه اسـت کـه بهتر از بنده مـی دانید آن جماعت قبلـه شـان اروپـای متمدن! اسـت و نه مدینه النبی و بنابـر این آیات و روایات دینی اساسـا نـه تنهـا نقشـی در پیش برد اهـداف اصلاح خواهانه شـان نـدارد بلکه در بسـیاری مواقع خـود دین یکی از مسـائل مـورد نظر برای اصلاح اسـت!

و اگـر منظورتـان این اسـت که حکومـت برای اصلاح خـودش این آیـه را ترویج کند که حکومتـی کـه ایمان به این آیه داشـته باشـد و آگاه به فسـاد خـود، نیازی به نوشـتن آن بر در و دیـوار نمی بیند.

حـس تحـول خواهـی و نارضایتی اول انقلاب نیـز اگر امروز در میـان اکثریت مردم وجود داشـت بایـد ایـن آیـه ها هم بـر در و دیوار ها نقش بسـته باشـد چـون این مـردم مذهبی انـد و کتـاب زندگـی شـان قـرآن اسـت. در نتیجـه اگـر نیامده پس یـا چنین خواسـته ای اساسـا با آن شـدت وجود ندارد و بسـیاری از این تحرکات میلی اسـت معقول به اصلاح و ایـن در تمـام جوامـع از جمله فرانسـه که مـن درآن زندگی می کنم نیز موجود اسـت و معنـای آن اصـلا دموکراسـی خواهی نیسـت. یا این که از سـوی انسـان هـای غیر مذهبی وجـود دارد، احیانـا بـرای زدودن مذهب که قابل اعتنا نیسـت.

محمدرضا , Jul 23, 2007

....

پـس معلـوم شـد چرا هیچ مقاله ای جز در راسـتای سـردبیر رادیو زمانـه تا حالا چاپ نشـده. یعنـی واقعـا هیچ عقیـده مخالفی وجود ندارد که شـما بـه آن تریبـون بدهید؟ تمام ۷۰ میلیون‌نفـر ایـران با شـما راجع به همـه چیز موافقند؟

محمود , Jul 23, 2007

....

دوسـت عزیـز سـردبیر زمانـه راستا نـدارد ولـی دیـدگاه هـای شـخصی اش را در وبـلاگ شـخصی اش منتشـر مـی کنـد. مطالـب و برنامـه هـای زمانـه لزومـا موافـق با دیـدگاه هـای رئیـس رادیو نیسـتند.

شـما در موضوعـی کـه مخالـف دیدگاه های مسئول زمانه تشـخیص مـی دهید مطلب

منصفانـه ای بنویسـید اگر کار نشـد مـی توانید بحق مدعی شـوید. زمانه

....

◎ نخسـت اینکـه اعترافـات تلویزیـو نی ابـداع این رژیم نیسـت که میراث رژیم گذشـته اسـت. مقـام محتـرم «امنیتـی» کـه یادتان هسـت و آن سـپاس «آریـا مهر» گفتـن برخی از زندانیـان سیاسـی را کـه اگر بخواهیم به عقبتر برویم میرسـیم به پس از کودتـای ۲۸ مرداد و تنفـر نامـه هـای سـران و اعضای حزب تـوده از حزب تـوده! و همان طـور که می بینید مـا طبـق معمـول سـنواتی ۵۰ سـالی از بـازی روز دنیـا عقب هسـتیم که دنیا بـرای چنین اعترافاتـی تـره کـه خرد نمـی کند هیچ که کسـب مشـروعیت و مظلومیت می کنـد برای اعتـراف کننـده وبـرای برپـا کنندگانش چیزی می شـود در حد تف سـربالا.

دوم اینکـه وظیفـه نوشـته و نانوشـته تمـام حکومـت ها با توجـه به ظرفیـت تحمل نظام حاکـم و عمـق دموکراسـی در آن جامعـه بـه علـن یا به خفـا جلوگیری و یا پیشـگیری از تغیـر اسـت. مکـر در دوران جنـگ سـرد وظیفـه جهـان آزاد جلوگیری از نفوذ کمونیسـم نبود؟ و مگر در همین آمریکا که نمونه نظام مردمسـالار اسـت مک کارتیسـم خلاق ترین نویسـندگان و روشـنفکران را بـه زندان نینداخت یا از کشـور فـراری نداد؟

حـق تعییـن و تغیـر سرنوشـت – به هر صورتی– یکی از حقوق اسـانی ماسـت که آسـان تحصیل نمی شـود و گرفتاری ها و هزینه های خود را دارد و به دسـت آوردن آن نیازمند انسـجام و وحـدت ملی اسـت.فراموش نکنید کـه آقای خمینی هنگامی گفـت « من توی دهـن ایـن دولـت میزنـم» و زد کـه رژیم پهلـوی در اوج ضعف بـود و می رفـت که تار و پـودش از هـم گسسـته شـود.لذا واقعا «حق تغیـر محفوظ اسـت» برای مـرم و نا محفوظ اسـت از سـوی حکومت که این دل ربوده از همه کس آسـان کام نبخشـد.

امید پایدار , Jul 26, 2007

....

◎ در اوایـل انقـلاب ، آنروزهـا کـه گفتگوی سیاسـی هر مجلـس و محفلی را به آشـوب می‌کشـاند. در مجلسـی دوسـتی کـه روزنامه نگار با سـابقه مملکت بود، بـه همه ما گفت آقایـان آخونـد بختـک اسـت، روی سـینه ملـت که افتـاد بـدون زور بر نخواهد خاسـت.

ایـن حـرف آنـروز درسـت بود امروز پس از بیسـت و هفت سـال کماکان درسـت اسـت .حکومـت نـه اصـلاح پذیـر اسـت نـه اصـولا سـردمدارانش قائـل بـه آن. آنهـا بهشـت موهومشـان را نقـد دریافـت کـرده انـد چرا بایـد یکمرتبه دموکـرات و لیبرال شـوند.؟
در زمـان مشـروطه اهالـی اصفهـان بـه سـراغ آقا نجفـی معروف رفتـه بودند کـه دیگر در بسـتر مـرگ افتـاده بـود و گفتـه بودند آقا چه نشسـته اید ، انقلاب اسـت مردم بیدار شـده انـد! آقـا گفتـه بـود این مـردم بیدار نشـده انـد ! «زابرا» شـده اند! حالا نقل ماسـت!
کیوان , Jul 28, 2007

....

در نظـام های دمکراسـی انتخاب مسـئولین و افراد واقعی اسـت یعنی بـا یک انتخابات واقعـی مـردم بدون خشـونت و فقط با رای خود مسـئولین را انتخـاب و یا تغییر می دهند اما در کشـور ما اصلا آزادی انتخاب نیسـت و یک نمایش مسـخره وجود دارد که کسـانی کـه شـورای نگهبـان انتخاب می کنـد مردم باید بـه آنهـا رای بدهند و امـکان اینکه گزینه ی دیگـری را انتخـاب کنند و تغییراتی بوجود آورنـد وجود ندارد.
و هـر کـه کمتریـن انتقادی کـرد مجرم وبه شـدیدترین وجه تنبهه می شـود و با ایجاد جو وحشـت امکان انتقاد از مردم گرفته می شـود چه برسـد بـه ایجاد تغییر
احمد , Jul 30, 2007

....

سـلام
اگر کسی مثل آیت الله خمینی پیدا شود مطمئنا می تواند تو دهن این دولت بزند.
اما متاسفانه همه دور ایستاده اند و فقط شعار می دهند.
کسـی که شـجاعت این را داشـته باشـد کـه در زمان حکومـت نظامی دولت وارد کشـور شـود و بگویـد تـوی دهـن این دولـت می زنم دیگـر بدنیا نمـی آید.
مخالفیـن در اینجـا فقـط از ماهـواره و سـایت هـا جوان هـای مـردم رادر تهران بـه میدان محسـنی می‌فرسـتند و خـود به سـلامتی آنهـا ودکا می‌نوشـند.
بدون نام , Jul 31, 2007

سلام. نمی دانستم که به کجای سایت باید مطلبم را به فرستم و بهتر دیدم که از این کادر بهره ببرم.

وبلاگم را با همه شعرهایش به شما پیشکش می کنم.

http://jelveh.blogfa.com

جلوه , Aug 3, 2007

....

«محسن مخملباف»، مقاله‌ی کوتاهی نوشته با عنوان:«به‌نام معشوق»... او این یادداشت را «پیش‌کش همه آنانی که نه می‌خرند، نه می‌فروشند»،کرده: «بلند بادنام زنده‌یادان حسن گل‌نراقی،حیدر رقابی،مجید وفادار و فریدون مشیری»...

http://karaa.blogfa.com/post-146.aspx

مخملباف دردمندانه‌می‌نویسد:«وقتی‌بچه‌بودم،می‌گفتن:بچه‌ای!درجوانی‌می‌گفتن:خامی!حالا می‌گن:ناپخته‌ای!

گیر کردم تو هیاهوی سیاست‌مآبانه این مردم فیلسوف‌منش، که ماست خوردن‌شون رو هم ایدئولوژیک و عمیق نشون می‌دن.ویترین‌شون پر از متاع پرفروش آرمان و آزادی و مبارزه است، اما توی دکان‌شون چارچوب می‌فروشن...

خب! من چه‌کار کنم که دل‌ام نمی‌خواد چارچوب‌مند باشم...؟

آقای جامی!

در این‌جا (جمهوری اسلامی ایران)،حق تغییر، محفوظ نیست.

ح.ش , Aug 3, 2007

ایران احمدی‌نژاد نیست

دوم مهر هشتاد و شش

رسانه‌های آمریکایی در برابر سفر محمود احمدی‌نژاد رفتاری پیشه کرده‌اند که هر ایرانی را در موقعیت دشواری قرار می‌دهد. از یک سو نمی‌تواند از شخصی که رئیس جمهور کشور اوست و مواضعش دفاع کند و از سوی دیگر از اینکه رسانه‌ها طوری با او برخورد کنند که در شان یک رئیس جمهور نیست هم احساس توهین می‌کند. زیرا او خواه ناخواه نماینده وطن اوست. من می‌توانم اعتراض‌های فردی و گروهی به رئیس جمهور یک کشور را درک کنم. اما رفتار رسانه‌ای قواعد دیگری دارد. رسانه‌ها نمی‌توانند مانند کسی که تخم مرغ گندیده پرتاب می‌کند رفتار کنند. خطاب کردن کسی که رسما نماینده یک کشور است به عنوان دیو و تیتر زدن بر اساس آن رفتاری نیست که در پرنسیپ‌های رسانه جایی داشته باشد مگر هدف چیز دیگری باشد.

دیوسازی از احمدی‌نژاد ظاهرا با هدف انتقام‌گیری یا تشفی خاطر کسانی که از ایده‌های افراطگرای او به ستوه می‌آیند انجام می‌شود اما تا آنجا که به خود احمدی‌نژاد برگردد مساله‌ای شخصی است. خیلی‌ها از جمله ایرانی ها

هم مجسمه بوش را به آتش می‌کشند و یا به عنوان سوژه در کارتون‌ها او را دست می‌اندازند. اما خطر اینجاست که از این آشفته‌بازار رسانه‌ای مدیریت کردن افکار عمومی مراد شده باشد تا راه برای مقابله نظامی با ایران هموار شود. اینجا باید هشدار داد و گفت: ایران احمدی‌نژاد نیست. هر قدر ایده‌های نامتعارف احمدی‌نژاد اصحاب رسانه را به تنگ آورده باشد نباید از او تصویری ساخت که گویی تصویر ایران است. حذف احمدی‌نژاد و مهار او و ایده‌هایش نمی‌تواند بهانه نابودی ایران باشد.

به همین ترتیب نمی توان با رئیس دانشگاه کلمبیا در نحوه برخوردش با احمدی نژاد موافق بود. مطمئنا به دلیل این دعوت فشار زیادی روی او بوده است اما رفتار خارج از نزاکت و عرف نسبت به سخنرانی که به دعوت آمده است تنها می‌تواند راه فرار ارزانی باشد برای کاستن از فشارهای سیاسی و اجتماعی گروه‌هایی که از این دعوت انتقاد کرده‌اند و به طور جدی خواستار لغو سخنرانی بوده‌اند. اگر دانشگاه کلمبیا برای پاسداشت آزادی بیان از برگزاری این سخنرانی دفاع کرده است دادن هزینه برای این پاسداری هم از ملزومات آن است. نمی‌توان دعوت کرد و سپس از آن دعوت سکویی ساخت برای خوشایند کسانی که افرادی مانند احمدی‌نژاد را دارای حق اظهار نظر نمی‌دانند. رئیس دانشگاه می‌توانست به هزار راه عرفی و متعارف انتقادهای خود را هم بیان کند و لازم نبود لحن کسانی را به خود بگیرد که در یک میتینگ انتخاباتی حرف می‌زنند و بیش‌تر به غریزه تهییج کردن رفتار می‌کنند تا خرد تحلیل کردن. حمله کردن به سخنران مدعو خارجی در پناه قانون آزادی و افکار عمومی کشور خود کم‌هزینه‌ترین راه دفاع از آزادی بیان است در دشوارترین صحنه دفاع از آن. او می‌توانست در کنار ۳۰۰ آکادمیسین دیگر قرار گیرد که در نامه خود به دبیرکل سازمان ملل به شیوه‌ای که در شان آکادمی است به نقض حقوق انسانی در ایران اعتراض کرده‌اند.

برای آقای احمدی‌نژاد هم امروز روز سختی بود. او که دولتش در مقابل منتقدان کم‌تحمل است و به شکایت از رسانه‌ها و روزنامه‌ها و سایت‌ها مشغول است و در مسیر قانون‌گذراندن برای محدود کردن حق آزادی بیان تلاش می‌کند به چشم سر دید که می‌تواند در مقابل کسانی قرار بگیرد که در یک تریبون مهم بین المللی به حرف‌های او بخندند و او را هو کنند. اما نکته عبرت‌آموز این است که این نوع آزادی کم‌ترین کمکی به ما ایرانیان نخواهد کرد. وضعیتی که رئیس جمهور ایران در آمریکا پیدا کرده است نه باعث می‌شود حرفی حتی در یک محیط آکادمیک بهدرستی طرح و نقد شود و گامی به جلو نهاده شود و نه درس خوبی برای احمدی‌نژاد و همفکران اوست. آن‌ها کینه آمریکا را به دل خواهند گرفت و آمریکایی‌ها هم بیزاری خود را عریان‌تر بیان می‌کنند و این میان تنها مردم ایران ضرر می‌کنند.

این ماجرا تنها یک خوبی می‌تواند داشته باشد: اینکه به هر حال جنگ سرد لفظی و رسانه‌ای هزاربار بهتر از جنگ گرم واقعی و نظامی است. اگر این جنگ لفظی در حد رسانه‌ها باقی بماند هنوز باید گفت آزادی بیان خدمتی به ما کرده است.

http://zamaaneh.com/blog/09/2007/post_66.html

I just hope the money that u get from forigners, worth selling ur country and its leaders. i know all ur mambo jambo argues, but

In the end that is whjat u do. selling ur nation to dollar.

Sep 25, 2007 -- amir

....

Ba salam.besyar bad amal kardand..

Sep 25, 2007 -- Bahram

....

آقای مهدی جامی شما زیاد ناراحت نباش، دولت مردان آمریکا بارها گفته اند که حساب مردم ایران از رژیم ایران جداست، اگر واقعا جنگی در کار باشد با رفتن یا نرفتن این کوتوله چیری عوض نخواهد شد. من یکی که خیلی خوشحالم حال این یارو را حسابی گرفتند. و بیشتر خوشحال میشوم اگر فردا عده ای از سران کشورها موقع سخنرانی این ...انسان جلسه را ترک یا در آن شرکت نکنند.

Sep 25, 2007 -- ghasem

....

منم موندم این وسط باید چی کار کنم . از یه طرف از این احمدی نژاده متنفرم از یه طرف دلم واسه ابروی کشورم میسوزه ؟ کاری به رفتار اونا ندارم

Sep 25, 2007 -- hamid

....

این شخص رییس جمهور کشور است یا رییس یک نظام مقدس اشغال‌گر؟ آیا او ایرانی است که احساس توهین می‌کنید؟ او نماینده‌ی وطن است یا نماینده‌ی اشغال‌گران خداپرست مسلمان؟ چرا رییس یک جمهوری اسلامی را رییس جمهور ایران می‌نامید؟

سپهر , Sep 25, 2007

....

آقای جامی خوب است وقتی به ایران سفرمی کنید ازمیدان انقلاب پایین تر بیایید. به شهرستان ها سری بزنید. بگردید میان مردم عامی شاید متوجه بشوید که

چـرا احمـدی نـژاد رئیـس جمهور اسـت؟ او آیکن ملتی اسـت که در طی سـی سـال، برگشـته انـد به سـیصد سـال قبـل . واقعیتی اسـت تلخ و بـاورش از آن تلـخ تر...

بدون نام , Sep 25, 2007

....

◎ گذشـته از اهانـت آمیـز بـودن صحبـت هـای رییـس دانشـگاه کلمبیـا، تظاهـر او به دیکتاتـور سـتیزی عجیـب عـوام فریبانـه بـود. آیا رییـس دانشـگاه کلمبیا حاضر اسـت رییـس جمهـور مـادام العمـر مصـر، پادشـاه عربسـتان یـا رییـس دولـت پاکسـتان را با همیـن لحـن و در حضورشـان «دیکتاتـور زبـون» یـا Petty Dictator خطـاب کنـد؟!

خشایار, Sep 25, 2007

....

◎ هـر چه هسـت همیـن برخوردهـای نوهین آمیز بـه احمدی نژاد هـم نتیجه عملکرد خود ایشـان در سـطح جهان اسـت. ایشـان اگر دو کلام اصول دیپلماسـی را در سـخنان آشـوبگر خـود در مقاطـع مختلف رعایـت می کرد با چنیـن برخوردی هـم روبرو نمی شـد. «از اوسـت کـه بـر اوسـت.» در نتیجه اعتراض نخسـت، بـر خود او وارد اسـت و بعـد بـر تفکـر حکومـت آمریـکا و برخـورد آن. به نظـر من نقد ایـن برخوردهـا هم از ایـن چارچـوب و بر اسـاس گـذر ترتیبی از ایـن منظر واقعیتی تر اسـت.

هادی, Sep 25, 2007

....

◎ اگـر رادیوزمانـه واقعـا به مسـائلی که به سرنوشـت ایران مربوط اسـت می پرداخت، اگـر نیروهایـی را کـه بـر طبـل جنـگ علیـه ایـران که ممکن اسـت بـه قیمـت نابودی کشـور تمـام شـود، بـه مخاطبیـن معرفی مـی کـرد، امـروز آن ها ایـن اتفاقـات را بهتر مـی فهمیدنـد. وقتـی جیمـی کارتر مدتـی پیش کتـاب خود به نـام «فلسـطین: صلح نه آپارتـا» را منتشـر کرد، مورد شـدیدترین فحاشـی هـا قرارگرفت. احمدی نـژاد که جای خود دارد.

مانی ب, Sep 25, 2007

I think you are so right about this issues. I lost all of my respect for Columbia university Prisedent, because his comments ware more childish than of somebody in his position. It looks like he only agree to have him speak so he can get even with him. I also agree with you that war of words is 100›s times better than getting into a war of bomb with the life of innocent people in danger.

Sep 25, 2007 -- Kamran

....

آقـای جامـی، امیـدوارم کـه ایـن نوشـته اتـان را هـم چـون نوشـته قبلـی تـان -در ماجـرای گـروگان گیـری ملوانـان انگلیسـی و در حمایـت از احمدی نژاد - از سـایت سـریعا پـس نگیریـد. در عرف دیپلماسـی ممکن اسـت احمدی نژاد را بـه عنوان رئیس جمهـور ایـران مسـئول و به رسـمیت بشناسـند، اما شـما که خـود را یک ایرانـی مدافع حقـوق بشـر و دموکراسـی برای ایـران میدانید و بـه همین خاطر مسـئولیت رادیو زمانه بـه شـما واگذار شـده چطـور خود را مـی توانیـد « در موقعیت دشـواری» قـرار دهید؟ ایـن دشـواری از ایرانـی بودن شـما نیسـت، ازموضع شـما از دلبسـتگی های اسـت که بـه رژیـم جمهـوری اسـلامی داریـد. انـگار نمی توان هـم ایرانی بـود و هم بـدون قرار گرفتـن در «موقعیـت دشـوار» توهین بـه احمدی نژاد را که سـزاوار آن اسـت توهین به خـود بـه عنوان یـک ایرانی ندانسـت .

کویر, Sep 25, 2007

....

نوشـته هـای مـن همه در دسـترس اسـت و تا کنـون آنچه را نوشـته ام پـس نگرفته‌ام.

مهـدی جامی

....

مـن بـه هیـچ وجـه بـرای آقـای احمدی نژاد احسـاس دلسـوزی نمـی کنـم. اگر در ایـران آزادی در کار بـود ، مطمئنـا در دانشـگاه هـای خودمـان برخـورد بدتـری با او و ماننـد او مـی شـد. حرکـت دلیرانـه ی دانشـجویان پلـی تکنیـک در ابـراز نارضایتی از

حضـور فـردی بنیادگـرا مانند ایشـان را فراموش نکنید. رفتار ، رفتار می آفریند و کسـی بـا ادبیـات و تفکـر آقـای احمدی نـژاد نباید انتظـار فرش قرمـز و یا دختران خردسـال آمریکایـی را داشـته باشـد که با لباس های محلی آمریکا سـرود بخواننـد و به او صنایع دسـتی تقدیم کنند.

Sep 25, 2007 ,پویا

....

خیلـی تلـخ است.متاسـفانه ما بـه صرف این که با او مخالفت شـده دسـت می زتیم. در واقـع به ایران اهانت شـده.

Sep 25, 2007 ,آرش کرامتیان

....

MAN HAM YEK IRANI HASTAM KE DAR AMRICA BE MODATE 29 SAL ZENDEGI MIKONAM VA BE AZ RAFTARI KE RAEESE COLUMBIA UNIV ANJAAM DAAD VAGHEAN MOTEASEF HASTAM. ISHAN KHODESHAN YEK DICTATOR MIBASHAND KE AZ GHAZAB NATAVANEST BE KASI KE AZASH DAVAT BE SOKHANRANI KAREDHAND EHTERAM NESHAN DAHAD.

Sep 25, 2007 -- DARIUSH

....

یک آکادمیسین و یا به گفته‌ی خود رئیسن دانشگاه کلمبیا «یک پروفسور» به باور من نباید جانشین دادستان می‌شد. او می‌توانست سوالات خود را محترمانه و در حد یک پروفسور، مطرح کند و با احترام به اصل آزادی بیان، به احمدی‌نژاد فرصت جواب‌گوئی می‌داد و قضاوت صحت و سقم گفته‌های احمدی‌نژاد به شنونده‌گان واگذار می‌کرد.

استـفاده‌ی نابجـای احمدی‌نـژاد و یارانـش در ایران از این شـیوه‌ی ناپسـند، دلیلی برای زیـر پـا گذاشـتن « اصل اساسـی آزادی بیان و عقیده» نمی‌تواند باشـد. دل خنک شـدن مـا هـم از توهینی که ریاسـت ج اا شده‌اسـت، نفعی شـامل حـال ایـران نخواهد کرد.

Sep 26, 2007 ,عمو اروند

دوست داشته باشیم یانه ، احمدی نژاد(با هر دوز و کلک و شامورتی بازیِ انتخاباتی) به عنوانِ رئیس کشورِ ایران به آمریکا سفر کرده ، خوب یا بد ، توهین به او ، توهین به تمامیِ مردمِ ایران است (من هم نه به او راءی داده ام و نه از عامی گر یِ او در ایرا ن و مجامعِ بین المللی دلِ خوشی دارم) سخنانِ رئیسِ دانشگاه کُلمبیا خارج از عُرفِ آکادمیک بود ، و این همان راهِ فراری بود که آقای جامی به آن اشاره داشت.

ایرانی, Sep 26, 2007

....

آقای جامی و آقایانی که معتقدید که حرفهای رییس دانشگاه زیاد محترمانه نبوده با شما چند کلمه صحبت دارم . مگر شما حرفهای احمدی نژاد و اربابانش و نوچه‌هایش را در نظر نمیگیرید که اینگونه قضاوت میکنید . محض سلامتی هم که شده اگر میتونید کاری رو که میگم بکنید (که مطمئنم نمی تونید و بعد از دو سه روز به سلامتی روان خودتون مشکوک میشید) چند روز بدون اینکه به هیچ روزنامه و منبع اطلاعاتی سربزنید فقط پای تلویزیون جمهوری اسلامی بنشینید و به حرف رهبران و تحلیلگران سیاسی اش گوش کنید که چگونه یه روز بوش را سگ صهیونیست ها و روز دیگر بلر را سگ بوش و روز بعد اسرائیل را ولد زنای بین آمریکا و انگلیس معرفی میکنند و فقط روزنامه کیهان را مطالعه کنید که به هر شخصیتی که میبینه توهین های خیلی وحشتناکی میکنه و فقط به سایت فاطمه رجبی مراجعه کنید که شلوار از پای حتی خودی ها هم در آورده . بعد از این کار فکر کنم یه چیزایی راجع به شرایط روانی اون بخشی از جامعه ایران که توی این سینمای تحجر (مدینه تحجر) نشسته اند متاسفانه تعداد کمی هم نیستند دستگیرتون بشه . حرف من اینه که این آقا حتی اگر نماینده همه ۷۰ میلیون ایرانی حال حاضر ایران هم باشه که نیست بازم یه دیکتاتور کوچک بیرحمه . (احمدی نژاد به این دلیل نماینده مردم ایران نیست چون به لطف فیلم ها و سخنان مکتوب به جا مانده از دوران تبلیغات ریاست جمهوری و اعمال انجام شده توسط این فرد

میتوان دید که تفاوت از زمین تا آسمان است بین این احمدی نژاد و آن کسی که مردم می خواستند) . حالا خداییش اگه اون اردوی چند روزه رو برای خودتون بذارید بازم میگید یه کم از عرف احترام خارج شده بود . یا این دفعه شما هم مثل بچه های شجاع امیرکبیر میگید دیکتاتور دروغ گو برو گمشو .

البته باید اضافه کنم مطمئن باشید همه دوست داریم رئیس جمهور کشورمون مورد احترام جهان باشه و از این بابت لذت خواهیم برد همانطور که هر وقت نام کوروش میاد بی اختیار سرشاد میشیم ولی دلیل نمیشه از بابت نام احمدی نژاد و یا امثال اون احساس شرم نکنیم و باید بگم به نظر من توی اون جلسه آقای رییس دانشگاه کلمبیا بیشتر شباهت به نماینده ملت ایران داشت چون حرف ملت ایران رو زد . بیشتر وقتها احساس میکنم این آقای احمدی نژاد بیشتر سفیر کبیر حزب الله و فلسطینه .

احسان از رفسنجان , Sep 26, 2007

....

○ آقای جامی

آیا بهتر نبود به دروغ هایی که اقای احمدی نژاد در این جلسه بیان کرد هم اشاره میکردید.

آیا اقای احمدی نژاد به شعور دانشجویان ایرانی اعتماد دارد؟

آیا این گفته صحیح است که ـ در ایران اگر کسی فرزند دختر داشته باشد ۱۰ برابر از کسی که فرزند پسر دارد خوشحال میشود ـ ؟

آیا شما به محاکمه یک طرفه نپرداخته اید؟

آیا امریکائیان با اقای خاتمی هم همین برخورد را میکردند؟

تصور نمیکنید صحبتها و برخوردهای اقای احمدی نژاد این امکان را میدهد که چنین برخوردهای توهین امیزی با او بشود؟

آیا روسای دیکتاتور کشورهای دیگر هم به همین اندازه ساده لوح هستند که شعارهایی عوام فریبانه بدهند و در عین حال بخواهند در یک محیط دانشگاهی از دیدگاه های خود دفاع کنند؟

مشکلی که اقای احمدی نژاد دارد این است که از یک سو رفتارهای استبدادگرایانه دارد و شعارهای عوامگرایانه سر میدهد و از طرف دیگر میخواهد در محیط دانشگاهی خود را دمکرات و منطقی نشان بدهد. مشخص است که ترکیب این دو ناممکن است.

می توان به برخورد دانشگاه ومدیریتش با اقای احمدی نژاد ایراد گرفت اما بیش از ان ضرورت دارد گفته های به دور از واقع و ناصادقانه رئیس جمهور ایران را نیز نقد کرد.

به باور من رفتارهای غیر معقول اقای احمدی نژاد زمینه چنین عکس العمل هایی را ایجاد میکند.

با انکه برخورد رئیس دانشگاه را اصولی نیمدانم اما ارزو میکنم کاش اقای احمدی نژاد در برخورد با مخالفانش حداقل همانند رئیس دانشگاه کلمبیا صبر و تحمل داشت.

سعید , Sep 26, 2007

....

آقای جامی

با شما موافقم. کار رییس دانشگاه کلمبیا و رسانه های خصوصی (نه عمومی!) آمریکایی در همان سطح کارهای احمدی نژاد بود. حتمن یادتان می آید که اوایل انقلاب یک بار سفیر شوروی را به مراسمی دعوت کردند و بعد جلو چشم او پرچم کشورش را به زیر پای سربازان سپاه انداختند تا رویش رژه بروند!! این کار جک شد و مشخصه ی بی پرنسیبی و بی شعوری دیپلماتیک جمهوری اسلامی. حالا دانشگاه کلمبیا هم همان کار را با احمدی نژاد می کند و البته سی ان ان و سایرین هم چراغ سبز نشان می دهند.

احمدی نژاد یک دیکتاتور کوچک است. این را همه می دانند. او دلسوز مردم ما نیست. اما بوش هم دلسوز مردم ما نیست. برای سی ان ان هیچ مهم نیست که فردا بر سر ما چه بیاید! عراق شدن فردای ایران کک هیچ کسی را در آمریکا نخواهد

گزید- مگر اینکه به خودشان و منافعشان ربط داشته باشد و فقط در همان حد.
بعد از حمله به فلوجا از یک ژنرال آمریکایی پرسیدند که چه پیامی برای عراقی هایی دارد که اجساد هموطنان غیرنظامی خود را بر صفحه ی تلویزیون می بینند. گفت: پیامم این است که کانال را عوض کنند! کسی در مطبوعات آمریکا توجهی نکرد. حالا اگر همین حرف را کس دیگری در ارتباط با موضوعی مربوط به منافع آمریکا زده بود. خشتک از پایش می کشیدند!
مخالفت من با احمدی نژاد مخالفت من و فقط مربوط به خود من است. آمریکا حق ندارد به من بگوید که چرا و چگونه مخالف باشم.
حسین فاضلی , Sep 26, 2007

....

سلام آقای جامی
منصفانه بودنتان را در این قضیه می ستایم. دمت گرم و سرت خوش باد! امید که در همه حال چنین باد!
سید مهدی طاهری , Sep 26, 2007

....

توهین به رئیس جمهور یک کشور از یک تریبون دانشگاهی از سوی میزبان آن هم رئیس یک دانشگاه هیچ توجیهی ندارد. همه کسانی که این عمل زشت و ناپسند را تایید می کنند یقینا از فرط عصبانیت و یا از روی کینه توزی است. محمود احمدی نژاد چه بخواهیم و چه نخواهیم رئیس جمهور ایران است، اگر کسی بخواهد این رئیس جمهور را عوض کند این مردم ایران اند که باید تصمیم بگیرند نه دولتمردان جنگ افروز آمریکا که مدام بر طبل جنگ می کوبند و به هر بهانه ای می خواهند به ایران حمله کنند و در این میان اپوزیسیون ایرانی خارج از کشور دارد نقش آتش بیار معرکه را بازی می کند.
نگذارید فردا بر ویرانه های جنگ و کشته های آن مرثیه بخوانیم.
پرویز جاهد , Sep 26, 2007

○ «هر ایرانی» یعنی چی؟

... تو گویی , Sep 26, 2007

....

○ ایران احمدی نژاد نیست

اما

احمدی نژاد هم ایران نیست!!!

آیا توهین به او میتواند توهین به ایران باشد؟

بدون نام , Sep 26, 2007

....

○ That's true.
The speech of the Columbia›s president was none-academic and really rude.
Although Ahmadi-nejad does not represent Iranian people, but he went to Columbia as the Iranian president. They should have shown more respect for him as a civilized nation›s president!
The other point is: US media don›t ask any harsh question from the dictators in the other countries in the middle east who are supported by the west. I think Iranian «people» are the most peaceful people in that area and the government is more demo-cratic, compare to the other countries in the middle east (which are supported by the U.S.)
This behavior is not fair!

Sep 27, 2007 -- saeed

....

○ آقای جامی عزیز

مـن یـک انتقاد به نوشـته شـما دارم. این رسـانه های آمریکایی نیسـتند که مـا ایرانی ها را در موقعیـت دشـواری قـرار مـی دهند. دولت ایران و گفتـار و کـردارو جهان نگری دولتمـردان ایـران اسـت کـه مـا ایرانی هـا و در بسـیاری مواقـع جهانیـان را درچنیـن موقعیـت دشـواری قـرار مـی دهند.البتـه نـگاه انتقادی شـما به رسـانه های غربی (کـه قاعدتاً بایـد شـامل رسـانه هـای وطنی هـم شـود) و نگرانیتـان از بهـره بـرداری جنگ

طلبان هر دو کشور از حادثه اخیر قابل درک است. ولی چاره چیست؟ به نظرتان آیا امکان دارد جنبشی به راه انداخت تا همانگونه که شما هم نوشته اید « ایران احمدی نژاد نیست» را به مردم جهان نشان داد؟

علامت سوال , Sep 27, 2007

....

به آقای پرویز جاهد.

بیشتر افرادی که این عمل را ناپسند دانستند عصبانی مینمایند. این یک سطحی نگری به تمام معنی است و از سویی نمیتوان هر فرد ازادی را زیر پرچم اپوزیسیون سیاسی برد همانطور که نمیتوان هر فرد ازاد دیگری را در جبهه گیری علیه رییس داشنگاه کلمبیا زیر طرفدار سیاسی حکومت ایران برد. بلکه قضیه از جای دیگر اب میخورد. رییس دانشگاه ه کلمبیا با هر نیت سیاسی ان سخنان را به زبان رانده باشد بخشی از حق ازادی بیان اوست. رییس جمهوری ایران به عنوان رییس جمهور کشوری انجا حضور داشت که سیستم حکومت ان دیکتاتوری به تمام معنی ب جبهه گیری مشخص نسبت به کشور های مشخصی است.ایا هر المانی میبایست سخنی مستقیم به هیتلر را ناپسند میشمرد . چون به رییس جمهورا! کشورش توهین گشته است!. غیر اینکه زمان هیتلر متاسفانه چنین فضایی وجود نیامد و حتا بسیاری را به جرم کمونیست بودن قبل از ظهور جنگی عملی هیتلر بخاطر نقد هیتلر محکوم کردند. چاخان های رییس جمهور کشور تان چیزی جز پرده پوشی های سیاسی بر دیکتاتوری جاهلانه نیست. پشت پرده ی چنان چاخان هایی قایم گشتن نه دردی را دوا میکند نه ابروی فرهنگی که اصلن وجود ندارد میخرد ونه جلوگیری از جنگی میکند که یکطرفش همان رییس جمهور قرار دارد. بر عکس خود میتواند باعث بر افروختن جنگ گردد. من از سخنان ان رییس دانشگاه استقبال میکنم همانطور که اگر سخنی درباره ی بوش به سخن راندم انتظار چنین عصبانیت های ملی گرایانه را از سوی امریکایی ها نخواهم داشت. از طرفی این چه ربطی به جنگ دارد؟ بنظرم این دقیقن برعکس قضیه ادعایی شماست اگر

کمی فکر کنید . امریکاو دانشگاه ان فردی را برای سخنرانی های دروغینش دعوت کرده که هر روز با سخنان مرگ بر امریکا به پای سخنرانی میرود چرا ان موقع حساسیت جمعی درست حساب ی ایرانیان به جنگ گل نمیکنند؟ و درین میان رییس داشنگاه حرف حقیقتی را به زبان رانده که به مذاق بسیاری خوش نیامده چون دقیقن به همان دلیل که جنابعالی نوشتید نماینده ی فرهنگی ملتی است که خود انرا برگزیده اند و خودمرگ بر امریکا سر میدهندو خود نیز ناتوان در برخورد با جنایات ان هستند. همانطور که من حق دارم بوش و صدام را با چنین سخنانی خطاب کنم رییس ان داشنگاه حق دارد چنان سخنانی را به رییس جمهوری وطنی ابراز دارد. غیر این همه جز مترسک های ازادی بیان خواهیم بود چون اقای رییس جمهور با ان پاسخهای خریدار ابروری وطنی فرهنگی
میخواهد باشد و حتمن رییس دانشگاه هم بادست گل به پیشواز اقا به عنوان رییس جمهور مملکتی برود؟! دست ازین نمایش های مکرر بر داریم.

علیرضا , Sep 27, 2007

....

اولا ما ایرانیها ۳۰ سال است با اتش زدن پرچم امریکا به ملت امریکا توهین میکنیم. این رژیم اینقدر به مردم توهین میکند. خصو صا نیروی انتظامی؛ که مردم پوست کلفت شدند.

Sep 27, 2007 -- fozoul

....

حالا که جنگ می‌خواهد مغلوبه شود و ملت زیر علم آزادی بیان رییس دانشگاه کلمبیا سینه می‌زنند (انگار کسی حق آزادی بیان ایشان را شهید کرده باشد)، خوب است حرف‌های خود رییس دانشگاه را درباره‌ی پرویز مشرف به یاد بیاوریم:

«"President Musharraf is a leader of global importance and his contribution to Pakistan's economic turnaround and the international fight against terror remain remarkable - it is rare that we have a leader of his stature at campus»

اساساً دیکتاتـور در قامـوس آمریکایی‌هـا چـه کسـی اسـت؟ ناقـض حقـوق بشـر چه کسـی اسـت؟ همین پرسـش‌ها را بگیرید و یکایک کشـورهای متحد آمریکا در منطقه را بشـمارید. اکثریـت آن‌هـا تجسـم عینـی نقض حقوق بشـر هسـتند. نمونـه‌ی بارزش عربسـتان سـعودی اسـت. پاکسـتان نمونه‌ی بعدی‌اش. چرا این وسـط «فقط» ایران باید چـوب‌اش را بخـورد؟ چون برای آمریکا شـاخ و شـانه کشـیده اسـت و «آقـای دنیا» را بـه هیـچ هـم نگرفته اسـت! و گر نـه اگر جلـوی آمریکا کرنـش کند، فوق‌اش می‌شـود قذافـی و همـه ناگهـان بـا ایـران مهربـان می‌شـوند. این‌هـا کـه واقعیت‌هایی غیـر قابل انکارنـد و تفسـیر و تأویـل هم نمی‌شـوند. نکند عربسـتان واقعاً مدافـع و مروج حقوق بشـر اسـت؟ خلاصـه در ایـن ماجرا باید تمـام حرف‌هـای بالینجر را کنار هم گذاشـت و گذشـته و حـال‌اش را با هم سـنجید.

داریوش , Sep 27, 2007

....

به آقـای جامـی که بسـیار کوشـش میکننـد با تفکـر قلم زننـد ولی تفکرشـان انگار هنـوز همـان تفکر ایرانی ! اسـت.

مشـکل شـما دقیقـن بـه همینجـا بر میگـردد اقای جامـی که هـر ایرانی هسـتید و هنوز بـا ان ادعـا هـا ضـرورت هر نبـودن وطنی ملـی را درک نکـرده ایـد. مقاله بـالا بالایتان شـروع زیبایی داشـت خواه نـا خواه نماینده ی وطـن خواندن رییس جمهورتان بسـیار جالـب بـود. ازین جهـت این عبارت شـما تهی از معناسـت.

من می توانم اعتراضهای فردی و گروهی به رئیس جمهور یک کشور را درک کنم.

عبـارت بعـدی و عمومـی قانون رسـانه ای را از کـدا م ناکجا ابادی اوردیـد؟ دوم اینکه ایـن قانـون ناکجـا ابادی شـما که خیلی شـبیه قوانین وزارت فرهنگ و ارشـاد اسـلامی اسـت کـه بدرد همـان افرادی میخورد که شـما انهـا را دیـو نمیپندارید.

اول پنداشتیم ان رییس جمهور وطنی ماست اما انگار نشد>

اینجـا بایـد هشـدار داد و گفت: ایران احمدی نژاد نیسـت. هر قدر ایـده های نامتعارف احمـدی نـژاد اصحـاب رسـانه را به تنگ آورده باشـد نبایـد از او تصویری سـاخت که

گویی تصویر ایران است.

عبارت اصحاب رسانه ها! ادم را یاد اصحاب پیامبر میاندازد. هر قدر به تنگ اورده باشد؟ لطفن موضوع را محدود به اصحاب! رسانه ها نکنید بلکه عبارت > مردم را به تنگ اورده باشد بسیار مناسب تر است. البته اگر به ان باور داشته باشید غیر این حتمن در سفرتان به ایران سازندگیهای دست اندر کاران را بازدید فرمودید و مردم نیز از برکات سازندگی وطنتان بهره مند هستند!.

نمی توان دعوت کرد و سپس از آن دعوت سکویی ساخت برای خوشایند کسانی که افرادی مانند احمدی نژاد را دارای حق اظهارنظر نمی دانند.اما رفتار خارج از نزاکت و عرف نسبت به سخنرانی که به دعوت آمده است تنها می تواند راه فرار ارزانی باشد

عرف؟ کدام عرف شما و ادمهایی که مانند شما میبینند ؟ نزاکت؟ شما به ان ادم میخواهید درس نزاکت دهید؟ ادمی که میداند به چه کسی و به چه دلیلی حرفش را میزند؟ دیگر اینکه اتش زدن با کاریکاتور کشیدن یکی نیست اقای جامی! وحتا با وجود تفاوتشان زیکدیگر مفهوم حذف موجودیت انسان را نمیدهند. نکند مخالف کاریکاتور کشیدن از رییس جمهورتان هم هستید؟ اخر او که پیامبر اسلام نیست ناراحت شوید! او هنوز نه یهودیی را کشته و نه چون محمد دستور قتلشان را صادر کرده است.

اخ که این عبارت روشنفکرانه ی شما شاهکار بود.

برای آقای احمدی نژاد هم امروز روز سختی بود. او که دولت اش در مقابل منتقدان کم تحمل است و به شکایت از رسانه ها و روزنامه ها و سایتها مشغول است و در مسیر قانون گذراندن برای محدود کردن خق آزادی بیان تلاش می کند به چشم سر دید که می تواند در مقابل کسانی قرار بگیرد که در یک تریبون مهم بین المللی به حرفهای او بخندند و او را هو کنند.>

بمیریم برای این شرم و حیای این رییس جمهور وطنی که چنین با وجود داشتن ایده ه های رادیکال غضب! خود را فرو خورد تا نیزه ای اتشین بر چشم انها باشد

که فقط مخالفت میکننـد. این رییس جمهور چقدر سختی کشید تا ان چاخانهای ابرودار فرهنگ وطنی را بهم بیاورد تا اتش جنگ با سخنان ان بی نزاکت دروغگو یعنی رییس دانشگاه کلمبیا اتش افروز جنگ برای وطن نباشد.
شاهکار اخرتان هم این بود>
آنها کینه آمریکا را به دل خواهند گرفت و آمریکایی ها هم بیزاری خود را عریان تر بیان می کنند و این میان تنها مردم ایران ضرر می کنند.
کینه ی امریکا را به دل خواهند گرفت. اینها که سنگدل نیستند بخاطر دل نازکیشان کینه های قدیمیشان تازه میشود تازه دستشان را شسته بودند و غسل گرفته بودند ولی دوباره یک امریکایی انها یاد محبتهای قدیمیشان در سرزمین ایران نسبت به امریکایی ها انداخت. موفق باشید و این را از یک غیر هر ایرانی یا غیر ایرانی خواندید .
علیرضا , Sep 28, 2007

....

خب شاید بالاخره سر یک گفتمان جدید دارد باز می شود. پس قبول می کنیم که با اینکه احمدی نژاد ایران نیست، با اینهمه نماینده ایران است. همانطوریکه بوش، مبارک، ملک عبدالله، بلر و غیره مملکتشان نیستند ولی نماینده آنند. پس چرا با اینکه مردم خود آمریکا به رفتار رئیس دانشگاه کلمبیا اعتراض می کنند، ایرانی های دوآتشه وطن پرست سکوت کرده اند؟ و در حقیقت از گفتار نژادپرستانه رئیس دانشگاه دفاع هم می کنند. اگر روزی آمریکا به ایران حمله کرد به همین صورت سکوت می کنند چون احمدی نژادها را ایران می دانند؟
محمد , Sep 28, 2007

....

دستگیری زندان انفرادی اعترافات تلویزیونی و در پایان معامله ازادی ٤ دانشکاهی امریکایی در مقابل اجازه سخنرانی در دانشگاه کلمبیا برای گروهی از دانشگاهیان امریکایی بسیار اهانت امیز و تحقیر امیز بوده است و انها بدین شکل جواب این اهانت را داده اند.
Sep 28, 2007 -- siroos29@yahoo.com

◯ خدمتتـان عـرض کنم کـه کسـی که فحـش می‌دهـد، خـود را تحقیر می‌کنـد و دیو درونـش را بـه نمایـش می‌گذارد.

البته از احمدی‌نژاد بـه خاطـر فحـش شـنیدن، تشـکر نمی‌کنیم، بلکه به علت سـخن گفتـن بـا متانـت و بیـان واقعیت بـه صـورت مؤدبانـه، بـه او افتخـار می‌کنیم.

بگذاریـد هر چه می‌خواهند بگویند. بی‌ادبی که کاری ندارد...

راسـتی، معنـی آزادی بیـان را هـم فهمیدیـم! بـه مخالـف باید قبل از سـخنش حسـابی فحش داد تا نکند حرف حسـابش یادش باشـد. اما متأسـفانه برای همه کارگر نیست. چـرا؟ بگذریـم...

حمید , Sep 28, 2007

....

◯ احمـدی نـژاد نماینـده‌ی ایران نیسـت و شـما هم صدایـی بـرای پشـتیبانی از حقوق بشـر نیسـتید. شـما بـه چـه حقـی بـرای ایرانیان نماینده‌ای را به رسـمیت می شناسـید کـه خـود هیـچ مشـروعیت قانونـی ندارد. جمهـوری اسـلامی مشـروعیت قانونـی ندارد. هیـچ دیکتاتـوری مشـروعیت قانونـی ندارد. شـما کار خود را درسـت انجـام می دهید، یعنـی همـان کاری را کـه بایـد بکنیـد، می کنیـد. بریزیـد ایـن بودجه را پـای تقویت این رژیـم، کارتان همیـن اسـت!

بدون نام , Sep 28, 2007

....

◯ salam

Hame in ahvalat khabar az nabordbari va nehadineh shodan khoshonat dar siasate emroze jahan midahad,va man delam mesle yek abr migirad...

Sep 28, 2007 -- Dalai lama

....

◯ در ابتـدا یـک انتقـاد دوسـتانه از آقـای جامـی و رادیـو زمانـه: من نزدیک به یک سـال اسـت کـه اخبار رادیـو زمانه را از ایـران پیگیری می کنـم و کامنتهای زیادی را دربـاره

مطالب آن نوشته ام. من خودم را یک اصلاح طلب می دانم و بارها نظرات خودم را در سایت «الف» منتسب به آقای توکلی گذاشته ام اما حتی با وجود دیکتاتوری ذاتی اصولگراها آنها در بدترین حالت بخشهایی از نوشته من را که کمی تند بوده را حذف و بقیه را درج می کنند. اما تا کنون با وجود آنکه ادبیات نوشته های من عاری از هرگونه کلمه اهانت آمیز بوده با قاطعیت می توانم بگویم تا کنون حدود یک سوم کامنتهای من توسط رادیو زمانه بطور کامل سانسور و حذف شده است. این مطلب را در پاسخ به کسانی نوشتم که شما را انسان معتقد به دموکراسی و آزادی بیان می دانند. با نهایت احترام، دوستان عزیز توجه ندارند که نمی توان طرفدار دموکراسی بود اما آنرا با پول بیگانه (که صد البته بدنبال منافع خود و ملتش است) بدست آورد. بنابراین رادیو زمانه در بهترین حالت منتشر کننده نظرات حامی مالی خود است و در غیر اینصورت امکان ادامه حیات نخواهد داشت. فقط کافی است به برخورد زشت و کلمات رکیکی که امثال آقای نبوی در گفتارشان (البته از روی اجبار و به همان دلیلی که عرض کردم) بکار می برند دقت کنید تا معنی واقعی دموکراسی وارداتی را درک کنید. تنها راه تحقق دموکراسی، مردم داخل ایران هستند و البته هیچ احتیاجی هم به داد و فریاد دوستان عزیزی که نگران آینده فرزندانشان در غربت اروپا می باشند، ندارند. البته من ایشان و عزیزان دیگری را که اکثرا بخاطر جو خفقان آور در ایران و تحدید شدید آزادی های اجتماعی و فرهنگی در کشورمان مجبور به جلای وطن شده اند درک کرده و امیدوارم روزی بتوانند به معنای واقعی کلمه روزنامه نگاری مستقل و غیر وابسته را در داخل کشور خودمان ادامه دهند (البته شاید آرزوی دوری باشد).

اما در مورد واقعه مورد بحث:

بنظر من صرفنظر از مطالبی که بعضا بدون فکر و با زبان عوامانه بر زبان رئیس جمهور ایران جاری می گردد و صرفنظر از خطرات و تهدیداتی که در راستای فرمایشات ایشان متوجه کشور ما می شود ، اما باید توجه داشت ایشان بدرستی و با شناختی که از روحیه احساسی مردم ایران دارند در واقع بر امواج این احساسات

سـوار شـده انـد و ایـن توانایـی را دارند که در صورت بـروز هر حادثـه ای و با تکیه بر امکانـات تبلیغاتی (و تکیه بر احساسـات میهن پرسـتانه مردم) حتی مخافین سرسـخت خـود را بـا خـود همـراه سـازند. بنابراین اینکه مـا بگوییم تبلیغـات اخیر فقـط به ضرر آقـای احمـدی نـژاد و نـه مـردم ایـران خواهـد بـود تصـور اشـتباهی اسـت و چـوب هرگونـه جوسـازی و تبلیغـات علیه ایشـان را در نهایـت مردم مـا خواهند خورد.

و در پایـان یـک توصیـه دوسـتانه: گفتـن کلماتـی از قبیـل حکومـت نـا مشـروع و دیکتاتـوری و فلانـی نماینـده مـردم ایـران نیسـت (کـه متاسـفانه و با همـه ضعفهایش هسـت) و ... در طـی ۲۹ سـال گذشـته هیـچ دردی را دوا نکـرده و بعـد از ایـن هـم نخواهـد کـرد و مقامـات ایرانی چه بخواهیم و چـه نخواهیم بعنوان نماینـده ملت ایران در مجامـع بیـن المللـی حاضـر می شـوند و سـخن مـی گویند و پـای هرچیـزی را که امضـا مـی کننـد در واقـع امضـا مـردم ایران اسـت نه شـخص خودشـان.

با آرزوی روزی که شاهد دموکراسی واقعی در کشور عزیزمان باشیم.

شهرام , Sep 28, 2007

....

بیاییـد وببینیـد رفتـار کودکانـه رئیـس دانشـگاه مهـم کلمبیا کـه احتمالا بر مشـاوره غـرض ورزانـه مبتنـی بر تحلیل هـای هالیوودی مبنی بر سوسـک کردن دشـمن امریکا اسـتوار بـوده اسـت، چـه شـیری از رئیـس جمهور مـا در رسـانه های داخلی سـاخت. شـما را بـه خـدا از ایـن پـس اینگونـه در حق مـردم ایران لطـف نکنید.

بدون نام , Sep 29, 2007

....

آخـه ایـن آدم ارزش ایـن رو داره کـه اینقـدر راجع به اون حرف بزنیـد؟ البته از یک رئیـس دانشـگاه(به اصطلاح البته!) بعیـده که همچنین سـخنانی رو ابراز کنه.

هادی, Sep 29, 2007

....

مسـتدعی اسـت یـک نفـر آشـنا بـه فرهنـگ واژه هـای امریکایـی جهـت ترجمـه

سـخنرانی بولینگـر پیـدا کنیـد و آنـرا ترجمه و در سـایت تان قـرار دهیـد. ترجمه هـای ارائـه شـده بـا واقیت واژه هـای موجـود تفـاوت دارد. مثـلا «کـم دانـش» بـا بیسـواد متفـاوت اسـت و«گسـتاخ» بـا «بیشـرم» کمـی تفـاوت دارد. چند نمونـه در زیـر آورده می‌شـود:

President you exhibit all the signs of a petty and cruel dictator.

آقـای رئیـس جمهـور (ایـن همـان احترامـی اسـت کـه سیاسـیون مـا بـرای آغـاز فحش دادن بـه هـم اسـتفاده می کنند) شـما دارای تمامـی (نمـی گوید بعضـی) نشـانه های یک دیکتاتـور ستمگر (بیرحـم) کوتولـه هسـتید. (ایـن جملـه مثل شـعر حافظ چنـد پهلو اسـت: ۱) شـما یـک خـرده دیکتاتور هسـتید. ۲) دیکتاتـور و سـتمگری کـه آلت دسـت اسـت و نفـر اصلـی نیسـت. ۳) دیکتاتوری کـه قـدش کوچـک اسـت ...) در جـای دیگر گفت:

You are either brazenly provocative or astonishingly uneducated

یعنـی: شـما یـا بـه صـورت بیشـرمانه ای تحریـک کننـده (فتنـه انگیـز) هسـتید یـا بـه صـورت حیـرت آوری بیسـوادی! (اینها تمامی واژه های تند (فحش) محسوب می شوند). در جای دیگر:

When you come to a place like this, this makes you, quite simply, ridiculous

یعنـی زمانـی کـه شـما بـه چنیـن محلـی (دانشـگاه) مـی آییـد، امـری کامـلا مسـخره و مضحـک اسـت (یعنـی شـان دانشـگاه با کلاس شـما جـور در نمـی آیید یا بـه عبارت دیگـر بی کلاسـی).

بایـد گفت یا مترجم ایشـان کم سـواد بـوده (که امـری محتمل اسـت) یا آقـای احمدی نـژاد رگ غیـرت نـدارد. ایـن واژه هـا بـرای یـک رئیـس جمهـور در حد فحـش خواهر

و مـادر محسـوب مـی شـود و وقتی ایشـان کنـار میکروفون قـرار می گیـرد. صرفا می گوییـد مـن نمـی خواهـم تحـت تاثیر ایـن رفتـار غیردوسـتانه قـرار بگیـرم. بابـا «غیر دوسـتانه چیـه دیگـه؟» اینه فحش و اسـتهزاء هسـتند، یا باید جلسـه را تـرک می کردی یـا جـواب فحش را مـی دادی. آخه بقول آقای جنتی ۵۰۰ ملیون تماشـاچی در سراسـر دنیـا داشـته ایـم که ایـن واژه ها را شـنیده اند.

اگـر کسـی ایـن جمـلات را در ایـران بـه رئیـس جمهـور بگوید باز ایشـان مـی گوید بگذاریـد تحـت تاثیر ایـن رفتار غیردوسـتانه قـرار نگیریم! بابا بـرای امریکایـی ها دایه ای مهربـان و بـرای مـردم خودت زن بابا هسـتی!

Sep 29, 2007 --amir

....

احمـدی نـژاد هرکـه هسـت باز فکر نمیکنـم رفتار و کـردار و افکارش وحشـیانه تر از بـوش و دولـتش باشـد کـه باعث هـزاران جنایت در تمـام دنیا سـت خصوصاً عراق کـه هـرروز زن و مـردو کوچـک و بـزرگ بخاطـر نفـت میمیرنـد و دنیـا عیـن خیالش نیسـت میخواهـم بدانـم اگـر کشـوری بـا همیـن بـوش جنایتـکار اینـکار را میکـرد تا حـالا چه شورشـی شـده بـود منتهـا آمریکا جنایـت میکنه همـه غلطی میکنـه همه هم بهـش احتـرام میگذارنـد و کسـی جرئـت اعترا ض نـدارد . احمدی نژاد هر چه هسـت تنهـا چـون نماینـده ایـران اسـت ایران جهان سـوم اجـازه میدهنـد که هر جور دلشـان میخواهـد بـا او رفتـار کننـد . ایـن رفتار در واقع درسـی اسـت بـه بقیه دنیا کـه اگر مثل مـا نباشـید این بلا را سـرتان خواهیـم آورد/

ژاله, Sep 30, 2007

....

غربیهـا بـا ایـن کارهـا بیشـتر ابـروی خـودرا بردنـد شـما تـازه فهمیدید کـه انها بی نزاکـت هسـتند ای کاش بـی نزاکتـی انهـا همین باشـید غربیهـا دارند مثل گـرگ زخم خورده میشـوند

محمد, May 8, 2007

اعتراض دانشجویی؛ تیتر فکر شده یا کلیشه‌ای و اکتیویستی؟

هشتاد و شنبه، دهم مهر هشتاد و شش

آیا مـا در تعییـن تیتـر خبـر یـک خـود در روز دوشـنبه ۸ اکتبـر (۱۶ مهرماه) اشتباه کردیـم؟ وقتـی تیتـر را انتخـاب می‌کردیـم بـه ایـن فکـر کـرده بودیـم کـه چـرا تیتـر متفاوتـی انتخـاب می‌کنیـم؟ پیـام و پیامدهـای آن را سـنجیده بودیـم؟ چـرا نخواسـتیم بـا آوردن کلماتـی ماننـد تنـش و تشـنج و درگیـری سـطح حساسـیت خبـر را بالاتـر ببریـم؟ چـرا دیگـر همکـاران مـا در رسـانه‌های دیگـر بـه خـود تردیـدی راه ندادنـد کـه ایـن ماجـرا را بـا کلماتـی بازگـو کننـد کـه مـا از آن پرهیـز کـرده بودیـم؟ آیا مـا بـا خبـر دانشـگاه بـه قـول یکـی از مخاطبـان زمانـه «سـاده و سـطحی» برخـورد کردیـم؟ معتقـدم کـه مـا در انتخـاب تیتـر راه خطا نرفتیم. همه چیز حاکـی از محـدود بودن اعتـراض بـود. خبرهایـی کـه می‌رسـید اوضـاع را بحرانـی نشـان نمی‌داد. خبـر بـه نظـر مـا آنقـدر داغ نبـود کـه در حـد «تشـنج» باشـد. بهتریـن کار رعایـت جانـب احتیـاط و تعـادل بـود. مـا خبـر را نمی‌سـازیم. خبـر را خبرسـازان می‌سـازند و مـا آن را گـزارش می‌کنیـم. اگـر اوضـاع بحرانـی می‌شـد نوشـتن خبـری دیگـر سـاده بـود بـا درجـه حساسـیت بالاتـر. امـا اوضـاع آرام بـود و مانـد. رسـانه‌ای کـه بـه اسـتقبال بحـران بـرود رسـانه خوبـی نیسـت.

ما اکتیویست سیاسی نیستیم. ژورنالیستیم. کار ما خبرتراشی و بزرگنمایی خبری نیست. وزن کردن خبر و دادن وزن مناسب به آن است. خبر اعتراض دانشجویی البته خبری مهم است و برای همین هم صدرنشین خبرهای روز دوشنبه بود. اما هر خبر مهمی لزوما تنش و بحران نیست. می‌دانم که گاهی این واژه‌های تنش و تشنج از روی اوتوماتیکی شدن خبرنگار نوشته می‌شود. کلمه کم می‌آورد. و می‌دانم که دوستانی هستند که می‌خواهند خبرها داغ‌تر باشد و اوضاع بحرانی‌تر باشد و امید به رفتن این و آمدن آن و تعیین تکلیف همه چیز سریع‌تر به نتیجه برسد. اما کار ما تبعیت از کلیشه‌ها و یا خواست این و آن و پروردن خیال دیگران نیست.

ما می‌خواهیم منبع معتبر و مستقلی برای خبر باشیم. اینکه خبر به چه تحولاتی می‌انجامد اصلا یکسره از دایره خبر بیرون است. بنابرین از نظر ما این دست تیتر که مثلا: «دانشگاه تهران کلید اعتراضات دانشجویی را زد» دیگر خبر نیست. پیشگویی است. خبرنگار جماعت که لایق این عنوان باشد به آنچه اتفاق افتاده می‌پردازد در حد موثق‌ترین داده‌ها. اما روشن است که چنین تیتری واگوی خیال و امید خبرنویس است که بادا که این آغاز اعتراض‌ها باشد! چنین خبری جهت‌دار است و اکتیویستی. چنانکه اگر گفتیم «دانشگاه تهران در مقابل احمدی‌نژاد ایستاد» نیز از عالم ژورنالیسم بیرون افتاده‌ایم و به ارگان حزب مخالفان او تبدیل شده‌ایم.

ما به آنچه اتفاق می‌افتد می‌چسبیم. آینده وقایع را در نظر و تحلیل خبر بحث می‌کنیم اما حوزه خبر را به نظر نمی‌آمیزیم. عینی‌ترین چیزی که می‌شد گفت همان بود که به خواست مشخصی اشاره کنیم و یکی از مهم‌ترین آن‌ها این بود که: ما هم سوال داریم، چرا فقط فکر می‌کنید با دانشجویان دانشگاه کلمبیا باید حرف زد. این چراغی است که به خانه رواتر است. به نظر شما تاکید بر تنش و تشنج و بالا بردن حساسیت یک اعتراض محدود بامعناتر است یا برجسته کردن یک خواسته اساسی مدنی: پاسخگویی؟

چـرا فکـر کنیم کـه داغ نشـان دادن فضا و تنش‌آلـود جلوه دادنش راه حل اسـت و مـا را بـه جایـی می‌رسـاند؟ مـا فکـر می‌کنیم که برجسـته کـردن «خواسـت‌های گفتگویـی» وقتـی مطرحنـد - و نـه اینکه مـا در خبر دمیـده باشـیم- مهم‌ترین کار رسـانه اسـت. دانشـجوبان می‌خواسـتند با رئیس جمهور کشورشـان حرف بزنند. سـوال پرسـیده بودنـد. بیانیـه داده بودنـد و سوال‌هاشـان و حرف‌هاشـان را نوشـته بودنـد. آن‌هـا را راه ندادنـد و دعـوت نکردنـد. تیتر زمانه برجسـته کردن خواسـت دانشـجویان بـود و بـه رخ کشـیدن مقایسـه‌ای کـه خـود آن‌هـا کرده‌اند میـان رفتار رئیـس دولت در دانشـگاهی آمریکایـی و در دانشـگاهی ایرانی.

http://zamaaneh.com/blog/10/2007/post_69.html

نظـــرهای خــــوانندگـــان

فکـر مـی کنم گرچـه در تصویر بزرگ، منطق ژورنالیسـتی گفته تان درسـت اسـت اما مصداقتـان بـه هیـچ وجه صحیح نیسـت. پرتـاب گاز اشـک آور به سـوی جمع معترض دانشـجویی، دیگـر تنهـا «اعتراض دانشـجویی» نیسـت، «تنش در دانشـگاه» نـام دارد. تیتر برگزیـده ی شـما در سـقف یـک اعتـراض چنـد ده نفـره در بوفه دانشـگاه هم مـی تواند متوقف شـود.

اردلان , Oct 9, 2007

....

احسـنت. به این می‌گویند هوشـیاری رسـانه‌ای. دسـت مریزاد. اگر قرار باشـد نمونه‌ای

از اعتدال سیاسی زمانه را ذکر کنیم، این نمونه در شمار بهترین نمونه‌هاست.

داریوش , Oct 9, 2007

....

به نظر من این نگاه شما و ایضا رادیو زمانه جای چالش دارد. این که ژورنالیست وظیفه بازتاب واقعیات را بدون در نظر گرفتن ایده آل ها و آرزوهای خود دارد درست است اما... این اما خیلی مهم است. شما در بحث های خود همواره بر این نظر تاکید دارید که ما اکتیویست نیستیم و باید از ایجاد تنش و جنجال دوری گزینیم. این نگاه به آن جا می انجامد که بخش خبر رادیو زمانه را کاملا «بی خاصیت» یا بهتر است بگویم «بی اعتنا» و به قول عامیانه بی تفاوت می کند. علت هم دارد. چرا که چنین نگاهی نیز از زاویه ای دیگر «دست بردن در واقعیت» است. هنگامی که مثلا دانشگاه تهران صحنه درگیری نیروی انتظامی و دانشجویان می شود؛ یا وقتی به خاطر سهمیه بندی بنزین چند پمپ بنزین به آتش کشیده می شوند؛ این ها دیگر «واقعیت» خبر هستند و عدم بازتاب این وقایع به شکلی که اتفاق افتاده اند خود «دست کاری در واقعیت خبری» محسوب می شود. توجه کنید که موضوع ربطی به «خیال و امید خبرنویس» ندارد؛ واقعیتی اتفاق افتاده و خبرنگار باید آن را بازتاب دهد. اتفاقا در همین دیدگاه شما در نحوه خبررسانی «خیال و امید» شما - که چه بسا انسانی و مثبت هم باشد (مثلا دوری گزیدن از ترویج خشونت و شورش کور) - نقش مستقیم دارد و مخاطب را از «واقعیتی» که به شکل عینی اتفاق افتاده، دور می کند. آیا ژورنالیست اگر مثلا کشتاری رخ داد آن را نباید آن گونه که بوده منعکس کند؟ چون مخالف خشونت است؟ فکر نمی کنید استدلال خودتان نتیجه گیری تان را نقض می کند؟ فکر نمی کنید شما نیز با همین «نیات انسانی» در خبر دست می برید؟ اگر واقعه ای منجر به تنش و درگیری شده است چرا نباید آن را همان گونه که اتفاق افتاده بازتاب داد؟ تیتر «تنش در دانشگاه تهران» کجایش دخالت آرزوها و پیشگویی است؟ طرح خواست مدنی هم که گفته اید بسیار خوب است؛ اما این خواست مدنی باید در متن خبر و اتفاقی که افتاده بازتابنده شود. وقتی آن را در تیتر آوردید می شود همان «میل و

آرزوی» شـمای ژورنالیسـت! شـما در عالم ژورنالیسـم مطبوعات و رسـانه های خارجی نمونـه ای بـه عنـوان مثـال بیاوریـد کـه مثـلا درگیـری میـان نیـروی انتظامی و یک قشـر معتـرض رخ داده باشـد و تیتـر مطلـب نه درگیری که یکی از خواسـت هـای معترضین - بـه ایـن «یکی» هـم توجه کنید! - باشـد... از توجهتـان ممنون.

هادی , Oct 9, 2007

....

◎ آقای جامی همین پاراگراف آخر نوشـته تان روشـنگر آن اسـت که شـما «درخبر دمیده ایـد». ازکجامـی توان شـعارهای دانشـجویان را که تبلـور اعتراض و خواستهایشـان بود به عنـوان «خواسـتهای گفتگوئی» و «حـرف زدن با رئیس جمهور کشورشـان» تاویل کرد؟

کویر , Oct 9, 2007

....

◎ قبلـن هـا مـی گفتید ما خبـر تولید می کنیـم اما حالا کـه قافیه براتون تنگ میشـود می گوئیـد مـا خبر نمی سـازیم واقعـا این همه تزویـر یعنی چه ؟

کویر , Oct 9, 2007

....

◎ برادر بزرگوار مهدی جامی !

اینکـه از روزنامـه نـگاری تا فعال سیاسـی بودن فاصله هسـت اما تیتر شـما دلیلـی بود بر اینکـه متاسـفانه همچـون دیگـران رسـانه های بـرون مرزی در باغ نیسـتید ! بـه چند دلیل دیـروز در دانشـگاه تهـران تمام دانشـکده ها تعطیل بودنـد خیابانها تا شـعاع پانصد متری بسـته بودنـد نیـروی انتظامی به سـوی معترضین گاز اشـک آور گشـود و فریـاد اعتراض دانشـجویان حتـی تـا میـدان انقـلاب هم مـی آمد و از آن سـوی حتـی تا چهـارراه وصال آنوقـت شـما مـی گوئید اعتراض محدود ؟ آیا حضور دسـت کم هزار دانشـجوی مخالف محدود اسـت ؟ حتما باید کشـور سـرنگون بشـود و یا مثل ۱۸ تیر قتل عام بشـود ؟ شـما کـه خـود را اهل رسـانه بیطرف مـی دانید (که البته در رابطه با شـما و رادیـو فردا بعید می دانم) چرا اینطور می گوئید ؟ متاسـفانه رادیو فردا از آن ور بام افتاده و شـما از این ورش

فرقتـان فقـط در جهت غـش کردنتان هسـت . همین و بس

میثم ابراهیمی , Oct 9, 2007

....

حرف تان صحیح.

ولی شـعارهای دیگری هم دانشـجوها داشتند. چرا «مرگ بر دیکتاتور» را تیتر نکردید؟تیتر انتخابی شـما برای برگزاری یک مناظره دمکراتیک مناسـب بود.

مازیار , Oct 9, 2007

....

جناب جامی و خادمان گمنام!

اعتـراض محـدود> عبـارت انتخابـی شـما دقیقن دید وابسـته اسـت. دیـد ازاد و مسـتقل میگویـد اعتـراض محـدود گشـته یـا سـرکوب گشـته. اعتـراض محـدود (نـه از طـرف دانشـجو محـدود) هیچ مفهـوم حقیقی نـدارد. اعتراض محـدود نبود بلکه محـدود برنامه ریـزی گشـت و محدود هم توسـط شـما گزارش گشـت. ایـن واقعیتی که شـما گزارش میکنیـد واقعیتی نمایشـی بیش نیسـت. شـاید بهتریـن حقیقت این بـود اصلن دریـن باره تیتـری نمـی گذاشـتید. واقعیـت . فضای سـرکوب . ترس وحشـت و کنترل اسـت.

دانشجوبان می خواستند با رئیس جمهور کشورشان حرف بزنند. !!!

مسـئله دیگـر هنـوز ادامـه ی همـان دیـدگاه رییـس جمهور شـما اسـت. یکبار هم شـده تکانـی بخوریـد و ببینیـد کـه ایـن رییس جمهور شـما رییـس جمهور همه نیسـت. بلکه بـرای دیگری وشـاید بسـیاری دیکتاتور اسـت و میتواندیکتاتور خطاب گـردد. همانطور که حکومت ایران برای بسـیاری حکومت انها نیسـت بلکه یک سیسـتم دیکتاتوریسـت. همانطور که هیتلر رییس جمهور بسـیاری نبود. یکبار توسـط رییس دانشـگاه کلمبیا بیان شـد و اینبار توسـط اعتراض دانشـجویی محدود!

بـا ایـن تکـه مقالـه ی که نوشـته اید تق تیتر خـود را زدید. اعتدال سیاسـی پیشـکش تمام دوسـتان اصـلاح طلـب ! و انها که بـه این نرخ نـان خورده انـدو میخورند.

علیرضا , Oct 10, 2007

رادیو زمانه باید همچنان بیطرف بماند. افراطی ها از هر دو سو از این اعتدال ناراحتند.
آرش کرامتیان , Oct 10, 2007

....

توصیـف نـا مشـخص از بسـیاری از کلمات انهـا را میتواند ابزار مناسـبی بـرای روش کاری مـورد دلخواهمـان نمایـد. بی طرفی نمایشـی اقای جامی قابل بررسـی اسـت. وقتی کلمـه بـی طرفی از هم میپاشـد که عبارات و دیدگاه ایشـان را بررسـی کنیـم و واقعیت هر رخ داد را بـدون عینـک ملـی گرایـی و ایدولووگیـک نگاهش کنیم. چنین کاری نیز سـاده نیسـت چـون جهتگیـری حاصل از هویت سیاسـی ادمها با هویت ملـی و ایدولوگیک انها دقیقن در ارتباط اسـت. ازینرو بسـیار سخت میشـود به انعکاس واقعیت هم وفادار بمانیم. ازادی بیـان را همیشـه بـر تابیم و ان را در الگو های ایدولوگیک مشـکلدار خویش محدود نسـازیم. برای توجیه عملکرد همیشـه نیز کمـک از مثالهای ایرانی صـورت نمیگیرد بلکه مثالهایی مشـابه در جامعه غرب و گاه حتا برداشـت اشـتباه از انها همه ابزار توجیه برخورد مـان و طبیعـی جلـوه دادنشـان قرار داده میشـوند. جامعـه ایرانـی در اینده نیز ایـا همان بر چسـب هـای مفتخر را حمـل میکند یا از انهـا میگریزد؟ همانطور کـه در تحلیل تغییر فاز جنـگ ایـران و عـراق و تحلیل شـخصیتی بسیار از بـزرگان انقلاب خمینی و بسـیاری از طراحان ان همیشـه سـکوت شـد و مهر خاموشـی به لب زده شـد. به راحتی میتوان نوشته ای را بـی طـرف و معتـدل خواندو هر نوشـته ای دیگـر را افراطی و رادیـکال خطاب کرد ولـی ادامـه جـزم گرایـی ها بـه این می انجامد که نوشـته هـا و غیره بعدها گونـه ای دیگر داور ی گردنـد و اینگونـه تدبیرهـا دیگر قادر به حمل برچسـب های زیبایشـان نگردند.
علیرضا , Oct 10, 2007

....

بسیار به‌جا بود.
سوشیانت , Oct 10, 2007

....

سـلام. خسـته نباشید. من هم مثل همه دوستانی که معتقدند شما در مورد اعتصاب‌های

دانشـگاه کم کاری کردید، معتقدم که سیاسـت های شما بیش از اندازه محتاطانه است.
من در روز اعتصاب دانشـجویی، در آنجا حضور داشـتم و شـاهد لحظه به لحظه آن بودم. ماجـرای آن روز کوچـک نبـود و البتـه یـک انقلاب هم نبود! اما شـعار مرگ بـر دیکتاتور و مـرگ بـر فاشیسـت از سـوی بیش از هزار دانشـجو هم شـعاری نبود که بتـوان در رژیم جمهـوری اسـلامی زده شـود! واقعـا آن روز دانشـجوها در بیـن صدهـا بسـیجی و لباس شـخصی کـه مدام هم در حـال فیلم برداری از همه بودند، با شـجاعت و جسـارت برنامه خـود را پیش بردند. خیابان ١٦ آذر بسـته شـده بود و بخشـی از خیابـان انقلاب هم همین طـور. بیـش از هـزار پلیـس و مامـور مخفی در بیـرون از درهای دانشـگاه با دقت ایسـتاده بودنـد و هـر نـوع گـروه کوچک مردمـی را که تجمع مـی کردند، تحت کنترل داشـتند.
مـا کـه در ایـران هسـتیم نه مـی توانیم اخبار دقیـق و بدون سانسـور خبـری را در روزنامه هـای داخـل ایران بخوانیم و بنویسـیم و نه می توانیم در سـایت هایی مثل شـما پیدا کنیم. چـون شـما هم در گیر نوعی دیگر از سانسـور خبری هسـتید. شـما خودتـان را به خواب مـی زنیـد و فکـر می کنید با نوشـتن از وبلاگ ها و تیتـر یک روزنامه های ایـران _ که هر کسـی بخواهـد بـه راحتی می توانـد در اینترنـت آنها را بیابـد_، و چند مقالـه کلی نویس، در حال خبررسـانی درست هستید!
الان ایـران پـر از خبرهـای ریـز و درشـت اسـت. از کارگـران هفـت تپه گرفته تـا اتحادیه صنفـی اتوبوسـران هـا و معلـم هـا، تا فعالیت هـای گروهـی و جدی هموسکشـوال ها و گـروه هـای زیـر زمینـی موسـیقی و... کـه همگی بـه نوعی نهادهای مسـتقل غیر رسـمی بـه حسـاب مـی آینـد. از نظـر تفکـر اجتماعی ایـن گروه هـا انـدک اندک در حال شـکل گیـری و قوام هسـتند. در نتیجه همه آنها خبرسـاز هسـتند. اما شـما فقـط از وبلاگ هایی مطلـب تهیـه مـی کنید که خود مـا هم در ایـران می توانیم دربـاره آنها به راحتی بنویسـیم و منتشـر کنیم.
بـه نظـر مـن ایرانـی هایی که به سـایت شـما مراجعه می کنند، دقیقا و مشـخصا بـه دنبال همـه آن اخبـاری هسـتند که نمـی توانند در رسـانه های ایرانـی آنها را پیدا کننـد. اخباری مسـتند درباره حقایق ریز و درشـت ایـران امروز!

دغدغـه مـا در ایران ایـن اسـت کـه شـاهد اخبـار زیـاد و مهمـی هسـتیم کـه اجازه انتشـار آن را نداریم و مشـکل شـما ایـن اسـت کـه حتی اگـر دسترسـی بـه ایـن اخبـار هـم داشـته باشـید، آنهـا را بخاطـر سیاسـت هـای محتاطانـه تـان منتشـر نمـی کنیـد.

همیـن طـور بـرای بـار چندم از شـما مـی خواهـم کـه صفحه اول وبلاگتـان و بقیه صفحات را بـا فورمتـی منتشـر کنید کـه ماننـد بقیه سایت هـا خوانا باشـد. حـروف شـما بسـیار ریزتر و محـوتر از آن اسـت کـه بشـود آنهـا را خوانـد. در نتیجه مجبوریـم آنهـا را اول کپـی – پیسـت کنیـم و بعد بخوانیـم. ایـن مسـئله بـه تعـداد خواننـدگان شـما در ایـران قطعـا آسـیب مـی رسـاند.

خسـته نباشـید. مـا شـما را از دوسـتان و همـکاران خوب خودمـان مـی دانیـم.

ش.ر , Oct 11, 2007

....

◯ هـدف زمانـه بـاز کردن در گفتگوسـت نـه بحـران و تشـنج. از نـوع رادیـوی اپوزیسـیون زیـاد اسـت کـه سـالها سـر مـا را خوردنـد و هنوز هـم مشـغولند و هیچ تاثیری هـم بـر بالا بردن سـطح فرهنـگ سیاسـی مـا نداشـته انـد. دیکتاتـور را همـه میشناسـند. هنـر خبرنویـس در اینسـت کـه خبـر را خالـی از احساسـات بیـان کنـد امـا در ضمـن اگـر تظاهرات شـامل احساسـات بـود انـرا نیـز منعکـس کنـد کـه زمانـه کـرد. امـا از بیـن حرفهای مطـرح در تظاهـرات زمانـه خواسـت دانشـجویان بـرای گفتگـو را بـه درسـتی تـازه تریـن یـا خبری تریـن نکتـه دیـد.

Oct 11, 2007 -- Massoumeh

....

◯ احسنت

بی بی سی الکی بی بی سی نشد دوستان

بی طرفی در خبر رسانی یک اصل حرفه ای است

که از سوی زمانه رعایت شده

غیر از این باشد با بوق چپ و راست چه فرقی دارد؟

محسن , Oct 11, 2007

یـه سـوال خـارج از موضـوع که چون جایی برای مطـرح کردن نظرات ما دربـاره رادیو زمانه ندارید اینجا می پرسـم:
شـما برای نظرسـنجی جایزه گذاشـتین ولی تو نظرسـنجی هیچ سـوالی از مشـخصات ما نمـی پرسـه. اینکـه این جایـزه رو چه جـوری و به کـی میدین برام سـواله؟ها؟
مازیار , Oct 12, 2007

....

ان وقـت خـود ایـن کلمـه « محدود « را چطـور تکلیفش را معلـوم کردید؟ آیـا آوردن واژه « محـدود» خـود به نوعـی روزنامه نگاری جهت دار نیسـت؟ در کلاس های روزنامه نـگاری مـی آموزنـد از وازگانـی که برا ی گـروه های مختلـف اجتماعی معنـای متفاوت دارد اسـتفاده نکنیـد. محـدود ممکن اسـت از نظر شـما یک معنـا بدهـد و از نظر دیگری معنـای دیگـری. شـما اگر هم خواسـته باشـید بـی طرفـی را رعایت کنید تکنیکـش را اما بلد نبـوده اید.
مریم , Oct 12, 2007

....

لطفـا یکـی از همین دوسـتانی که مدام سـنگ «بی طرفی» را بر سـینه مـی زند، همینجا «بـی طرفـی» را معنـی کنـد. مـا برای معنی کـردن ایـن واژه قبل از هـر چیز نیـاز داریم که بدانیـم اسپانسـر و محـل در آمـد رادیو و سـایت زمانه، چه کسـی یـا چه ارگانـی و با چه جهـت گیـری سیاسـی و فرهنگی اسـت. این در روزنامـه نگاری و سیاسـت های انتخابی یک نشـریه، یک اصل اسـت.
یکـی از دوسـتان، این سـایت را از نظر بی طرفی با بی بی سـی مقایسـه کرده بـود. آیا این بـی بی سـی نیسـت کـه از کوچـک ترین اعتصـاب و تظاهـرات خیابانی تـا تحصن های چنـد ده نفـره را لحظـه بـه لحظـه گـزارش مـی دهـد و در چند نوبت هـم اخبار خـود را تکـرار مـی کنـد؟ یک اعتصـاب کوچک را همانطور چند جانبه پوشـش مـی دهد که یک صحنـه جنـگ را هـر چنـد که نهایتـا قضاوتی در مـورد آن واقعـه نمی کند _ کـه البته من بـا ایـن نظـر هم مخالفم چـون عملا می بینیم که همه رسـانه هـای بزرگ دنیـا از تایمز تا

اکونومیست و گاردین هم جهت گیری دارند. هر چند که این جهت گیری ها معمولا غیر مستقیم و کاملا حرفه ای مطرح می شود. نمونه واضح آن جهت گیری همه آنها علیه ایران و ماجرای هولوکاست و انرژی اتمی و دانشگاه کلمبیا_قطعا بین این نوع گزارش گری با گزارش گری از نوع رادیو زمانه، تفاوت های آشکاری وجود دارد.

ش.ر , Oct 12, 2007

....

سلام بر عزیزان زمانه

این که وقتی با اعتراضات زیادی روبروشدید، شروع به بررسی بیشتر و نظرخواهی شده اید جای تقدیر فراوان دارد البته به شرطی که برایند نظرات مخاطبان را سرلوحه کارهای آتی قرار دهید.

۱- در مورد اصولی که در مورد کار خبر و ژورنالیسم بیان کرده اید با شما کاملا موافق هستم و دقیقا بر اساس همان اصول معتقدم در انتخاب تیتر و عکس اول به اشتباه رفته اید! چون خروج از این اصول تنها به شکل تند روی و استفاده از تیترهای جنجالی صورت نمی گیرد، بلکه گاهی نیز انچنان که شما گرفتارش شدید، به شکل نادیده گرفتن بخشی از واقعیت و تاکید گزینشی بر بخشهای دیگر واقعیت بروز می کند. همانطور که به درستی اشاره داشتید که نباید بر آتش هیجان دمید و بزرگنمایی کرد،اما همزمان، دخالت قضاوت شخصی در انتقال اخبار نیز (انچنان که ذز براورد اشتباهتان از بزرگی واقعه و اهمیت ان مرتکب شدید) بسیار ناپسند و غیرحرفه ای می باشد.

۲- به اختصار واقعه را مرور می کنیم تا بار دیگر ناهماهنگی فاحش تیتر و واقعیت مشخص شود.

در مملکتی که به خاطر نوشتن در روزنامه های رسمی مملکت، روزنامه نگاران محکوم به اعدام می شوند، در مملکتی که نوشتن نامه ای از سوی منتقد یا هنرمندی به مقامات بلندپایه با مجازات مرگ مواجه می شود و در مملکتی که .... بین هزار تا دو هزار تن از دانشجویان مهمترین دانشکاه ایران با شعارهای مرگ بر دیکتاتور به استقبال رییس جمهورشان (به قول جناب جامی) می روند. یگان ضد شورش که

از ساعات اولیه بامداد در منطقه مستقر شده بوده به در اصلی دانشگاه هجوم آورده و با پرتاب گاز اشک آور مانع از خروج دانشجویان می شود. درگیریها، در این پر تردد ترین منطقه پایتخت، تا ساعت ۱۳,۳۰ به طول می انجامد...

و حال تیتر زمانه از این واقعه مربوط است به این مطلب که دانشجویان از احمدی نژاد خواستند که همانگونه که در کلمبیا از وی پرسش شده، آنها هم از وی پرسش کنند!

جناب جامی! نکته مورد اشاره تیتر، به علاوی چندین و چند سوال دیگر، موضوع دو نامه سرگشاده ای بود که دفتر تحکیم وحدت چند روز پیش از آن منتشر کرده بود و جالب اینکه زمانه هم به طور کامل آن را پوشش داده بود. بنابراین مقایسه شرایط داخل با دانشگاه کلمبیا خبری کاملا سوخته و مربوط به چند روز قبل بود. آیا در واقعه ای که در بالا مختصرا به آن اشاره شد، هیچ نکته ای نبود که بدون ایجاد شانتاژ و هیجان کاذب، دستمایه ی تیتری مرتبط تر با وقایع همان روز قرار گیرد؟؟؟

۳- انتخاب عکس اول نیز به اندازه انتخاب تیتر ملال آور و بی ارتباط است. در شرایطی که عکسهای زیادی از شمار کثیر و حرکت جمعی دانشجویان و بعضا درگیریشان با یگان ضدشورش در جلوی در اصلی منتشر شده و در دسترس بوده، عکس اول زمانه به صحنه ای می پردازد که « تعدادی انگشت شمار از دانشجویان در کمال آرامش « در گوشه ای نشسته اند. یافتن چنین عکسی از میان انبوهی از عکسهای فوق الذکر کاری بس دشوار بوده که زمانه احتمالا به جهت ایجاد هماهنگی بین تیتر و عکس، زحمت آن را بر خود هموار کرده بود. خود کرده را تدبیر نیست!

٤- از توضیح آقای جامی در مورد انتقادات به تیتر ۱٦ مهرچنین مستفاد می شود که هر کس که به تیتر انتقاد دارد طرفدار شانتاژ و بحرانی تر جلوه دادن شرایط است آنجا که مرقوم می دارند:

و می دانم که دوستانی هستند که می خواهند خبرها داغ تر باشد و اوضاع بحرانی تر باشد «و امید به رفتن این و آمدن آن و تعیین تکلیف همه چیز سریع تر به نتیج « کار ما تبعیت از کلیشه ها و یا خواست این و آن و پروردن خیال دیگران نیست.

جناب جامی، منتقدین را به یک چوب راندن به دور از شان رسانه ای مستقل، باز و

پیشــرو چــون زمانه اسـت. شـاید بخشــی از منتقدیــن چنین قصدی داشــته باشــند ولی نه لزومــا همــه آنهــا. ما در عین حال که از ایجــاد هیجــان کاذب بیزاریم و از آن آسـیب دیده ایــم، با انتخاب گزینشــی واقعیتها به هــر بهانه ای از جمله حمایــت از آرامش و گفتگو نیز مخالـف و معتقدیــم این دو، افتادن از دو ســر میزان حقیقت اسـت.

امیــدوارم ماحصـل نظــرات اکثریــت مخاطبینــی که به اظهــار نظــر پرداخته انــد، راهنمای زمانــه در راه پیــش رو باشــد. دسـتتان را بــه گرمی می فشــارم، خســته نباشــید.

ارادتمند، سینا

سینا, Oct 13, 2007

....

◯ متاسـفانه اینروزهـا رادیــو زمانه حال روز خوبی نداردکند و خسـته کننده شـده اسـت. گویــی بـه خـون تازه‌ای نیازدارد.

Oct 14, 2007 -- moh3n

....

◯ در ایــن یـک ســالی کـه رادیو زمانــه را دنبال می کنم بـه این نتیجه رسـیده ام که بخش اخبار ایـن رادیــو را جدی نگیرم و فقـط از برنامه های فرهنگی آن اسـتفاده می کنم.

یاری, Oct 15, 2007

Radio Weblogistan
(Editorials of Radio Zamaneh 2008-2006)

Volume 1

Author/Editor: Mehdi Jami

Copyright © Radio Zamaneh & Red Intellect
Cover and Layout: Davood Safari - Red Intellect
ISBN: 9789492675170
342 pages

Red Intellect books@redintellect.org
Amsterdam, 2019